高等学校经济与管理类教材 · 旅游管理类系列

旅游项目投资与管理

吴文智　冯学钢　王丹丹◎编　著

华东师范大学出版社

·上海·

图书在版编目（CIP）数据

旅游项目投资与管理/吴文智，冯学钢，王丹丹编
著.—上海：华东师范大学出版社，2019
ISBN 978-7-5675-8618-5

Ⅰ.①旅…　Ⅱ.①吴…②冯…③王…　Ⅲ.①旅游业
—投资管理—研究　Ⅳ.①F590.3

中国版本图书馆CIP数据核字（2019）第046828号

旅游项目投资与管理

编　　著　吴文智　冯学钢　王丹丹
项目编辑　皮瑞克
特约审读　欧阳枫琳
责任校对　周跃新
装帧设计　俞　越

出版发行　华东师范大学出版社
社　　址　上海市中山北路3663号　邮编 200062
网　　址　www.ecnupress.com.cn
电　　话　021-60821666　行政传真 021-62572105
客服电话　021-62865537　门市（邮购）电话 021-62869887
地　　址　上海市中山北路3663号华东师范大学校内先锋路口
网　　店　http://hdsdcbs.tmall.com

印 刷 者　上海展强印刷有限公司
开　　本　787毫米×1092毫米　1/16
印　　张　16
字　　数　325千字
版　　次　2019年8月第1版
印　　次　2025年7月第5次
书　　号　ISBN 978-7-5675-8618-5
定　　价　40.00元

出 版 人　王　焰

（如发现本版图书有印订质量问题,请寄回本社客服中心调换或电话021-62865537联系）

目录

目录

党的二十大报告提出要建成文化强国、体育强国、健康强国，要让人民生活更加幸福美好，要坚持以推动高质量发展为主题，把实施扩大内需战略同深化供给侧结构性改革有机结合起来，全面推进乡村振兴，繁荣发展文化产业，坚持以文塑旅、以旅彰文，推进文化和旅游深度融合发展。随着人们对美好生活的不断追求和国民旅游需求的不断更新，我国众多旅游景区、旅游目的地、旅游企业也在不断地谋求转型、创新与升级，以期更好地适应需求端的变化。在旅游供给侧的改革与调整中，既涌现了很多传统旅游项目成功转型的案例，也出现了很多乃至更多的创新性旅游项目的成功案例，这些推动着整个旅游供给端的投资与发展。因此，我们亟需在旅游项目策划、投资、运营与管理等领域建构系统的专业知识，以更好地指导旅游项目投资与管理实践工作，这也是本书编写的主要目的。

本书立足于未来旅游需求端的发展趋势，结合当前旅游供给侧发展的实际情况，较为全面地介绍了旅游项目投资所涉及的主要领域、类型及其特点，旅游项目投资前期调研、策划、可行性研究、投融资模式，以及项目投资实施与建设、项目管理等内容，并力求与当前旅游项目投资的热点领域、现实环境和实际案例解读相结合，重点分析了乡村旅游项目、旅游地产项目、设施类旅游项目、活动类旅游项目投资的状况及策略选择，并综合阐述了旅游项目投资的政策及未来导向。总体来说，本书比较系统地总结了当前旅游项目投资与管理的要点，从而保证了教学内容的全面性、规范性，同时也充分考虑到了课程学习的实用性、实效性。

本书融入了作者多年的课程教学经验，教师在使用本教材时可以采取模块化教学，更多地引入案例讲解、分组研讨、课堂实训等教学方法，以更好地激发学生参与课程的兴趣，增加学生的主动性和积极性。

全书共分三篇十一章：第一至第二章为旅游投资导论，主要包括旅游投资概述、旅游项目投资调研与策划、项目投资条件与环境评估；第三至第六章为旅游投资核心体系，在旅游投资概述的基础上，重点介绍了旅游项目投资可行性研究、项目投资估算与融资方案、项目投资实施与建设以及项目管理等核心内容；第七至第十章为四大类型旅游项目的投资特点与策略选择，详细介绍了乡村旅游项目、旅游地产项目、设施类旅游项目和活动类旅游项目；最后一章较为全面地介绍了旅游项目投资的政策与展望。以上构成了本书的篇章结构。

全书由吴文智、冯学钢拟订提纲、编写要点，并组织专门课题组协助编写，其中第一、二章由戴玉习协助编写，第三、四、五章由滕双凤和柳洁惠协助编写，第六、七、八章由倪海燕协助编写，第九、十、十一章由王丹丹协助编写，最后由吴文智、王丹丹负责统稿。本书引用了诸多已有的研究成果，在此对本书引用内容的原创作者一并表示感谢，同时特别感谢董方惠编辑的督促和编校人员的认真审校，让本书质量有了很大的提升。由于时间紧迫和编者能力有限，本书肯定有一些不足之处，也请读者多提意见，在后续版本中我们会不断完善。本教材在知识应用上还处于导读阶段,教师和学生可以在本书框架的基础上搜集更多、更新、更有针对性的旅游投资案例,增加一些拓展性知识,让本书具有更强的框架性和引导性。本书既适用于我国高等院校、高职高专旅游相关专业的教学,也适合旅游投资公司、旅游行政管理部门、旅游企业等社会主体学习和参考。

内容提要

- 新中国成立以后的旅游业发展历程
- 旅游产业投资历程及其特点
- 旅游产业投资的发展趋势
- 国内旅游投资的概况和特点
- 当前国内旅游投资的热门领域

第一节　旅游产业发展与投资历程

一、旅游产业发展历程

我国旅游产业起步较晚，从新中国成立后到改革开放前的30年间，我国旅游业主要局限在为外交和民间往来活动服务的入境旅游，国内旅游基本是一张白纸。1978年，我国接待入境旅游人数180万人次，仅占世界的0.7%，居世界第41位；入境旅游收入2.6亿美元，仅占全球的0.038%，居世界第47位。1978年，十一届三中全会确立改革开放政策，旅游业才算真正起步。自邓小平执政以来，我国旅游业获得了政府足够高的重视，他指出"旅游事业大有文章可做，要突出地搞、加快地搞"。近40年来，随着我国经济持续快速发展和居民收入水平较快提高，我国的旅游人数和旅游收入都以年均两位数以上的增速持续发展，旅游业已经成为国民经济的重要产业，旅游也成为继住房、汽车之后增长最快的居民消费领域。

我国旅游市场发展战略经历了从"大力发展入境旅游"到"大力发展入境旅游，积极发展国内旅游，适度发展出境旅游"，再到"大力发展国内旅游，积极发展入境旅游，有序发展出境旅游"的转变。旅游产业定位也经历了从事业型的"民间外交"到经济型的"创汇产业"，从国民经济"新的增长点"再到培育成国民经济"战略性支柱产业"和"令人民群众满意的现代服务业"的转变。如今我国旅游业实现了从"旅游资源大国"到"亚洲旅游大国"的转变，并正在向"世界旅游强国"目标迈进。旅游业在经济、文化、社会建设及国际交往中发挥着越来越重要的作用，已逐步成为促进中国经济社会进步和推动世界旅游发展的重要力量。

我国旅游产业的发展大致可以概括为五个阶段：

第一阶段：起步阶段（1979—1992年）。1979年，邓小平同志作出了"旅游事业大有文章可做，要突出地搞、加快地搞"的重要指示，这直接推动旅游业成为我国最早开放的行业和最早同国际接轨的行业。随着改革开放政策的实施，旅游业的性质由政治的接待工具转变为重要的创汇产业，国家发展旅游产业的重点是尽快补充外汇短缺。从1986年开始，旅游产业被正式纳入国民经济和社会发展计划。政府主导与政策支持是这一时期我国旅游产业发展的基本特点，主要表现为现代旅游业从无到有，旅游产业规模不断扩大，旅游业从计划经济单一接待行业走向市场经济多元服务行业，旅游经营单位也基本由事业单位转变为企业。1992年的国务院政府工作报告就明确指出发展旅游业的目的是"欢迎更多的外国朋友及台湾、港澳同胞和海外侨胞来旅游"。与此同时，同年出台的国务院重要文件——《中共中央、国务院关于加快发展第三产业的决定》明确将旅游业界定为"产业"范围。

第二阶段：稳步发展阶段（1993—1999年）。在国家旅游局提出的"大力发展入境游、积极发展国内游、适度发展出境游"的总体方针的指导下，我国旅游产业发展基本摆脱了以入境旅游为主体的格局，初步形成了国内旅游、入境旅游、出境旅游三足鼎立的局面。1994年实行的双休日制度与1999年实行的黄金周休假制度，极大地推动了国内旅游业的发展。1998年在中央经济工作会议上，旅游业被确定为国民经济新的增长点,旅游业成为扩大内需的重要手段。在这一时期,旅行社、饭店和旅游定点经营场所呈现规模化的快速扩张,旅游业实现了从分散的经济现象走向系统的产业部门的转变。由于经济发展形势良好、相关政策的鼓励扶持,这一时期在中国改革开放的前沿阵地深圳,于1989年11月22日诞生了华侨城主题公园,包括1991年10月1日开业的"中国民俗文化村"、1994年6月18日开业的"世界之窗"、1998年9月30日开业的"欢乐谷"……据统计,1999年,华侨城旅游景区全年接待游客511万人次。

第三阶段:快速提升阶段(2000—2008年)。这个阶段国家对旅游业的地位作用基本定位在两个方面:一是从优化产业结构的角度强调大力发展旅游业,二是从扩大内需的角度强调大力培育旅游消费热点。2000年全国旅游工作会议首次提出建设"世界旅游强国"的宏伟战略目标。该时期旅游产业告别了供给短缺的粗放式旅游,主要是以拉动内需的消费型休闲旅游为主,出现了四个标志性事件:2001年中国正式加入世界贸易组织,2006年入境过夜旅游者接待量跃居世界第三位,2007年传统节日纳入休假制度体系,2008年推出国民休闲计划。

第四阶段:调整突破阶段(2009—2015年)。在这一阶段我国旅游产业奠定了以国民大众旅游消费为主体、国际国内旅游协调发展的市场格局,完成了从"旅游资源大国"到"亚洲旅游大国"的发展进程,正在向"世界旅游强国"的目标迈进。这一时期旅游业在国际国内市场开发、产业体系建设、产业功能释放、体制机制创新等各个方面都取得了明显突破,国家进一步把旅游业作为拉动消费和树立国际形象的重要产业。2009年12月,在应对国际金融危机和扩大内需的背景下,国务院出台了《国务院关于加快发展旅游业的意见》(国发〔2009〕41号),提出了把旅游业定位为国民经济的战略性支柱产业和人民群众更加满意的现代服务业,旅游业正式融入国家战略体系,由此,旅游业发展进入了崭新的阶段。旅游业发展得到了前所未有的重视和支持,旅游综合立法工作由全国人大财经委牵头,正在有序推进,全国28个省区市将旅游业定位为战略性支柱产业或支柱产业,加以重点发展,国务院确立每年的5月19日为"中国旅游日"。

第五阶段:深化改革阶段(2016年至今)。自2013年党中央提出全面深化改革以来,国内社会的主要矛盾也发生了转变,因此,关于旅游业的发展,国家突出了旅游业改善民生、助力扶贫的功能,以及旅游业在新农村建设、美丽中国建设等方面的作用,提出全域旅游发展的新理念、新思想。旅游业开始步入全面深化改革阶段。

"十三五"期间,旅游业计划实现旅游经济稳步增长、综合效益显著提升、人民群众更加满意、国际影响力大幅提升四大目标。到2020年,旅游市场总规模将达67亿人次,旅游投资总额2万亿元,旅游业总收入7万亿元。旅游业规划被列入国家"十三五"重点专项规划并由国务院印发,这在我国旅游发展史上尚属首次。

二、旅游产业投资历程及其特点

伴随着旅游产业的逐步发展,我国旅游投资进程主要分为以下四个阶段:

第一阶段:萌芽阶段(1979—1992年)。这一阶段,随着改革开放政策的实施,旅游产业从无到有逐步发展起来,这一时期的旅游投资主要围绕旅游外事接待展开,投资主体以政府为主。1988年由香港中旅集团和华侨城集团共同出资建设的锦绣中华主题公园在改革开放前沿阵地深圳落成。

第二阶段：发展阶段（1993—1999年）。我国旅游业得到进一步发展，成为国民经济新的增长点，饭店业和旅行社业等旅游接待业不断扩张。这一时期，国内掀起主题公园投资的热潮，继"锦绣中华"之后，中旅集团又推出了"中国民俗文化村"、"世界之窗"两个主题公园，紧接着国内一大批主题公园相继建成，包括北京的"世界公园"、苏州的"苏州乐园"、无锡的"太湖影视城"、深圳的"欢乐谷"等。

第三阶段：迅速增长阶段（2000—2011年）。随着国民经济的发展和休假制度的完善，为满足游客观光休闲的需求，国内旅游投资围绕主题公园如火如荼地展开，并逐步规范化、品牌化。具有较高知名度的有芜湖"方特欢乐世界"、广州"长隆欢乐世界"、大连"发现王国"等主题公园。

第四阶段：深入发展阶段（2012年至今）。2012—2013年，国务院与国家旅游局先后出台《关于鼓励和引导民间资本投资旅游业的实施意见》（旅办发〔2012〕280号）、《关于金融支持旅游业加快发展的若干意见》等促进旅游业发展的政策，这些政策使得旅游投资规模呈现"潮涌"现象。与此同时，随着国民经济的飞速发展，国内主要的社会矛盾发生了改变，消费者的旅游需求由传统观光向休闲度假转变。在这一背景下，民间资本投资旅游业快速增长，旅游新业态投资热点不断涌现。其中乡村旅游投资增速显著、自驾车和房车营地投资快速兴起、邮轮游艇和体育旅游风起云涌、在线旅游投资持续升温、休闲度假综合体项目投资力度加大。具有代表性的有河北省唐山湾国际旅游岛、安徽江北旅游休闲度假区、上海迪士尼度假区、上海吴淞口国际邮轮港等。

第二节　旅游投资的概念与方式

一、旅游投资的概念界定

现代经济学表明，经济增长与发展都离不开投资。无论是哈罗德—多马模型、索洛—斯旺模型，还是新经济增长理论，都将投资看作是经济增长和发展的重要因素甚至根本因素。旅游业的发展也不例外。旅游投资是一个国家或地区旅游经济发展必不可少的前提条件，也是旅游业实现扩大再生产的物质基础。

（一）旅游投资的概念

投资一词具有双重含义：一是指特定的经济活动，即为了将来获得收益或避免风险而进行的资金投放活动；二是指投放的资金，即为了保证项目投产和生产经营活动的正常进行而投入的活劳动和物化劳动价值的总和，主要由固定资产投资和流动资产投资两部分构成。

旅游业，国际上称为旅游产业，是凭借旅游资源和设施，专门或者主要从事招徕、接待游客，为其提供交通、游览、住宿、餐饮、购物、文娱等六个环节的综合性行业。

旅游投资是指在一定时期内，根据旅游业发展的需要，期望获得收益而投放到某一旅游项目上的一定数量的资金，主要是固定资产投资。

旅游投资项目是指在一定时间和区域内，为完成某项（或一组）旅游开发目标，按照一个独立的总体设计规划进行投资的各项工程的总和。主要包括三个方面的具体含义:① 在一个总体设计或项目内,由几个互有内在联系的单项工程所组成,建成后项目归属于经济上可以独立核算、行政上可以统一管理的建设单位;② 在总体设计中体现旅游开发目标;③ 能够形成旅游基础设施和配套设施等有形资产,以及商标、商誉、技术专利和许可证等无形资产。

在旅游投资中,旅游投资由于主体及其诉求的不同而有多元化的取向,主要分为政府主导的旅游投资和企业主导的旅游投资。

政府主导的旅游投资旨在获得包括经济效益在内的综合性效益,具体包括:第一,获取更多的外汇收入和社会经济收入;第二,提供更多的社会就业机会;第三,更好地调整国家或地区内经济发展的不平衡性;第四,更好地继承和发挥社会文化及其作用,传承优秀的传统文化;第五,更好地保护和改善环境,促进旅游经济的可持续发展;等等。而企业主导的旅游投资的主要目的是通过生产旅游产品,为游客提供旅游六要素服务,从而获取利润。

(二)旅游投资的主要内容

旅游业是一项综合性产业,旅游业供给包括食、住、行、游、购、娱六个要素,每一个要素都是旅游投资对象,但由于目的地政府和企业目标不一样,这就决定了旅游目的地政府和旅游企业在投资内容上存在很大差异。

1. 旅游目的地政府投资的主要内容

对于任何一个旅游目的地而言,地方政府发展旅游业都注重经济效益、社会效益和环境效益的协调发展,其中目的地社会发展是旅游开发和投资的根本目的,旅游经济发展只是其发展的手段,而环境和生态效益是目的地旅游发展的保障条件,最终促进本地旅游可持续发展。目的地政府旅游投资的内容主要包括:

(1)旅游基础设施的投资

旅游设施分为旅游上层设施和旅游基础设施,旅游上层设施主要包括旅游饭店、旅游交通(工具)、旅游景区等方面,而旅游基础设施包括交通道路、医疗卫生、邮电、通讯、排水、供电、供气等方面。旅游基础设施投资的投资回收期长、回报率低,对产业资本缺乏足够的吸引力,因而只能由地方政府对其进行投资。

(2)公共服务机构的投资

公共服务机构是为保障国内外游客的合法权益而设立的各种服务机构,如博物馆、美术馆、国家和地方公园、游客接待中心、旅游咨询中心、旅游市场监管和治安管理机构等,这些公共服务机构确保游客拥有舒适安全的旅游环境和完善的公共服务设施。

(3)旅游宣传促销方面的投资

为了提高旅游目的地的知名度和美誉度,强化旅游目的地形象,吸引更多的国内外游客,获取更多的旅游收入,旅游目的地政府借助媒体、旅游节庆、国内外旅游交易会等途径进行促销,从而促进本地旅游业快速健康发展。

(4)旅游教育方面的投资

旅游业发展的基础是旅游资源,但发展最终的动力是人才。为了吸引更多的旅游高级人才,培养更多的本地旅游服务人员,目的地政府在旅游高等教育、旅游培训以及旅游人才的引进方面都要进行大量的投资,以保证旅游业得以长期稳定发展。

（5）其他方面的投资

旅游目的地政府在资金宽裕的情况下可直接参与旅游景区、旅游娱乐项目、旅游饭店等旅游六要素方面的投资。另外，在自然旅游资源和人文旅游资源的保护、物质文化遗产和非物质文化遗产的保护和传承等方面也需要大量投资，这些投资基本由本地政府完成。

2. 企业旅游投资的主要内容

企业对旅游业进行投资的目的很简单，那就是获取利润。旅游企业直接进行旅游产品的生产，向旅游者提供旅游六要素服务。旅游企业也可以对上市旅游企业进行金融投资，购买其股票和债券，以分享上市公司的利润。就实体投资而言，旅游企业的旅游投资内容主要包括旅游饭店与餐饮项目投资、旅游景区景点项目投资、旅游娱乐项目投资、旅游交通设施投资和旅游商品项目投资。

（1）旅游饭店与餐饮项目投资

根据旅游规划和旅游地发展的需要，旅游企业在旅游目的地建设各种档次的宾馆、度假区、餐厅、酒吧和咖啡厅、茶馆等项目，以满足旅游目的地游客不同层次的需要。

（2）旅游景区景点项目投资

旅游景区景点项目投资是指依托旅游目的地的旅游资源所进行的旅游景区景点的开发和建设，包括旅游吸引物、旅游住宿和餐饮、旅游商店、旅游娱乐设施等方面的建设投资。

（3）旅游娱乐项目投资

为了丰富旅游目的地的旅游内容，吸引更多的国内外游客，旅游目的地非常重视娱乐方面的投资，如各种舞厅、歌厅、健身房、休闲浴场等方面的投资。

（4）旅游交通设施投资

为了实现国内外游客的空间位移，旅游目的地必须对旅游目的地和客源地之间的大交通以及旅游目的地区内小交通进行大量投资。其中大交通包括航空运输、水路运输、陆路运输，目前航空运输基本是由航空公司垄断，旅游企业主要投资于水上邮轮游艇、陆上汽车等运输工具。同时，区内小交通如景区内旅游道路、游船码头、索道等也是旅游企业投资的重点。

（5）旅游商品项目投资

成熟的旅游目的地必须拥有本地特色的旅游商品。旅游企业可以参与旅游商品的设计、生产、加工与销售，以丰富旅游目的地的旅游内涵。

二、旅游投资的主要类型

（一）旅游投资的类型

旅游投资活动是一项复杂的经济工程，为了加强投资管理，提高投资效益，还必须对旅游投资进行科学的分类。从不同的角度，根据不同的标准，对旅游投资可作不同的分类。

① 金融投资。金融投资是投资主体为获取预期收益，预先垫付货币以形成金融资产，并以此获取投资或投机收益的经济行为。这种投资主要在金融市场上进行，金融资

产的种类繁多，一般是不具有实体资产形态的虚拟资本。

②实物投资。实物投资是投资主体为获取预期收益或经营某项旅游事业，预先垫付货币或其他资源（有形资产或无形资产），以形成实物资产的经济行为。实物投资大致可分为固定资产投资、流动资产投资、稀有资产投资等。旅游项目中，房屋、土地的出租属于实物投资。

③直接投资。直接投资是指投资主体直接将资金用于项目建设、购置设备等，通过一定的经营组织形式进行建设、管理、运营活动以实现预期收益的经济行为。其实质是资金所有者和资金使用者的合一，是资产所有权和资产经营权的统一。投资主体能有效地控制各类资金的使用，并能实施全过程的管理。

④间接投资。间接投资主要是指投资主体以购买股票、债券等金融资产的方式所进行的投资。投资人按规定收取红利或股息，但一般不能直接干预和有效控制其投放资金的运用状况。其实质是资金所有者和资金使用者的分离，是资产所有权和资产经营权的分离运作，在资产的经营管理上不体现投资者的意志。

（二）旅游目的地投资的主要模式

按照旅游目的地资源条件情况，可以分为资源主导模式、经济主导模式、综合发展模式等。

1.资源主导模式

该模式以丰富的旅游资源为基础，以打造具有地域优势的景观作为投资的切入点，以根据资源条件提高旅游投资的吸引力为核心。资源主导模式适用于自然环境特色鲜明的地区，该模式表现出明显的地域特色，同时呈现出一定的区域历史文化特色，突出了地域差异，具有较强的区域投资吸引力。作为自然环境中对旅游者的自然吸引物，资源主导模式的自然旅游资源的显著特点是资源的不可模仿性，本区域的资源具有相对的独立性和垄断性，将自然资源转化为现实的生产力，是资源主导模式旅游投资需要解决的问题。

资源主导模式下的旅游投资具有耗资大、耗时长、风险大的特点，前期需要政府搭建旅游投资的政策平台，同时对旅游基础设施等相关方面进行投资，但资源主导模式地区的经济发展水平有限，资金能力不足，需要企业对政府投资进行必要的、有益的补充。但是企业投资以追求利润最大化为直接目标，投资具有短期性，凭借自然或人文资源开发的旅游吸引物对环境具有强烈的依附性，而环境本身具有脆弱性以及不可再生性，完全依靠企业投资会造成过度开发，不利于生态环境建设和旅游业的可持续发展。因此，资源主导模式下的旅游投资必须由政府主导，从投资初始阶段就注重对资源和环境的保护。

资源投资模式的投资目标是：通过合理、充分地开发丰富的旅游资源来发展旅游经济，促进区域经济整体发展，带动区域经济同步增长，同时保护旅游资源，保持生态环境，为旅游业的可持续发展奠定基础。

从投资对象的角度来看，资源主导模式的旅游投资以旅游公共产品中旅游基础设施的投资为先导，以旅游吸引物的投资为核心，以旅游设施的投资为支撑。

2.经济主导模式

该模式以雄厚的经济发展实力为基础，以打造现代化的旅游景观和高水平的旅游服务作为投资的切入点,以根据经济发展水平提高旅游投资的吸引力为核心。

经济主导模式一般适用于经济发展水平较高的省市和自治区,这些地区经济实力雄厚,相关产业和服务业比较发达,具有较强的区域投资吸引力。作为自然环境中对旅游者的自然吸引物,经济主导模式的自然旅游资源相对资源主导模式较差,所以利用本地区经济优势带动旅游投资,是经济主导模式旅游投资的发展思路。采用经济主导模式的地区,经济发展水平高,具有相对完善的基础设施条件和良好的区位,旅游需求的整体水平相应较高,旅游产业具备良好的发展基础。经济主导模式下,与旅游投资相关的政策、规章制度相对完善,居民素质整体水平较高,这些会对旅游投资经济活动产生积极作用。

经济主导模式下的旅游投资,受资源条件限制,主要通过持续投资开发新的人造旅游吸引物、完善旅游服务设施和旅游公共产品来满足不断变化的旅游市场需求,投资具有明确的市场导向特点,应当主要由企业进行投资,从而实现旅游业在市场导向下的灵活、高效的发展。同时,政府应该对旅游投资过程进行有效的调控和引导,规范和引导企业投资,规范市场秩序,防止企业盲目投资造成的过度竞争,处理好旅游业与其他相关产业的关系,制定好旅游业发展的定位和长期规划,在充分发挥市场导向作用的基础上,促进企业旅游投资的良好、健康发展。

经济主导模式的投资目标是:在资源条件有限的情况下,转向以市场需求为导向,利用市场需求引导旅游投资,通过持续投资开发新的人造旅游吸引物、完善旅游服务设施和旅游公共产品来满足不断变化的旅游市场需求,从而促进旅游产业和相关产业发展。

经济主导模式的旅游投资以投资旅游服务设施和人造吸引物为核心,以投资旅游安全、信息、宣传和文化等公共产品为辅助。

经济主导模式下,资金需求已经不再是制约旅游投资发展的瓶颈,人力要素、技术要素和制度要素的投入显得更加重要。由于资源条件的限制,经济主导模式下的地区只能依靠持续投资开发新的人造旅游吸引物、完善旅游服务设施和旅游公共产品,这个过程中需要大量的创新、持续的人才和技术投入才能加速产品更新,满足不断变化的旅游市场需求。制度要素的需求则主要体现在对旅游投资的监管方面,防止旅游投资过度竞争。

3. 综合发展模式

综合发展模式同时以丰富的旅游资源和雄厚的经济发展实力为基础,以打造著名的旅游景观和现代化旅游服务作为投资切入点,以旅游资源和经济发展水平对旅游投资具有极强的吸引力为核心。

综合发展模式下,旅游业发展应采取企业自主、政府调控的方式。采取综合发展模式的地区,经济发展水平高、旅游资源丰富,一方面可以通过市场需求引导旅游投资,另一方面可以利用旅游投资刺激新的市场需求,从而投资开发新型的、高品位的旅游文化和服务产品,来满足不断变化的旅游市场需求。综合发展模式下,企业应当自主进行投资,充分发挥市场机制的灵活和效率,同时政府应该通过规范和引导,合理控制投资规模和投资结构,促进投资综合效益的提高,实现旅游业和地区整体的经济、社会和生态环境的可持续发展。

综合发展模式的投资目标是：在资源条件和经济条件均比较充足的条件下，旅游投资应该更加注重投资综合效益的提高，通过旅游投资，发展旅游经济，塑造旅游品牌，最终实现经济效益、社会效益和生态环境效益的统一。

综合发展模式下的旅游投资以对旅游安全、信息、宣传等公共产品的投资为核心，对旅游吸引物和旅游服务设施的投资需要严格进行量的控制和追求质的提高。

综合发展模式下，资金、人才和技术都相对可实现充足的供给，制度要素的投入显得尤为重要。当旅游业发展到相对成熟的阶段后，把握旅游投资方向、优化旅游投资结构、提高旅游投资综合效益成为投资关注的重点，而这些都需要适当的激励、引导和规范制度作为保障。

三、旅游投资的主要特点

旅游企业的投资活动是以旅行社、旅游交通企业、旅游饭店为代表的旅游消费供给者为获取经济效益而垫付货币或其他资源于某些事业的经济活动。同其他投资活动相同，旅游企业投资活动的主体必须是符合市场经济要求，具有相对独立的投资决策权，自我筹集、运用资金，并拥有投资所形成的资产的所有权或经营权，同时承担投资风险的经济主体。与其他企业相比，旅游企业的投资活动具有以下特点：

1. 投资领域的广阔性

投资领域的广阔性主要体现在旅游投资活动涉及的领域具有广阔性。旅游者在旅游活动中，涉及食、住、行、游、购、娱等多方面相结合的物质和精神需要。需求的综合性决定了供给的综合性，供给的综合性决定了企业投资领域的多样性。旅游投资涉及大型综合类项目、乡村旅游、智慧旅游、文化旅游、低空旅游、休闲度假、体育旅游、研学旅游、康养旅游等诸多领域。

2. 旅游投资的复杂性

投资主体的多样性决定了投资客体的复杂性。旅游企业的投资客体包括流动资产、固定资产、股票、债券、投资基金、期货、期权、外汇等所有可能的投资物品。

复杂性主要体现在三个方面。一是旅游投资的资金来源与方式相当复杂，可分为独立资金、股权资金和债权资金。二是旅游投资的主体与内容非常复杂，可分为政府旅游投资和企业旅游投资。其中政府旅游投资主要用于宏观方面，如旅游基础设施与公共服务设施建设、旅游宣传促销等；企业旅游投资主要用于微观方面，如旅游景区景点项目建设、旅游酒店项目建设、旅游娱乐项目建设、旅游商品开发与生产、旅游交通项目开发和建设等。三是旅游投资过程的复杂多样，包括投资的计划与决策、投资资金的筹集与运用、投资项目的工程招标与委托，征地拆迁和投资品的申拨、购置或组织供应，投资全过程的组织、管理和监督等诸多方面。因此，旅游投资活动，既涉及与投资公司、勘察设计单位、综合开发单位、施工单位、管理机构和咨询机构的密切合作，又与银行和非银行金融机构、地产管理部门及物资供应单位等经济组织建立了错综复杂的经济关系。

3. 投资实施的程序性、连续性和波动性

（1）程序性

旅游投资是国民投资的一部分，其投资过程必须严格按照国民经济投资的程序进行。同时,旅游投资内容和来源的复杂性,又决定了其投资过程的特殊性。旅游投资过程通常要经过以下基本程序:旅游投资项目的规划和设计,旅游投资项目的计划与决策,旅游投资资金的筹措与供应,旅游投资项目的工程建设招标、投标和委托,旅游投资项目工程建设、旅游投资管理(包括项目组织过程、工程建设全过程的管理和监督等)。

（2）连续性

旅游投资的实施,客观上是一个不间断的过程,具有连续性。从事直接投资在决策立项之后,且投资项目一旦被批准动工建设,投资方就必须不断投入资金和其他资源,以保证连续施工和均衡施工的顺利进行。若投资实施的连续性遭到破坏和中断,则投资项目不仅不能按期形成新增固定资产,为社会增加财产和积累,而且已投入的大量资金被占用和停滞,不能用于周转,既扩大了投资支出,又失去了资金的时间价值。对于已建造起来的半截工程和已到货的设备,如果保养维护不妥,会造成严重的损失浪费。

（3）波动性

在旅游投资活动中,客观要求投资实施要连续进行,但是,现实中投资过程还存在波动性。通常在一个投资项目的一个投资周期中,实施期的投资支出要比决策期多,建设施工阶段的投资支出要比建设准备阶段大,到了建筑施工中期,设备大多到货,投资达到最高峰。这一特点要求投资主体事先规划好项目进度和投资分布,尤其是安排大中型投资项目时,应力求做到均衡投资,错开投资高峰期。否则,到了一定年度,过多的项目同时处于投资高峰期,如果资金和投资品的需求同时得不到满足,那时无论是对投资项目采取"撒胡椒面"的方式,即平均分配缺额资源或实施清理性整顿,还是停、缓建一批在建项目,都会导致投资连续性遭到破坏与中断,进而损害投资事业,造成损失浪费。

4. 投资周期的长期性

旅游投资中影响最大的是固定资产的投资。固定资产投资最终形成旅游要素的产品,即旅游吸引物、旅游设施和旅游基础设施,这些投资项目造型庞大、地点固定,又具有不可分割性,这些决定了投资建设的周期很长。在投资实施和资产形成时期,大量的一次性费用长时间内退出国民经济的流通,并且在这一较长阶段不能创造出任何有用的经济成果,要到整个建设周期完成,才能形成资产产品。这就要求投资主体加强对旅游投资决策和投资周期的管理。

从投资活动本身而言,一个旅游项目的投资周期,主要由投资决策期、投资建设期和投资回收期三个阶段构成。通常,投资决策期应给予合理保证,以便对投资进行充分谨慎的研究论证,避免仓促收回投资,从而实现投资的良性循环。过去我国的投资实践,在整个投资周期中,决策期一般都很仓促,而建设期和回收期却拖得很长,这种现象是很不正常的,必须加以克服、纠正。

5. 旅游投资的风险性

旅游投资的复杂性和长期性决定了旅游投资存在一定的风险性。旅游投资通常是在目前旅游经济发展的基础上,依赖已有的各种信息、数据和经验而作出决策。然而,实际情况是复杂多变的,再加上旅游投资具有长期性,因此旅游投资的实际情况与投资的主观决策往往存在一定的差距,达不到预期的投资效果,有时甚至无法收回投资,我国众多的主题公园投资即是典型例子。为了降低旅游投资的风险性,一方面要加强旅游投资的可行性研究,对旅游投资进行科学的预测和分析,尤其是对旅游投资前景的预测和对环境变化的分析,尽可能降低旅游投资未来收益的不确定性,提高预测的准确性和决策的科学性;另一方面,要加强旅游投资的科学管理,建立健全旅游投资责任制和管理运行机制,减少和避免旅游投资的失误,降低旅游投资的风险,提高旅游投资的经济效果和综合效果。

6. 投资目的的特殊性

任何投资的终极目的都是为了取得投资收益,而对于以分别独立的项目进行的投资项目来说,其直接目的是有差别的。对于旅游企业而言,虽然各类企业的异质性很大,但从满足旅游者需求的角度出发,各种类型旅游企业业务的关联性很强。为了最大限度地增强活力能力和降低风险,产生了一项特殊的投资目的,即扩大关联业务领域的参与和控制能力。

7. 投资收益的不确定性

投资的目的在于投资增值。资本循环增值最终能否实现取决于消费者对企业产品的接受和认可程度。由于旅游产品具有无形性,旅游者只有到达目的地并享用了旅游服务时,才能感受到旅游产品的使用价值,旅游产品的价值才能得以实现。对旅游产品质量的评价完全取决于旅游者个人的主观感受。同时,旅游产品不可储存,其生产和销售同时完成,产品价值的实现方式是唯一的。旅游产品的这些特性增加了价值实现的难度,也使旅游企业投资收益的不确定性更为突出。

第三节   当前旅游产业投资的特点

一、当前旅游产业投资概况

全域旅游的加快推进,吸引了各类社会资本加速投资旅游业。旅游业在调结构、稳增长、促消费、惠民生等方面也发挥出越来越重要的作用,旅游业已经成为中国经济发展的"加速器"。目前已经有大量社会资本、民营企业快速转向投入旅游业,这不仅为资本自身找到了新商机,也进一步丰富了旅游产品,增加了旅游消费选择的多样化。

我国个性化旅游方式日益普及,当前国内游客构成逐渐从团队出游向散客出游转变,多数知名景区的团队游客与散客比例接近3:7,尤其在《旅游法》实施和八项规定等政策出台后,传统的观光团队游客大大减少,散客人数呈现出前所未有的爆发式增长态势,以线路为主导的团队旅游模式向以目的地为主导的散客旅游模式转变,自驾游、自由行、深度游等旅行方式越来越受欢迎,个性定制、自助出行正逐步成为一种常态。新常态需求下,中国的在线旅游发展迅猛。2013年中国在线旅游市场交易规模达2 204.6亿元,2014年在线旅游市场交易规模达2 798.2亿元,2015年在线旅游市场交易规模达4 237.2亿元,并且在线旅游市场交易额将持续保持高速增长。传统旅行社全面转型,自助预定、自愿组合、自由行程已成为不可逆转的潮流,各种类型、各种层次的在线旅游产品服务都已成为投资热点。

在此背景下,旅游投资快速增长,继续领跑宏观经济;大项目投资增速加快,投资规模效益显著。2016年全国投资额在10亿—50亿之间的在建旅游项目有2 209个,投资额在50亿元以上的在建的旅游项目有229个,投资额在100亿元以上的旅游项目有222个。

二、当前旅游产业投资的特点

当前旅游产业投资主要呈现以下几个特点:

1.旅游投资规模不断壮大

近年来我国旅游投资市场持续走红,项目投资总额从2011年的26 700亿元增长到2013年的68 482亿元,当年完成投资额度从2011年的2 065亿元增长到2013年5 144亿元,同比增长均超过25%。与此同时,大项目投资层出不穷。总投资50亿元及以上的在建旅游投资项目共计295个,涉及项目总投资达34 178.1亿元,占全国项目总投资的49.9%;100亿以上项目达127个,2014年上半年增长到151个,2016年增至222个。各地越来越重视大项目的建设,以期带动区域旅游经济的发展壮大。互联网继续加快发展,进一步助推了大众化旅游消费快速发展,近6年来,中国旅游集团、中青旅、携程、华侨城等众多旅游企业共投资旅游业1 500亿元。据统计,各类大型企业纷纷进入旅游投资市场。互联网企业前10位中有9家投资旅游业,5年累计投资达350亿元,旅游企业加剧线上线下的渗透与融合,传统旅游格局不断被改写。房地产企业前5位全部投资旅游业,投资额达1.7万亿元。国美、苏宁、中粮等传统企业也纷纷试水旅游业。与此同时,国际品牌加快更新在中国的投资布局。全球458家国际品牌奢华酒店中,253家在亚太地区建设,其中在华项目占58%。目前有环球影城、乐天世界、乐高乐园、东方好莱坞等多家世界主题公园在中国建设或规划。

2.旅游投资主体更加多元化

旅游消费需求的多元化促使了旅游投资领域的多元化,也推进了投资主体的多元跨界。旅游投资主体的跨界主要体现在两个方面。一是跨行业,不同行业主体投资融合。各行业的企业纷纷开始涉足旅游市场,如阿里巴巴投资在路上和穷游网,百度投资去哪儿网并成为其第一大股东,腾讯联合晨兴创投2 000万美元到美国游平台我趣旅行网,万达、华侨城、方特、海昌等地产集团引领文旅发展等。二是跨体系,政府与企业、国有与民营分别相互融合,全国旅游投资依然延续了民营资本为主、政府投资和国有企业投资为辅的多元主体投资格局。2016年民营企业投资旅游业7 628亿元,占全部旅游投资的58.7%,投资热点从房地产业向旅游综合体及文化旅游转变。政府投资和国有企业投资分别为2 484亿元和1 945亿元,分别占全部旅游投资的比例为19.1%和15%。

3.旅游投资格局全面铺开

我国幅员辽阔,东中西部各地经济发展水平不一,旅游产业亦如此。具体体现在如下几个方面。其一,东部地区投资增长稳健,中西部地区增长更为显著。虽然从旅游项目总投资所占比重来看,依然是东部地区(59%)遥遥领先,远高于中部地区(24%)和西部地区(17%)。但从项目总投资增幅的角度来看,2013年,西部地区项目总投资增幅最大,同比增长18.7%。其二,大型企业全国布局,发达地区投资密集。国内知名华侨城集团、方特集团,以及近年来高调进军文化旅游业的万达集团,都已通过多年投资建设大型旅游项目而基本形成了全国性的旅游发展布局,并且三者投资建设的旅游项目绝大多数都集中于发达地区；国内的海航集团、开元旅游集团、绿地集团、万达集团等旗下实力雄厚的本土酒店品牌都在积极进行海外投资与并购。

4. 旅游投资方向日趋融合

从2013年各地投资的大型旅游项目及涉及的旅游业态来看，我国旅游投资方向迎合了旅游市场的潮流趋势，呈现融合特色。大量资金持续涌向旅游与其他产业融合后催生的新业态之中，与文化、城镇、地产、商业、科技等的融合特色鲜明。大型综合类项目居高不下，集旅游、文化、餐饮、住宿、娱乐等诸多产业形态于一体的城市休闲、生态度假、文化旅游等大型主题类游憩项目较为火热。

三、当前旅游投资的热点领域与项目

1. 乡村旅游产品

与休闲农业相融合的乡村旅游产品逐渐得到开发，休闲农庄、特色乡村、乡村精品民宿等将快速发展。乡村旅游以具有乡村性的自然和人文客体为旅游吸引物，依托农村区域的优美景观、自然环境、建筑和文化等资源，在传统农村休闲游和农业体验游的基础上，拓展开发由会务度假、休闲娱乐等项目构成的新兴旅游方式。依托乡村资源可以开发乡村与农业观光旅游、乡村与农业生态旅游、乡村休闲旅游、乡村度假旅游等旅游产品；依托林果资源，可以开展赏花、摘果活动；依托花木资源，可以开展观赏、休闲活动；依托海河湖塘资源，可以开展垂钓、游船等水上和岸边的休闲活动；依托传统农耕资源，可以开展农事体验活动；依托现代科技农业资源，可以开展科普观光活动等；综合利用乡村环境、田园风光、农家生活与生产过程等资源，可以开发滞留性的乡村休闲、度假旅游等项目；等等。

近年来我国乡村旅游投资持续升温，2016年全国乡村旅游接待游客22亿人次，约占全国旅游接待总量的1/2。投资内容向综合业态发展，休闲农庄、特色小镇、乡村民宿和精品酒店等投资快速增长。

2. 低空旅游产品

低空旅游目的地以培育飞行文化，引导飞行生活方式为出发点，结合飞行概念下的系列休闲体验活动及文创产品，有效打破传统旅游"走点"、"串线"式的"点线"观光模式，呈现出一种全新的营地生活般的休闲度假模式。随着中国政策不断放开，低空旅游将释放巨大潜能。低空旅游产品的开发包括低空旅游线路、航空旅游小镇、低空旅游飞行器等。低空旅游产品按照不同的功能、目的和开发方式可以分为多种类型。根据低空旅游观光对象的不同，主要分为城市型游览、景区型游览、营地型游览；根据低空旅游所采用的工具的不同，可分为直升机型、热气球型、动力三角翼型、动力伞型等；按照低空旅游开发方式的不同，可以分为观光拉动型、交通拉动型、基地建设拉动型、名人拉动型。

3. 在线旅游产品

在线旅游产品主要包括旅游互联网金融、目的地旅游资源整合、内容创造性产品以及分享型旅游产品。在线旅游是依托互联网来满足旅游消费者信息查询、产品预订及服务评价等需求的旅游产品形式，当前包括旅游服务供应商、搜索引擎、OTA、旅游资

讯及社区等在线旅游平台。其中以搜索引擎为代表的有去哪儿网等,以OTA为代表的有携程等。这几类的产品大多是以平台的形式出现,旅游平台级产品的界限逐渐变得模糊。在线旅游从细分领域出发,可以分为专门提供交通、住宿、度假等不同深度服务的旅游产品;从服务地域来划分,有专门做境外旅游的旅游产品,还有做周边旅游产品的,等等;从服务对象角度来看,可分为提供中高端人士的商旅出行、年轻一代的穷游等针对不同人群的旅游产品;如今,从内容和人群的关系出发,衍生出了攻略、社交等各种形式的旅游产品。

4. 旅游大数据与智慧旅游产品

旅游大数据与智慧旅游产品主要包括各地旅游大数据中心、旅游大数据应用、智慧旅游交通、智慧旅游政务、未来景区、未来酒店等。智慧旅游,就是利用云计算、物联网等新技术,通过互联网或移动互联网,借助便携的终端上网设备,主动感知旅游资源、旅游经济、旅游活动、旅游者等方面的信息并及时发布,让人们能够实时了解这些信息,提前安排和调整工作与旅游计划,从而达到旅游者对各类旅游信息实现智能感知、方便利用的效果。[①] 而智慧旅游离不开大数据,需要依靠大数据获取足够有利的资源,只有大数据才能反映旅游的客源市场、游客关注的产品,从而为精准营销提供重要的数据支撑,为营销决策产生导向性的作用。

5. 休闲度假产品建设

随着物质财富的不断增长,旅游发展到现在,已经由传统的旅游娱乐上升到寻求体验性、参与性的休闲度假方式,人们开始转向对文化精神的消费与追求,更多的时间和钱财用于休闲,休闲度假产品的建设就是借鉴庞大的旅游群体及自身的自然条件和交通条件来发展旅游观光产业,引入高端资源,开发高端旅居产品,提高旅游品质,实现国际化旅游服务,打造旅游度假区、旅游综合体、特色旅游小镇、特色商业街区、综合性度假酒店、精品酒店等。

6. 文化创意旅游产品

文化旅游产品是指以文化旅游资源为支撑,以旅游者获取文化印象、增智为目的的旅游产品。旅游者在旅游期间对历史、文化或自然科学进行考察、交流与学习等活动。文化旅游实质上就是文化交流的一种形式,由于文化表现形式多种多样,因此旅游活动的内容和形式也大不相同。但是,进行任何文化旅游活动的旅游者都是为了追求一种文化享受,获得精神与智力的满足,是一种较高层次的旅游活动。文化旅游产品具有非物质性、不可转移性、信息性、服务性、稳定性与创新性等特征并呈现相互结合性。台北故宫博物院的一款"朕知道了"纸胶带,以其霸气、幽默,集文物知识与时尚趣味于一身的独特气质风靡海峡两岸。"萌萌哒"文创产品可以成为当地的文化符号,让人一看就想到旅游地的文化。如故宫博物院的朝珠耳机、"顶戴花翎"遮阳伞、"朕就是这样汉子"折扇等,还有借用"腰牌"的概念和造型,设计出的一系列时尚创意产品,其中"如朕亲临"、"奉旨旅行"等腰牌创意产品造型霸气,能当行李牌、公交卡套,深受游客喜爱。

---

① 参见张凌云,黎巎,刘敏.智慧旅游的基本概念与理论体系[J].旅游学刊,2012,27(5):66—73.

7. 户外运动与体育旅游产品

2016年12月22日，国家旅游局、国家体育总局共同印发《关于大力发展体育旅游的指导意见》，部署体育旅游发展。以户外运动为领跑者的体育旅游是旅游产业和体育产业深度融合的新兴产业形态，在丰富旅游产品体系、拓展旅游消费空间、推动全民健身和全民健康深度融合的同时，还能推动体育产业提质增效及培育经济发展新动能、拓展经济发展新空间。

从体育旅游供应一方的角度来说，体育旅游产品是指体育旅游经营者凭借一定的体育旅游资源和体育旅游设施，向旅行者提供的满足其在体育旅游过程中的综合需求的服务。换句话说，体育旅游产品就体育旅游供应一方来说，它是向市场提供的全部体育服务要素的总和。从体育旅游需求一方的角度来说，体育旅游产品是体育旅游者为了获得物质和精神上的满足，通过花费一定的货币、时间、精力和体力所获得的一次体育旅游经历，是体育旅游者在这段时间内所经历和接触的一切。就是构成影响体育旅游产品质量的直接和间接的因素。体育旅游产品具有健身性、参与性、体验性、大众休闲性，主要包括竞技性体育赛事、参与性体育赛事、群众性体育活动、体育节庆活动、滑雪场等。

8. 康养旅游产品

2016年1月，国家旅游局正式颁布了《国家康养旅游示范基地》标准（LB/T051-2016），并确定了首批5个"国家康养旅游示范基地"。"康养旅游"已被社会和市场广泛认同，国家旅游局也将其正式确立为新的旅游方式，并纳入我国旅游发展战略，康养旅游从而进入了规范化发展的道路。

健康与旅游度假的加速融合，已成为现代服务业的新亮点，健康产业与旅游产业的有机结合，也已经成为全球经济发展新的经济增长点。旅游＋健康的产品可满足养老、养生、疗养、美容、亲近自然、调节心理等多方面的需求。基于此，康养旅游产品的开发需要依托项目地良好的气候及生态环境，构建生态体验、度假养生、温泉水疗养生、森林养生、高山避暑养生、海岛避寒养生、湖泊养生、矿物质养生、田园养生等养生业态，打造养生度假区、养生谷、温泉度假区、中医药养生基地、体检机构、老年旅游产品等。

9. 研学旅游产品

2016年12月，教育部、国家旅游局等11个部门联合发布《关于推进中小学研学旅行的意见》，首次多部门联合发文落实推进研学旅行。研学旅行是由学校根据区域特色、学生年龄特点和各学科教学内容需要，组织学生通过集体旅行、集中食宿的方式走出校园，在与平常不同的生活中拓宽视野、丰富知识、加深与自然和文化的亲近感，增加对集体生活方式和社会公共道德的体验，提高学生的自理能力的教育类旅游产品。研学旅游产品主要包括研学基地、主题博物馆、休闲书屋等。近年来，安徽、江苏、陕西、上海、河北、江西、重庆、新疆等8个省（市、区）作为研学旅行试点展开工作，另外天津滨海新区、湖北省武汉市等12个地区被确定为全国中小学生研学旅行实验区。

10. 新型旅游装备制造业

新型旅游装备制造业主要包括邮轮游艇、飞行器、游乐设施、房车、木屋、滑雪和高尔夫用具等。①《国务院关于促进旅游业改革发展的若干意见》(国发〔2014〕31号)精神,支持邮轮游艇、索道缆车、游乐设施等旅游装备制造本土化,积极发展邮轮游艇旅游、低空飞行旅游。2015年,工信部、发改委、交通运输部、质检总局、旅游局、民航局等六部委联合发布《关于促进旅游装备制造业发展的实施意见》,《实施意见》指出旅游装备制造业具有高成长性、高知识性、高增值性等特征,产业链条长,带动作用大,市场前景广阔。加快旅游装备制造业发展对于推动我国装备制造产业结构升级、培育新的经济增长点、促进国民经济稳增长、转方式、调结构具有重要意义。旅游装备制造业,作为旅游产业与第二产业中的装备制造业融合发展的新型高新技术产业,正迎来重大的发展机遇。

思考题:

1. 我国旅游产业投资发展经历了几个阶段,各阶段呈现出什么样的特征?

2. 旅游产业投资有哪些类型,投资主体在不同类型的投资中分别需要注意什么问题?

3. 目前我国旅游产业投资有哪些热点领域,这些热点领域分别呈现什么样的趋势?

参考文献:

[1] 邢雅楠.旅游投资研究[D].天津:天津大学,2011.

[2] 中华人民共和国国家旅游局.中国旅游统计年鉴2016.北京:中国旅游出版社,2016.

[3] 马海鹰.历年国务院政府工作报告中的"旅游"表述分析(1979—2012).

---

① 参见沈世伟.国内邮轮业研究综述与展望[J].旅游研究,2011,3(3):22—29.

内容提要

- 旅游项目的概念界定
- 旅游项目的分类
- 旅游项目投资前的市场调研与市场调研报告
- 旅游项目建设条件和旅游投资环境评估
- 旅游项目策划的主要内容
- 旅游商业计划书的主要内容

第一节　旅游项目的概念及其分类

一、旅游项目的概念界定

苏格兰旅游委员会在1991年对旅游项目下了一个定义：所谓旅游项目应该是一个长久性的吸引物。建设旅游项目的主要目的是让公众和旅游者得到消遣的机会，使他们做自己感兴趣的事情或者是受到一定的教育，而不仅仅是建立一个游乐场、放映一场歌舞剧或组织一场体育竞赛等。旅游项目不仅应该吸引严格意义上的旅行者、一日游者，而且还应对当地居民具有一定的吸引力。一般而言，旅游项目是指在一定时间和区域内，为完成某项（或一组）旅游开发目标，按照一个独立的总体设计规划进行投资的各单项工程的总和。包括以下三个具体方面：

一个总体设计或项目，由几个互有内在联系的单项工程所组成，建成后项目归属于经济上可以独立核算的、行政上可以统一管理的建设单位。因此在进行投资时，不仅仅是能够单独考核投入物质产出物，又能计算其效益和费用的项目均可视为一个投资项目，就是说，既可将一个独立的单项工程视为一个投资项目，也可将那些费用和投资项目紧密相关、由若干个单项工程项目组成的"项目群"形成的有机综合体作为一个旅游投资项目。

在总体设计中的旅游开发目标。如果某旅游投资项目虽然建成后对旅游发展有促进作用，如以防洪、发电和交通等给定效益为目标的三峡水利枢纽工程，但由于此项目完全没有体现旅游开发目标，所以不能视其为旅游项目。反之如果某项目体现了旅游开发目标，即使其不完全以提供旅游服务为目的，如大连自然博物馆的迁建项目，也视其为旅游项目。

能够形成旅游基础设施和配套设施等有形资产，以及商标、商誉、技术专利和许可证等无形资产。旅游投资项目的开发过程就是将一定量的资金直接用于构建固定资产和流动资产，形成实物资产和非实物资产并能产出具有价值和使用价值的产品或服务。

二、旅游项目的类型

旅游项目按照投资主体的不同分为公共服务类项目和商业投资类项目。

（一）公共服务类项目

公共服务类的项目多为政府投资建设，旨在为游客提供基础的旅游服务，主要包括风景道、游步道、旅游厕所、接驳站点、休息设施等项目。

（二）商业投资类项目

商业投资类项目分成综合性投资项目和单项类投资项目两大类。其中综合性投资项目包括景区项目如九寨沟风景区、黄山风景名胜区、张家界武陵源风景名胜区、西湖风景名胜区等，度假区项目如万达长白山国际度假区、广州长隆旅游度假区、珠海海泉湾度假区、上海迪士尼度假区等，特色旅游综合体项目如恒大海上威尼斯、南昌万达文化旅游城、武汉楚河汉街等。

单项类投资项目种类日益增多,包括乡村旅游类项目如农家乐、民宿、休闲农庄、农业园区、农业主题公园等,户外运动类项目如水上游船、水下潜水俱乐部、滑雪场、星空露营地、滑草乐园、极限运动俱乐部等,酒店项目如主题酒店、会议酒店、度假酒店、经济酒店等,旅游商品开发类项目如采茶基地、手工艺作坊、DIY手工创意基地等,新兴业态项目如高尔夫球场、自驾车营地、游艇俱乐部、邮轮码头、热气球俱乐部等,旅游古镇、古城、古村类项目如客栈、酒吧、民宿、文创商店等。

第二节　旅游项目市场调研

一、需求市场调查与预测

（一）旅游需求市场调查

旅游需求市场调查是指用科学有效的方法,有目的地针对旅游市场需求的数量、结构特征以及变化趋势所进行的调研与研究。旅游需求市场调查的主要内容有潜在客源分析、潜在游客调查。

常见的旅游市场调查方法有资料法如参考中国旅游统计年鉴、地方社会经济公报等,问卷调查法(如表2-1),访问调查法,通信调查法,会议调查法,观察法,实验法等。进行旅游需求市场调查时,应根据旅游项目的具体情况选用适当方法。

表2-1 上海迪士尼市场调查问卷	上海迪士尼乐园开园在即,为此我们想了解您的一些看法,非常感谢您抽空参与本次调查,谢谢!

Q1您的性别?

男　　　　　　　　　女

Q2您的年龄?

18岁及以下　　　19—25岁　　　26—35岁　　　36—45岁　　　46岁及以上

Q3您目前的常居地?

上海　　　　　　大陆其他城市　　　港澳台地区　　　海外

Q4您目前的职业?

在读学生　　　　上班族　　　　　自由职业者

Q5您每月的可支配收入?

1 000元及以下　　1 001—2 000元　　2 001—3 000元　　3 001元及以上

Q6您是否去过世界其他地方的迪士尼乐园?

是　　　　　　　　否

Q7您是否会前往上海迪士尼乐园游玩?

一定会去　　　　可能会去　　　　去不去无所谓　　　不太可能去　　　一定不会去

Q8您会出于何种原因前往上海迪士尼游玩?（多选）

没有去过,出于好奇
曾经去过其他迪士尼乐园,愿意再去
陪同家中孩子前往
为了打发时间

续　表

朋友推荐
广告宣传
其他

Q9 您会出于何种原因而选择不去上海迪士尼乐园？（多选）
曾经去过其他迪士尼乐园，不感兴趣
地方太偏远，交通不便
门票价格太贵
国内游客太多，不愿长时间排队
没有时间
旅游综合费用太高
其他

Q10 您会选择在什么时间段去游玩？

| 周末 | 黄金周 | 寒暑假 | 非节假日 | 视情况而定 |

Q11 您如何看待现阶段迪士尼的门票价格（平日价370元，高峰日499元）？

| 较低 | 正常 | 偏高 |

Q12 您心中最多可接受的门票价格？

| 150元及以下 | 151—300元 | 301—450元 | 451元及以上 |

Q13 您预计会在园内花多少钱购买卡通人物的衍生产品（T恤、文具等）？

| 不会购买 | 100元及以下 | 101—200元 | 201—300元 | 301元及以上 |

Q14 您比较看重上海迪士尼乐园的哪些方面？（多选）
门票价格及针对不同人群的优惠政策
园内整体环境（整洁度、秩序管理等）
园内餐饮质量及价格
游乐设施的安全性及多样性
员工服务质量（态度、工作技能等）
园内销售衍生产品的多样性及价格
乐园周边配套交通及餐饮住宿
有别于其他迪士尼乐园的游乐设施或表演
融入的中国或上海特色文化元素
其他

Q15 您对哪些娱乐项目感兴趣？（多选）
刺激的游乐设施
体验或观赏游乐设施
园内表演
卡通人物互动照相
其他互动式活动

Q16 对于迪士尼乐园落户上海，您有什么看法或是建议？
我很自豪中国大陆可以有自己的迪士尼乐园
能在大陆游玩迪士尼乐园，很赞成
希望迪士尼乐园周边配套的酒店、交通等一定要完善，加快基础设施建设，促进经济的发展
希望上海的环境能治理得更好，以便游客享有一个干净整洁的游玩场所
其他

（二）旅游需求市场预测

旅游需求市场预测主要围绕与旅游项目产品相关的市场条件展开。旅游需求市场预测是在旅游市场调查所获取的各种一手资料和二手资料与信息的基础上，运用科学方法，根据旅游项目的需要，对该项目未来一段时间内的需求市场的发展趋势做出分析和判断。旅游市场预测需要注意以下几个问题：

（1）市场预测的时间跨度应根据产品的生命周期、市场变化规律以及占有数据资料的时效性等情况综合确定。

（2）市场预测的范围应包括国内外两个市场，并应分别对其进行区域市场分析。

（3）旅游市场预测深度应满足旅游项目建设规模和产品方案。

需求市场预测的方法分为定性预测方法和定量预测方法。定性方法是建立在经验判断的基础之上，对判断结果进行有效处理的预测方法，如德尔菲法。定量预测方法是建立在数学模型基础上的预测方法，如时间序列法、回归分析法、投入产出法、弹性系数法和产品终端消费法等。

二、供给市场调查与分析

旅游供给市场调查与分析是旅游投资项目可行性研究的重要内容。旅游供给市场的调查主要包括旅游产品供给分析、产品分布分析、周边产品分析等内容。旅游供给市场的调查方法与需求市场的调查方法相同，有访问调查法、通信调查法、会议调查法、观察法、实验法、资料法等。

三、市场调研报告的撰写

（一）概述

市场调研报告是指用书面表达的方式反映市场调查过程和调查结果的一种分析报告，它是市场调查成果的集中体现，既是以书面形式向管理者或者用户报告的调研结果，也可作为口头汇报和沟通调研结果的依据，亦可被制作成多媒体演示课件，以便向决策者或用户进行演示、解说，以及与其进行沟通。

市场调研报告应满足以下目标：解释调研原因、陈述调研内容、指明调研方法、展示调研结果、提出结论和建议。

（二）内容

旅游项目的市场调研报告主要包括需求市场调研报告和供给市场调研报告两部分。

从格式上说，市场报告主要包括扉页、摘要、目录、序言、正文、结论和建议、附件几个方面的内容。扉页是调研报告的封皮，包括调研报告的标题、调研单位和提出报告的日期；摘要简要说明调研的目的、调研对象、调研内容、调研时间、调研期限、调研范围、调研方式和调研方法以及调研的主要结论；目录用于调研报告内容较多的情况，为方便读者的阅读，用目录的形式列出调研报告各部分各层次的标题（或标目）及所在的页码；序言是调研报告的导语部分，主要提出市场调研的问题，简要说明调研的过程和得出的调研结论；正文是调研报告的主体部分，正文通常按事理划分为几个大的层次，每个层次再划分为若干个自然段；结论和建议主要是指针对正文得出的调研结果和提出的问题，引出调研报告的结尾部分，提出解决问题的建议；附件主要包括调研方案、抽样技术方案、调研问卷、数据整理表格、数据分析表格和其他支持性材料。需求市场调研报告和供给市场报告的区别主要体现在正文上。

从内容上说，需求市场报告侧重分析项目的需求市场结构，主要包括客源结构、团散客结构、需求特征、消费特征、游客出行方式、需求市场发展趋势等内容。供给市场报告侧重分析项目的供给市场，包括产品分布情况、产品供给状况、热门产品和线路、周边产品分析等内容。

第三节　旅游项目投资条件与环境评估

一、投资条件考察与评估

（一）选址地形地貌条件

不同的旅游项目因其功能不同对选址的地形地貌条件有不同的要求，地形地貌条件包括地势的高低起伏状况、岩石特征、地质构造等方面，如滑雪场、滑草乐园之类的项目一般选择有一定坡度的山体地带，游艇俱乐部之类的项目一般选择开阔的水域地带，主题乐园类的项目一般选择平坦开阔的平原地带。

（二）选址资源条件

旅游项目的投资建设主要依赖当地的资源条件，选址资源条件一般包含自然山水类资源、人文设施类资源、乡土民俗类资源等。自然山水类资源包括山岳、江河、湖泊、森林、草地、光现象、气候现象等；人文设施类资源包括遗址遗迹、历史建筑、宗教设施等；乡土民俗类资源包括村庄、民间艺术、特色物产、传统小吃等。如风景区类的项目主要依托项目所在地的山岳、江河、湖泊等自然山水资源；古镇、古城类的项目主要依托项目所在地的民居、历史建筑、遗址遗迹等资源；休闲农庄、农家乐类的项目主要依托项目所在地的耕地、农作物等农业资源。

（三）区位交通条件

区位交通对于旅游项目来说至关重要，这关乎着该旅游项目的客源市场和交通可达性，区位交通条件包括项目所在地的地理位置、社会政治经济情况以及内外部道路交通条件。如邮轮类的项目一般选择经济发达、交通便利的港口城市，以便拥有广阔的经济腹地和客源市场；酒店类的项目一般选择在主要交通枢纽、旅游景区附近。

（四）自然气候条件

自然气候条件主要指项目所在地的温度、湿度、风向、风力等级、水质等条件。如低空项目对风向、风力等级有要求；潜水类项目对水质有要求；滑雪场类的项目对温度有要求。

二、投资环境的考察与评估

（一）社会环境

社会环境主要包括项目所在地的人口数量和人口结构、劳动力供给状况、技术支持状况。其中对技术环境的评估是要考察相应时期的技术政策、科技发展水平、科技人员素质及数量、科技结构与组织结构等。

（二）经济环境

经济环境一般指项目所在地的经济发展水平,包括项目所在地经济体制的健全程度、社会经济发展水平及增长速度、市场环境、生产要素供给水平。如采茶园类的项目一般依托项目所在地的茶叶产业;健康疗养基地类的项目多依托当地的中医药产业。

（三）文化环境

文化环境是指项目所在地的文化传承情况,包括居民的风俗习惯、宗教信仰、价值观念、生活方式、文化素质等。古城、古镇类的项目非常注重对当地风土人情的挖掘和利用。

（四）生态环境

生态环境主要是指影响人类生存与发展的水资源、土地资源、生物资源以及气候资源数量与质量的总称,是关系到社会和经济持续发展的复合生态系统。对旅游项目而言,生态环境多指项目所在地的污染情况。风景区、度假区类的项目对生态环境的要求较高。

（五）政策环境

政策环境指旅游项目在投资建设过程中涉及的招商引资政策、支持政策、扶持政策等。旅游项目的实施离不开政策的支持和引领。近年来,为促进新兴旅游领域的投资,国家及地方政府先后出台了一系列支持政策,以引领和规范新兴旅游项目的投资。如《农业部办公厅关于推动落实休闲农业和乡村旅游发展政策的通知》(农办加〔2017〕15号)、《国务院办公厅关于加快发展健身休闲产业的指导意见》(国办发〔2016〕77号)和《国务院办公厅关于进一步扩大旅游文化体育健康养老教育培训等领域消费的意见》(国办发〔2016〕85号)等政策。

第四节　旅游项目投资定位与策划

一、旅游项目投资定位

旅游项目的定位就是确定旅游项目在客源市场、产品特色等方面所处的地位。最为重要的包括市场定位、产品特色定位等方面。

（一）市场定位

市场定位主要包括市场规模定位、客源市场定位和目标客群定位三个方面。

市场规模定位就是对未来一段时间内旅游项目所可能吸引到的市场总量作出相应的预测。它是指向未来的,充满了许多的不确定性。市场规模定位的基础是对客源市场变化趋势及其影响因素进行准确的分析,同时也要考虑旅游吸引物本身的吸引力评估、环境及设施的吸引力等因素。值得注意的是,实际上在相当多的规划中,市场规模预测是经验判断的产物,规划人员通常借助于以往的趋势以及相关因素变化趋势来对可能的市场增长率作出预测,从而确定未来的市场规模。这对于老的旅游区或者旅游项目来说尚有迹可循,对新的旅游地或者项目来说,市场规模定位则在很大程度上依赖于规划人员自身的素质和经验。综上所述,旅游市场规模的定位是一项综合工程,考虑的条件越多、越全面,定位也就越合理。

客源市场定位是指旅游项目指向什么样的目标市场,客源市场定位以细分市场为基础。根据与项目所在地的地理距离,可先对客源市场进行市场分级,再对每级市场进行细分,如观光度假市场、休闲度假市场、文化旅游市场、研学教育市场、健康疗养市场、自驾车市场、户外运动市场等细分市场。四川的阆中古城将其旅游市场细分为观光市场、休闲度假市场、专门兴趣市场、驴友市场、会议市场等。其中观光市场针对古城的自然风光和人文观光景点等;休闲度假市场针对当地的民居院落、星级酒店、文化广场等;专门兴趣市场针对古建筑、民居、科考、风水星象等;驴友市场针对背包族中酷爱古城旅游的年轻人;会议市场针对桃源山庄、阆中文化广场、五星级园林酒店等。

目标客群定位是指旅游项目所瞄准的游客群体,这决定了旅游项目未来所服务的对象,目标客群根据不同的项目进行不同定位,如观光客群、亲子教育客群、家庭度假客群、疗养度假客群、户外运动爱好客群、商务会奖客群等。

课堂讨论:上海迪士尼度假区该如何进行市场定位?

(二) 产品定位

产品定位指旅游项目开发什么样的产品来满足目标客群或客源市场的需求。从理论上讲,应该先进行客源市场定位,然后才进行产品定位。产品定位是将对客源市场的选择与产品相结合的过程,即将市场定位产品化的工作。产品定位应立足于当地的资源优势和市场消费需求,突出产品特色、档次、结构。产品定位一般包括对核心产品、特色产品、旅游商品的定位,核心产品代表项目的核心功能,特色产品则体现项目的延伸功能。

课堂案例

中 国 乌 村

乌村位于乌镇西栅历史街区北侧500米,紧依京杭大运河而立。乌村是由原有的自然村乌镇虹桥村整治改建、重新规划建设而得,保留了搬迁农房和原有村落地貌,总面积300 000平方米。乌村以江南原有的农村风情为主题元素,保留了原有老房屋建筑面积1 600平方米,在原有的基础上新增房屋建筑1 800平方米,乌村农业占地23 000平方米。全村围绕江南农村村落特点,构建精品农产品种植加工区、农事活动体验区、知青文化区、船文化区四大板块,内设酒店、餐饮、娱乐、休闲活动等一系列的配套服务设施。乌村是一个用"休闲度假村落"的方法打造出来的高端乡村旅游度假区,与乌镇东西栅景区联袂互补。

动静相宜、新旧结合的板块化和组团式布局。展开乌村游览全图,直入眼帘的是一派水网交织和阡陌纵横的绿色江南乡村景象。与传统酒店相比,乌村就是一个"配套散落四周,客房居于核心"的中型酒店。其中,乌村基本保留原有民居,形成特色民宿板块,该板块功能以"静"为主,建筑以"修旧"和"补旧"为主;住宿板块的外围拓展区域形成休闲娱乐体验的配套板块,该板块功能以"动"为主,建筑以"新建"为主。通过路网和水网的相互交织,乌村的住宿和配套两大板块各自细分为不同的组团。其中,住宿板块根据建筑外立面、周边小景观、文化元素符号等细节,划分为桃园、竹屋、渔家、米仓、磨坊、酒窖、知青年代等七大主题住宿组团,以独立的乡村院落为单元。周边配套区域,具体包括美食中心、活动中心、青墩、乌墩、采摘区、烧烤野炊区、小动物乐园等组团。

贯穿整个地区的水系资源支撑乌村骨架和灵魂。在这里,流淌千年的京杭大运河从北面绕村而过,更显这一方江南小村的宁静,奠定了乌村的活水之源,并在乌村范围内形成望津湾和乌村湾两个典型港湾。作为功能区隔的水路,它将乌村主要的新建区域如美食中心、活动中心以及青墩和乌墩进行了组团式的分隔。这三个新建区域,均为公共活动区域,而水路的分隔,不仅让其与住宿板块实现动静分离,而且让其活动主题更为集中,照顾到不同客群的多元化休闲娱乐需求。

在乡野自然景观基调之上,融合传统农耕文化与现代休闲体验。乌村本身在设计的过程中就最大限度地保留了原有村落的肌理、文脉。在这里,无论是改为客户使用的民房、村头的池塘、油菜花田地,还是重新梳理的民居前园菜地、藕塘、垂钓池、田间小路,均采用了江南乡野最普通不过的自然景观设计手法。正是这些视野范围可及的平常之物,承载着众多游客内心的乡愁,拉近了景区与游客之间的距离。乌村中定期提供的演艺、酒吧休闲、帐篷露营等活动,基本上在新建区域的活动中心、青墩、乌墩、码头等重点区域进行。总体来说,这些新建区域的建筑和景观体现了一个"隐"字。无论是活动中心的海草屋顶、游船码头的木质长廊,还是青墩乌墩的人工台地,都在试图与乌村固有的乡野自然风貌融合,而不是与之一争高下。

课堂讨论: 请分析中国乌村的产品定位。

二、旅游项目投资策划

(一)旅游项目投资内容策划

旅游项目策划主要是面对市场的产品策划,是对项目开发思路和发展战略的总体谋划,重点在于开发项目的营造,同时也要考虑其形象定位和市场战略。旅游项目内容策划包括三部分:一是具有带动性的最具吸引力的核心项目;二是具有分流作用的辅助项目;三是具有特色但是流量较小的特色项目。不同的策划依据决定了这三种不同的策划内容,旅游项目具体的策划内容依据项目所在地地形地貌的适宜性、建设成本、未来需求程度等因素而呈出不同的形式。

下面以中国乌村策划为例,来说明旅游项目内容策划的核心项目、辅助项目、特色项目之间的区别。

定位:乌村基于"体验式的精品农庄"的定位进行开发,强调在保护现有土地植被、水土的基础上,引进国际先进的"农庄度假"理念,以期营造出具有典型江南水乡农耕文化的传统生活氛围,打造成适应现代人休闲度假的"桃花源"。

核心项目：乌村依托原有民居和江南水乡的环境打造民宿板块，根据建筑外立面、周边小景观、文化元素符号等细节，打造桃园、竹屋、渔家、米仓、磨坊、酒窖、知青年代等七大主题住宿组团，以独立的乡村院落为单元。乌村保留原有老房屋建筑面积 1 600 平方米，在原有的基础上新增房屋建筑 1 800 平方米，现有客房 186 间。民宿组团构成乌村的核心项目，是乌村最具吸引力的项目以及最大的卖点。

辅助项目：住宿板块的外围拓展区域形成休闲娱乐体验的配套板块，该板块功能以"动"为主，建筑以"新建"为主。在民宿周边，有配套美食中心、活动中心、青墩、乌墩、采摘区、烧烤野炊区、小动物乐园等组团。这些小组团构成辅助项目，为游客提供更丰富的体验。

核心项目和辅助项目相辅相成，将乌村打造成"配套散落四周，客房居于核心"的中型酒店。

特色项目：乌村中定期提供的演艺、酒吧休闲、帐篷露营等活动，基本上在新建区域的活动中心、青墩、乌墩、码头等重点区域进行。

课堂讨论：乌村项目的策划依据是什么？

（二）旅游项目投资模式策划

旅游项目的投资模式包括投资主体及投资方式两方面的内容。投资主体按照层次主体分类，一般有政府投资主体、企业投资主体、社团投资主体、个人投资主体。投资方式主要解决谁投资、谁运营、谁受益的问题，下文以艳阳度假村与莫干山 Discovery 探索极限基地两个地方进行举例说明。

（1）艳阳度假村——大农庄模式。艳阳度假村在城市建立客户市场，在乡村建度假基地，以真实版"开心农场"、迷你私家农庄、新农村建设等为主要盈利模式，将休闲度假、候鸟式养老、新农村建设完美结合起来，形成会员制、连锁互换的商业模式，目前拥有十六家子公司、八大连锁度假基地、近二十万会员。艳阳度假村项目采取三位一体的投资模式，政府政策支持，当地村镇出土地参与合作，企业出资建设以及运营管理。产品面向城市消费者，旨在向城市消费者出售土地、房屋的使用权，企业和村集体共同获益。

（2）莫干山 Discovery 探索极限基地——集极限运动、旅游、度假于一体的户外探索基地，为全球游客提供世界顶级的户外求生训练与探险体验。项目总投资 4 800 万元，用地面积约 120 000 平方米，园区内共设有户外攀岩、丛林滑索、高空网阵、地面障碍等三十多个项目，是全球首个 Discovery 探索极限基地。该项目是中外企业合作投资运营，由 Discovery 国际品牌授权机构、APAX Group（川力企划）以及御庭酒店集团三方联手打造。Discovery 国际品牌授权机构主要给予品牌授权和课程培训，APAX Group（川力企划）投资建设，御庭酒店集团提供场地——莫干山安缇缦度假区。三者合力将度假与极限运动合二为一，将强身健体提高身体素质也作为度假休闲的一部分，打造新型度假模式，推动长三角地区旅游休闲产业的发展。

三、旅游项目商业计划书

商业计划书是一份全方位的项目计划，其主要意图是递交给投资商，以便他们能对旅游项目作出评判，从而使项目获得融资。商业计划书一般包括以下几个方面的内容。

（1）项目概况。项目概况需介绍项目的大致情况，包括项目的所在地、项目建设背景、项目投资主体、建设单位概况、建设面积、投资金额、建设内容、建设周期、目标市场与竞争优势、项目的定位、预期收益等内容。

（2）项目的必要性。这部分内容要说明当前该旅游项目建设发展趋势，通过大数据来说明该项目的需求情况、发展优势以及未来前景，同时说明项目所带来的经济效益和社会效益，尤其是对当地经济发展的推动作用，对当地就业的促进作用，对当地生态环境的改善作用，以说明实施该项目的必要性。

（3）环境与市场分析。环境分析主要包括：国家层面的政策环境分析，指国家的政策支持；投资环境分析，指当地的资源情况和消费群体情况；经济环境分析，指项目所在地的经济发展水平、劳动力供给情况；行业情况，指项目所在地的产业支撑情况和行业竞争情况。市场分析包括需求市场分析和供给市场分析。需求市场分析即客源地和客群分析，同时对市场进行市场细分和需求分析；供给市场分析即对同质产品、相关产品的分布情况及供给情况进行说明，以说明该项目的发展前景。

（4）项目SWOT分析。这部分内容说明项目实施所面临的外部机遇和挑战，项目本身所具备的优势和劣势。继而综合说明项目应该如何利用自身优势和外部机遇进行产品开发，力求长足发展。

（5）市场定位。这部分内容主要包括：项目的目标市场定位，即面向的市场、锁定的目标客群；产品与服务定位，即产品和服务的功能定位；发展定位，即项目的发展规模和发展水平。

（6）项目发展规划和建设安排。发展规划包括发展愿景、战略措施、项目总体规划和近中远期计划；建设安排说明项目的空间布局、功能分区以及技术方案。

（7）组织架构及经营管理。组织架构包括机构职责、劳动定员；经营管理包括建设管理措施、财务管理措施、运营管理措施。

（8）投资估算与资金筹措。这部分内容主要说明投资估算范围、投资估算内容、投资估算依据，形成投资总额估算表，同时说明资金筹措途径和融资方案。

（9）财务分析。计算总的成本投入，包括项目建设成本、土地租金、劳动力费用等内容；对项目盈利收入进行估算，包括项目年效益预测及投资回报指标。

（10）风险管理。包括市场风险与规避措施、建设成本风险与规避措施、经营管理风险与规避措施、农业灾害风险与规避措施等内容。

（11）结论。对本次项目的实施方案和前景进行评估，说明存在的问题和解决途径。

思考题：

1. 旅游项目的概念是什么？旅游项目与旅游产品是什么关系？

2. 旅游项目投资环境评估包括哪些方面的内容？

3. 定位在旅游项目策划中具有怎样的意义？它对旅游项目策划而言是否是必需的？

4. 旅游项目策划的概念是什么？具有哪些特征？

内容提要

- 旅游项目可行性研究的概念与目的
- 旅游项目可行性研究的主要内容
- 旅游项目可行性研究的工作程序
- 旅游项目可行性研究的实施要点
- 可行性研究报告的内涵

第一节　可行性研究的阶段与程序

一、旅游项目可行性研究的概念与目的

"可行性研究"一词在美国于20世纪30年代开发田纳西流域时开始被采用,经过完善与发展已形成一套比较完备的理论。所谓项目投资的可行性研究是指运用现代经济与技术分析方法,对构成项目的各生产要素的最佳组合进行测定与确认,使其与项目所处的外部环境相协调的一系列分析过程,目的是为项目开工建设与生产经营提供依据。

作为旅游经济活动的首要前提,旅游投资具有很大的风险性、复杂性和不稳定性。因此,对其进行严谨科学的可行性分析,是旅游投资成功的必要条件,也是降低旅游投资项目风险、提高旅游投资效益的有效方法。所谓旅游投资可行性研究,是以旅游市场和发展前景的分析为基础,通过对拟建的旅游项目在经营上和经济上的利益进行详细分析,从而确定该投资项目的建设在技术上、开发上和经济上的可行性。

基于项目可行性研究的基本内涵,旅游项目可行性研究是旅游项目投资建设阶段的前期研究,致力于判断旅游项目是否符合投资主体的发展目标,建设是否可能,技术是否可行,预期效益是否合理,从而对多方案进行比较优选,确定资源有效分配的最佳途径,因此,是旅游投资决策的重要依据和基本环节。旅游项目可行性研究主要是对旅游建设项目的一些主要问题,如旅游资源、客源、交通条件、建设地址、建设规模、建设方案、资金来源、建设周期和投资效果等,从技术和经济方面进行调查分析、综合论证,做多方案比较,并对拟建项目建成投产后取得的效益进行预测、评价,确定其是否合理可行,为建设项目投资决策提供可靠的科学依据。

二、旅游项目可行性研究的原则

旅游项目投资可行性分析是对拟建的旅游投资项目提出建议,并论证其在技术上、开发上和经济上是否可行的重要基础工作。在对旅游投资项目进行可行性分析时,必须坚持以下五个基本原则。

（一）一致性原则

第一,旅游项目的可行性研究报告必须符合国家的总体路线、方针、政策、法律、法规,并与国家的宏观经济政策和产业指导政策相一致;第二,旅游投资项目的可行性研究报告,要符合本行业、本产业管理部门的有关法规、条例及部门规章;第三,旅游项目的可行性研究报告内容还要符合其他一些经济管理部门的法规与规章,必须强调横向联系务必协调一致,以避免矛盾冲突。

（二）客观性原则

旅游投资项目可行性分析是旅游投资者、旅游开发者、旅游经营者和有关部门决策时的重要参考依据,因而可行性分析报告中,对投资项目可行性研究的分析与结论必须坚持实事求是的原则,其依据必须充分具体,论证必须详细全面,并明确提出可靠结论和合理建议,为投资决策者提供客观准确的判断依据,以便其对投资方案做出正确合理

的选择,提高旅游投资项目的科学决策水平。可行性研究报告中的各种基础数据和基础材料、所使用的分析研究方法,必须真实可靠,有据可查。

(三) 科学性原则

在旅游项目可行性分析中,为了保证可行性分析的科学性和可靠性,必须把定量研究方法和定性研究方法相互结合,并灵活正确地使用。通过科学的方法和精确可靠的定量计算,所得数据和结果能强有力地支持定性分析的结论,这可以使旅游投资项目可行性分析更具科学性、准确性和可操作性。

(四) 效率性原则

旅游项目的可行性分析必须讲求效率,注重时效。投资项目可行性研究是一项十分复杂的系统分析工作,一般所需时间较长。但在实际操作中,应该在保证质量的前提下,尽可能快速完成,以便把握时机、抢抓机遇,尽快实施项目,取得效益。若拖延、松懈,可行性研究时间过长,则可能使可行性分析结果由于时间的推移和市场的快速变化而与实际相差甚远,导致投资项目成为过时项目,从而丧失良机。

(五) 公正性原则

旅游投资项目可行性分析是旅游投资决策的重要依据,也是银行和其他投资者发放贷款的重要依据,因而必须坚持公正性原则。如果经过分析,认为某项目无法取得预期的效益和目标,就应本着实事求是的态度,如实地向投资者报告,从而避免该项目实施后带来巨大损失。如果认为某项目经重新设计或调整后还可建设,也需要提供修改建议和方案,并再次进行评价。严禁为了达到某种目的,随意编造,盲目估计,偏离现实,否则,势必得出不切实际的结论,导致项目决策失误,造成损失。

三、旅游项目可行性研究的作用

在旅游项目投资中,可行性研究是确定建设项目前具有决定性意义的工作,是在投资决策之前,对拟建项目进行全面技术经济分析的科学论证,在投资管理中,可行性研究是指对拟建项目有关的自然、社会、经济、技术等方面进行调研、分析比较,以及预测建成后的社会经济效益。在此基础上,再综合论证项目建设的必要性、财务的盈利性、经济上的合理性、技术上的先进性和适应性以及建设条件的可能性和可行性,从而为投资决策提供科学依据。具体而言,可行性研究有如下6方面的作用:作为投资者是否决定投资项目的主要依据;作为向银行贷款的依据和银行审查判断是否贷款的依据;作为向当地政府及环保当局申请建设执照的依据;作为该项目与有关部门互定协议、签订合同的依据;作为项目工程建设基础资料的依据;作为企业组织管理、机构设置、职工培训等工作安排的依据。

四、旅游项目可行性研究的阶段

旅游项目由于投资额度大、建设周期长、内外协作配套关系多,其可行性研究涉及的内容繁多、关系复杂,因此需要一个较长时期的、由浅入深的、不断深化的工作过程,才能得出正确的研究结论。一般情况下,一个完整的可行性研究应包括投资机会研究、初步可行性研究和详细可行性研究等阶段。

（一）投资机会研究

1. 投资机会的概念

投资机会研究，又称投资机会确定，其任务是提出建设项目投资方向的建议，即在一个确定的地区和部门内，根据自然资源、市场需求、国家产业政策情况，通过调查、预测和分析研究，选择建设项目，寻找投资的有利机会。

投资机会研究一般比较粗略，它主要是从投资的收益和盈利的角度来研究投资的可能性，进行投资机会鉴别，提出备选项目，以引起投资者的投资兴趣和意愿。

2. 投资机会研究的分类

投资机会研究通常分为一般机会研究和具体项目机会研究两种。

一般机会研究是对某一地区、行业或部门鉴别投资机会，或是识别以利用某种自然资源或工农业产品为基础的投资机会。在这些机会研究作出最初鉴别之后再进行项目的机会研究。

一般机会研究又可分为三种形式：（1）地区机会研究，设法鉴定1个特定地区（如1个行政区域、1个落后地区或1个港口辐射区）的投资机会；（2）产业机会研究，设法鉴定某个特定的产业部门（如建筑材料或食品加工业）的投资机会；（3）以资源为基础的机会研究，设法找出以利用自然的、农业的或工业产品为基础的投资机会，如以森林为基础的工业、石油化工的后续工业以及金属加工工业。

具体项目机会研究，就是将项目的设想转变为概略的项目投资建议，以引起投资者的注意，使其作出投资响应，并从几个有投资机会的项目中迅速而经济地作出抉择，为初步选择项目提供依据。由于具体项目机会研究的目的是刺激投资者作出响应，因此其内容相对于一般机会研究而言更为具体，要提供该项目产品的有关技术经济参数、建设生产程序及相关政策法规，以达到足以激发投资者作出响应的目的。机会研究的目的只是在众多的投资机会中挑选出有利的投资机会，所以要以少量花费迅速确定有关项目的投资可能性。

（二）初步可行性研究

初步可行性研究，也称预可行性研究，是正式的详细可行性研究前的预告性研究阶段。经过投资机会研究认为可行的建设项目，表明该项目值得继续研究，但又不能肯定是否值得进行详细可行性研究时，就要先做初步可行性研究，以进一步判断这个项目是否具有较高的经济效益。经过初步可行性研究，认为该项目具有一定的可行性，便可转入详细可行性研究阶段，否则，就终止该项目的前期研究工作。

初步可行性研究作为项目投资机会研究与详细可行性研究的中间的或过渡性研究阶段，其目的主要有：确定项目是否值得进行详细可行性研究；确定哪些关键性问题需要进行辅助性专题研究。

初步可行性研究是介于投资机会研究和详细可行性研究之间的中间阶段，其研究内容和结构与详细可行性研究基本相同，主要区别是所获资料的详尽程度不同、研究的深度不同。对项目投资和生产成本的估算精度一般要求控制在 ±20%，研究所需时间大致为4—6个月，所需费用占投资总额的0.25%—1.25%。

（三）详细可行性研究

详细可行性研究又称为最终可行性研究，通常简称为可行性研究，它是项目前期研究的关键环节，是项目投资决策的基础。它为项目决策提供技术、经济、社会方面的评价依据，为项目的具体实施（建设和生产）提供指导。因此，该阶段是进行详细深入的技术经济分析论证的阶段。

这一阶段的主要目标是：（1）提出项目建设方案；（2）进行效益分析和选定最佳方案；（3）依据标准，对拟建项目提出结论性意见。可行性研究的结论，可以是推荐1个最佳的建设方案，也可以是提出2个及以上可供选择的方案，说明各自利弊和可能采取的措施，还可以提出项目"不可行"的结论。

可行性研究的内容比较详尽，所花费的时间和精力都比较大。这一阶段中投资额和成本都要根据该项目的实际情况进行认真调查、预测和详细计算，其计算精度应控制在±10%以内。大型项目可行性研究工作所花费的时间为8—12个月，所需费用约占投资总额的0.2%—1%；中小型项目可行性研究工作所花费的时间为4—6个月，所需费用约占投资总额的1%—3%。

随着《国务院关于投融资体制改革的决定》的出台，建设项目投资审批程序发生了较大的变化。对于政府投资的旅游项目，还需先编制初步可行性研究报告（项目建议书），经有关部门批准后，再进行详细可行性研究，政府部门要从投资决策的角度审批可行性研究报告；而对于非政府投资的旅游项目，由于没有使用政府资金，政府不再审批其可行性研究报告。属于核准制的项目，政府审批其项目申请报告；属于备案制的项目，政府不对项目做任何审批。因此，非政府投资的旅游项目可行性研究报告的主要功能是满足企业自主投资决策的需要，企业可以根据实际情况开展可行性研究工作，不一定要将可行性研究分三个阶段来做。

五、可行性研究的工作程序

可行性研究涉及很多方面的工作，其中最主要的工作包括以下几个方面。

（一）调查研究，收集资料

在旅游项目投资决策中，首先必须进行调查研究、收集相关的数据和资料，这是投资决策工作中的基础性工作，因为不管是确定投资决策下一步的项目目标，还是优化抉择最终的项目方案，都需要以这些有用的项目信息和资料为依据。在投资决策所需的信息中：既有与项目相关的历史信息，也有对于未来的预测信息；既有确定性信息，也有不确定性信息；既有项目相关的技术信息，也有相应的经济信息等。所有可以为投资决策提供支持的信息都属于被收集的范围。

（二）确定项目目标

在旅游项目的投资决策中，最重要的任务之一是确定一个项目所要达到的预定目标，从而根据确定的投资目标去进一步开展投资决策的后续工作，相反，如果投资目标不明确或不切合实际，最终的投资决策也不可能正确有效。投资目标的确定通常都是从组织战略规划出发的，因为实际上任何一个项目都是为实现组织的战略规划服务的，因此投资目标需要从组织的战略目标中获取和提炼，然后要按照目标明确、具体、系统、便于度量和切实可行等原则确定项目目标或项目目标体系。

（三）确定项目产出物

在确定项目目标以后，就需要进一步确定为了实现这些项目目标必须生成哪些项目产出物，这包括实物性的项目产出物和非实物性的项目产出物（如各种服务等）。确定项目产出物的根本原则有两条：一是所有能够为实现项目目标服务的项目产出物一项也不能少；二是任何不是为实现项目目标服务的项目产出物一项也不能要。在旅游项目的投资决策中必须严格把握这两条原则，从而使最终确定的项目产出物能够很好地为实现项目目标服务，否则无法保障项目目标的实现。

（四）拟定项目备选方案

在确定投资目标和项目产出物以后，就可根据既定的投资目标和项目产出物要求去拟定各种可行的项目备选方案了。项目备选方案的拟定需要从项目产出物的特性和要求出发，因为任何一个项目备选方案都是为生成项目的产出物服务的，只有能够生成项目产出物的项目备选方案才是可行的方案，也叫可替代的项目备选方案。同时，在项目备选方案的拟订过程中，还必须考虑各个项目备选方案的可替代性和可比性，以确保后续的方案论证、评估和优选的有效性。

（五）分析和评估各备选方案的可行性

有了项目备选方案以后，就可以对项目各备选方案的收益和成本、资源和条件、风险和问题等各个方面进行分析、预测和评估。这种分析和评估包括对项目现有条件和未来发展变化的分析预测，包括对项目技术、经济、运行条件和环境影响等多方面的可行性评估，对项目不确定性的分析预测和各种敏感性风险因素的分析等。这一工作的最终结果是给出各个项目备选方案的可行性分析与评价的结论和信息资料，以供"抉择方案"时使用。

（六）选择项目备选方案，作出最终决策

在有了各项目备选方案的可行性分析以后，首先可以筛选掉那些不可行的备选方案，然后就可以通过对可行方案的选优，作出最终决策了。在各种项目备选方案优化选择过程中要坚持满意原则，即只要找到能够使项目各相关利益主体都满意的项目备选方案即可。

第二节　可行性研究报告的编制

一、投资项目可行性研究的依据

进行可行性研究的依据有以下几点。

（1）国家有关经济建设的方针和产业政策、发展政策以及国家或地方的有关法规。

（2）国民经济和社会发展长远规划、行业规划和地区规划。

（3）国家批准的资源报告、国土开发整治规划、区域规划、工业基地规划，对于交通运输项目，要有有关的江河流域规划与路网规划等。

（4）项目建议书。

（5）拟选地址当地的自然、经济、社会等方面的基础资料。

（6）有关行业的工程技术、经济方面的规范、标准、定额资料。

（7）国家颁布的项目评价的经济参数和指标，如社会折现率、行业基准收益率、外汇汇率、价格换算系数等。如涉及国家没有颁布的经济参数，则使用部门或地区拟定的。如果部门或地区也没有，则由评价人员根据经验和历史资料确定。

二、可行性研究的要求

要使旅游项目的可行性研究有一定的质量，能够为项目投资决策提供依据，可行性研究应达到如下要求。

（一）可行性研究应具有科学性、公正性

可行性研究是一项政策性、技术性和经济性很强的综合研究工作。为保证它的公正性、科学性和客观性，在可行性研究工作中，必须坚持实事求是，在调查研究和科学预测的基础上，进行方案分析和比较，按客观实际情况进行分析论证和评价，切忌为"可行"而研究，使可行性研究流于形式。

（二）承担可行性研究的单位应具有相应的条件和资格

为保证可行性研究的质量，必须要求承担研究和编制任务的单位是具有丰富的实践经验、雄厚的技术力量和相当资质的专业单位。

（三）可行性研究的深度应达到一定的标准和要求

虽然可行性研究的内容、深度根据项目的具体要求会有所侧重和不同，但其基本内容应做到完整和有说服力，研究深度应达到《建设项目经济评价方法》、《建设项目经济评价参数》中所规定的要求。

（四）落实可行性研究的费用来源

在国外，可行性研究的费用一般占到项目投资总额的1%左右，这是因为可行性研究是一项牵涉面广、要求较高、专业性较强的工作。在我国可行性研究的费用来源一般是由项目的投资者按项目投资额的一定百分比（可根据项目的特点等具体情况确定）计提支付。落实好可行性研究的费用，有助于更好、更细致、更深入地开展可行性研究工作。

三、可行性研究的内容框架

旅游投资项目可行性研究是在项目建议书被批准后，对项目进行的更为详细、深入、全面的技术经济论证工作，通过对各种可能的技术方案的分析、测算、比较，推荐最佳方案，供决策部门作出最终决定，旅游投资项目可行性研究报告一般包括下列10项内容。

（一）项目总论

综述项目概况，包括项目的名称、承办单位、项目拟建地区和地点，承担可行性研究工作的单位和法人代表、研究工作依据，项目提出的背景、投资环境、工作范围和要求、研究工作情况、可行性研究的主要结论概要、项目存在的问题和提出的建议，并汇总可行性研究报告各章节中的主要技术经济指标，列出主要技术经济指标表。

（二）项目背景和发展概况

主要应说明项目的发起过程、提出的理由、前期工作的发展过程、投资者的意向、投资的必要性等可行性研究的工作基础。具体包括：国家或行业发展规划、项目发起人

及其发起缘由、已进行的调查研究及成果、选址初勘和初步测量工作情况、项目建议书的编制及审批过程，以及从经济效益和社会效益两方面来说明的投资的必要性。

（三）市场分析与建设规模

在可行性研究报告中，要详细阐述旅游市场需求预测，并确定建设规模。主要内容包括：调查国内外旅游市场近期需求状况，针对未来趋势进行预测，判断产品的市场竞争能力及进入市场的前景，确定拟建项目的方案和建设规模，提出市场营销战略与策略，对产品方案和发展方向进行技术经济论证比较。

（四）建设条件与项目选址

对旅游项目建设地的地理位置、气象、水文、地质和地形条件、社会经济现状进行调查研究，收集基础资料，了解交通运输、通信设施及水、电、气、热的现状和发展趋势。与此同时，旅游项目的选址应充分考虑客源市场的分布，注重交通可达性。对选址进行多方案的技术经济分析和比较，提出选择意见。

（五）环境保护与劳动安全

对旅游项目建设地区的环境状况进行清查，分析拟建项目"三废"（废气、废水、废渣）的种类、成分和数量，并预测其对环境的影响，提出治理方案和回收利用计划；对环境影响进行评价，就劳动保护、安全生产、城市规划、防震、防洪、防空、文物保护等要求提出相应的措施方案。

（六）企业组织和劳动定员

根据项目规模、项目建设及运营管理的流程，研究提出相应的组织机构、劳动定员总数、劳动力来源以及相应的人员培训计划。具体包括：组织形式、机构设置、对选择方案的论证，对工程技术和管理人员的素质和数量的要求，劳动定员的配备方案，人员的培训规划和费用估算。

（七）项目实施进度安排

项目实施安排，是指在从正式确定建设项目到项目建成运营这段时间，对项目实施准备、资金筹集安排、勘察设计、施工准备、施工到竣工验收和交付使用等各个工作阶段的进度计划安排。另外，还包括整个项目实施方案和总进度，并估算项目实施的费用。

（八）投资估算与资金筹措

这是可行性研究的重要组成部分，要计算项目所需要的投资总额，分析资金的筹措方式，并制订用款计划。建设项目总投资包括建设投资、建设期利息和流动资金投资，建设投资包括工程费用、工程建设其他费用和预备费。资金筹措研究要落实资金的来源渠道和项目筹资方案，从中选择资金成本较低的筹资方案，并在这两方面的基础上编制投资使用与资金筹措表。

（九）财务收益、经济与社会效益评价

在建设项目的技术路线确定之后，必须对不同的方案进行财务、经济效益评价，判断项目在经济上是否可行，并比选推荐出较优的建设方案。本部分内容包括财务基础数据的估算、财务评价指标的计算，以判别项目在财务上是否可行；从国家整体的角度考虑项目对国民经济的贡献，并对项目进行不确定性分析、社会效益和社会影响分析。

（十）可行性研究结论与建议

根据前面的研究分析,运用各项数据综合评价建设方案,从技术、经济、社会、财务等各个方面论述建设项目的可行性,推荐一个或几个可行方案供决策者参考,提出项目存在的问题、结论性意见和改进建议。

综上所述,旅游投资项目可行性研究的基本内容可概括为三大部分。第一是市场研究,这是项目成立的重要依据。建设方案和建设规模以及效益都是根据市场供求及市场预测来确定的,因此市场调查和预测是项目可行性研究的前提和基础,其主要任务是要解决旅游项目建设的"必要性"问题。第二是技术研究,即技术方案和建设条件研究,这是可行性研究的技术基础,它要解决建设项目在技术上的"可行性"问题。第三是效益研究,即经济效益和社会效益的分析和评价。这是决定旅游项目投资命运的关键,是旅游项目可行性研究的核心部分,它要解决建设项目在经济上的"合理性"问题。市场研究、技术研究和效益研究共同构成旅游投资项目可行性研究的三大支柱。在旅游项目投资的前期工作中,从机会研究到详细可行性研究都是从这三大方面对项目进行优化研究,并为旅游项目投资决策提供科学依据。

第三节　旅游项目可行性研究应用的一般方法

一、市场分析与预测的方法

在可行性研究报告中,市场分析与预测是至关重要的内容,直接关系到项目是否值得实施。市场分析应该从数量、内容、竞争情况、市场定位等方面进行说明。市场分析从量上说,包括市场增量和市场存量分析,存量是指历年来旅游市场的接待总量和旅游总收入,数据一般来源于国家和地方的旅游统计年鉴,以及国民经济统计公报,市场增量主要根据历年数据进行增长率的计算,一般以5年为一个周期;从内容上说,旅游市场分析主要是对目标市场进行分类;市场竞争分析需分析项目与周边项目的竞合情况,对周边项目的分布地区、主要吸引物、形象定位、产品类型进行简要说明,来分析项目面临的问题和竞争的主要方向;市场定位要对项目的旅游市场覆盖范围进行划分,对市场进行分级,同时对旅游目标市场群体进行划分,细分市场。市场预测是指对项目未来的接待量和旅游收入进行合理的预测,这部分数据主要立足于基数年的旅游市场存量和增量,值得注意的是,进行市场预测的前提是不受不确定因素的影响。

二、财务分析的方法

旅游项目投资中的财务分析可以非常直观地反映项目的成本投入情况和收益情况。财务分析需首先确定项目的计算期,计算期包括工程建设期、经营期。经营期取决于项目的特许经营期和设备折旧期。然后再确定财务基准贴现率,资产折旧摊销年限及残值率,随后确定银行贷款还款方式和税费。

收入预测需根据项目所在地的旅游消费水平和接待客源特点来确定,将项目建设时间和物价变化水平考虑进来。一般来说,旅游项目的收入包括门票收入、内部交通收入、餐饮收入、住宿收入、购物收入及其他游乐收入。旅游项目收入预测最终形成一张收益汇总表。

成本预测包括原材料成本、人工成本、管理费用、财务费用、固定资产折旧、营销费用、营业税金、不可预见费用等八项。这八项内容所占的比重要根据具体的项目而定。

思考题:

1. 可行性研究应遵循什么样的原则?

2. 在进行可行性研究时应注意哪些问题?

3. 旅游投资项目的可行性研究报告主要包括哪些内容?

参考文献:

[1] 杨克磊,高喜珍.项目可行性研究[M].上海:复旦大学出版社,2012.

[2] 陈远清.旅游项目开发可行性研究与经济评价实务全书[M].北京:中科多媒体电子出版社,2003.

[3] 刘雪巍,刘晨田.旅游规划系统理论与实践专题研究:5 旅游可行性研究[M].杭州:杭州出版社,2007.

[4] 崔卫华.旅游投资项目评价[M].大连:东北财经大学出版社,2003.

[5] 胡铁.旅游项目建设风险管理研究:以秦皇岛欢乐海洋公司扩建项目为例[D].石家庄:河北师范大学,2008.

内容提要

···

- 旅游项目投资实施过程中的投资估算类别
- 旅游项目投资实施过程中的融资问题以及融资方案分析
- 新兴的融资渠道、融资方式及融资方案

第一节 旅游项目投资估算

一、投资估算概述

投资估算是在对旅游项目的建设规模、技术方案、设备方案、工程方案及项目进度计划等进行研究并初步确定的基础上，估算项目投入总资金，并测算建设期内分期资金需要量的过程。这里的项目投入总资金包括建设投资和流动资金投入。

旅游项目投资估算的具体内容包括：土地征用成本、前期工程费、建筑工程费、配套设施费、基础设施费、开发间接费、基本预备费、涨价预备费、建设期利息、流动资金等。根据不同的旅游项目还可作不同细分。旅游项目投资估算必须达到以下要求：

（1）工程内容和费用构成齐全，计算合理，不重复计算，不提高或者降低估算标准，不高估冒险或者漏项少算。

（2）选用指标与具体工程之间存在标准或者条件差异时，应进行必要的换算或者调整。

（3）投资估算的精度应能满足投资项目前期不同阶段的要求。

旅游投资项目前期工作分为四个阶段，各阶段投资估算误差率要求如下：机会研究阶段投资估算误差率在30%以内；初步可行性研究（项目建议书）阶段投资估算误差率在20%以内；可行性研究阶段投资估算误差率在10%以内；评估阶段投资估算误差率在10%以内。

项目投资估算是旅游项目建设前期的重要环节，也是为了满足工程设计招标及建筑方案设计竞选的需要。建设投资估算应做到方法科学，基础资料完整，依据充分。其依据有如下几点：

（1）专门机构发布的建设工程造价费用构成、估算指标、计算方法，以及其他有关工程造价文件。

（2）专门机构发布的工程建设其他费用估算办法和费用标准，以及政府部门发布的物价指数。

（3）拟建项目各单项工程的建设内容及工程量。

在进行旅游规划项目投资估算的过程中，应按照以下三个步骤逐步进行：

（1）分别估算各单项工程所需的建筑工程费、设备及工器具购置费、安装费。

（2）在汇总各单项工程费用的基础上，估算工程建设其他费用和基本预备费。

（3）估算涨价预备费和建设期利息。

二、建设投资估算方法

旅游项目投资估算编制的主要方法有：投资估算指标、概算指标、技术经济指标编制投资估算；单项工程造价指标编制投资估算；类似工程概预算编制投资估算；近似（匡算）工程量估算法编制投资估算；市场咨询价加系数法编制投资估算等。

（一）建筑工程费估算

建筑工程费指为建造永久性建筑物和构筑物所需的费用。包括以下几个方面：各类房屋建筑工程和列入房屋建筑工程预算的供水、供暖、卫生、通风、煤气等设备费用及其装饰、油饰工程费用,列入建筑工程预算的各种管道、电力、电信和电缆导线敷设工程的费用等。为施工而进行的场地平整,原有建筑物和障碍物的拆除以及施工临时用水、电、气、路和完工后的场地清理,环境绿化、美化等工作的费用。基础设施、工作台、水池、支柱等建筑工程的费用。

建筑工程费的估算方法有建筑工程投资估算法(以单位建筑工程量投资乘以建筑工程用量)、单位实物工程量投资估算法(以单位实物工程量投资乘以实物工程用量)、概算指标投资估算法。

(二)固定资产估算

固定资产投资估算主要采用扩大指标估算法和概算指标估算法。结合旅游行业的特点,主要采用概算指标估算法。概算指标估算法也叫明细估算法,它是参照国家或地区性概算指标及有关定额制定而成的。首先,详细估算出单项工程费用、其他费用、预备费用。然后,经过汇总计算出固定资产投资总额。设备及工器具购置费由设备购置费和工具器具及生产家具购置费组成,它是固定资产投资中的重要部分。

其中设备购置费是指为投资项目而购置或自制的达到固定资产标准的各种国产或进口设备、工具、器具的购置费,它由设备原价和设备运杂费构成。其计算公式为"设备购置费=设备原价+设备运杂费"。

工具、器具及生产家具购置费是指按照有关规定,为保证新建或扩建项目初期正常生产必须购置的没有达到固定资产标准的设备、仪器、器具等的购置费,一般以设备购置费为计算基数,按照部门或行业规定的工具、器具及生产家具费率计算。

(三)安装工程费估算

安装工程费包括生产、动力、运输、医疗等各种语言安装的机械设备装配费用,与设备相连的工作台、梯子、栏杆等装设工程费用,被安装设备的绝缘、防腐、保温等工作的材料费和安装费,为测定安装工程质量对单台设备进行单机试运行、对系统设备进行系统联动无负荷试运转工作的调试费。

(四)工程建设其他费用估算

工程建设其他费用是指建设投资中除了建筑工程费、设备及工器具购置费、安装工程费以外所必须花费的其他费用。包括土地使用费、前期工作费、工程建设监理费、引进技术和进口设备其他费用等。工程建设其他费用应按国家有关部门或行业规定的内容、计算方法和费率或取费标准分项估算。

(五)基本预备费估算

基本预备费是指以防在项目实施中可能产生的难以预料的支出而事先预留的费用,又称工程建设不可预见费,主要指设计变更及施工过程中可能增加的工程量的费用。包括以下几个部分:

(1)在批准的设计范围内,技术设计、施工图设计及施工过程中所增加的工程费用;设计变更、工程变更、材料代用、局部地基处理等增加的费用。

(2)一般自然灾害造成的损失和预防自然灾害所采取措施的费用。

(3)竣工验收时为鉴定工程质量对隐蔽工程进行必要的挖掘和修复的费用。

$$基本预备费=（工程费+工程建设其他费用）×基本预备费费率$$

基本预备费费率的大小，应根据建设项目的设计阶段和具体的设计深度以及在估算中所采用的各项估算指标与设计内容的贴近度、项目所属行业主管部门的具体规定确定。

（六）涨价预备费估算

涨价预备费是对建设工期较长的旅游项目，由于在建设期内可能发生材料、设备、人工等价格上涨引起投资增加的情况，所以需要事先预留费用，亦称价格变动不可预见费。

建设投资估算（不含建设期利息）步骤如下：

（1）分别估算各单项工程所需要的建筑工程费、设备及工器具购置费和安装工程费。

（2）在汇总各单项工程费用的基础上估算工程建设其他费用。

（3）估算基本预备和涨价预备费。

（4）加和求得建设投资总额（不含建设期利息）。

三、建设期利息估算

我国固定资产投资贷款的办法规定，项目竣工时应将建设期的贷款利息计入固定资产价值，作为项目投资的总费用。为此，必须对其进行估算。在项目投资估算中，无论借款是按年计息还是按季计息，假设各种借款全年均衡发生，则当年借款额可按半年计息。

建设期利息是指项目借款在建设期内发生并应计入固定资产原值的利息。建设期利息是在完成的建设投资（不含建设期利息）估算和分年投资计划基础上，根据筹资方式（银行贷款、企业债券）、金额及筹资费率（银行贷款率、企业债券发行手续费率）等进行计算。计算方法如下：

（1）借款额在各年年初发生

$$各年利息=（上一年为止借款本息+本年借款额）×年利息$$

（2）借款额在各年年内均衡发生

借款是按季度、月平均发生，为了简化计算，通常假设借款均在每年的年中支用，借款第一年按半年利息，其余各年份按全年利息，借款利息公式如下：

$$各年应计利息=（上一年年末借款本息累计+本年借款额/2）×年利率（按复利计算）$$

或：

$$各年应计利息=（上一年年末借款本息累计+本年借款额/2）×年利率（按单利计算）$$

四、流动资金估算

流动资金是指旅游项目建成后，为进行正常的生产运营，用于购买原材料、燃料，支付工资及其他经营费用等所必不可少的周转资金。它是伴随着固定资产投资而发生的永久性流动资产,等于项目投资运营后所需全部流动资产扣除流动负债后的余额。在项目分析中:流动资产主要考虑应收账款、现金和存货;流动负债主要考虑应付账款。流动资金估算一般采用分项详细估算法,在分析评价初期阶段的旅游项目或者小型旅游项目可采用扩大指标结算法。

（一）分项详细估算法

分项详细估算法是对构成流动资金的各项流动资产和流动负债逐项并分年进行估算。

$$流动资金=流动资产-流动负债$$

$$流动资产=应收账款+存货+现金$$

$$流动负债=应收账款$$

$$流动资金本年增加额=本年流动资金-上年流动资金$$

（二）扩大指标估算法

扩大指标估算法是按照流动资金占某种基数的比率来估算流动资金。一般采用的技术有销售收入、经营成本、总成本费用和建设投资等,究竟采用何种基数,依行业习惯而定。所采用的比率或根据经验而定,或根据现有同类企业实际资料确定,或依行业、部门给定的参考值确定。扩大指标估算法简便易行,但准确度不高,适用于项目建议书阶段对流动资金的估算。

（1）产值（销售收入）资金率估算法。

$$流动资金=年产值（年销售收入）×产值（销售收入）资金率$$

（2）经营成本（或总成本费用）资金估算率法。经营成本是一个反映物质、劳动消耗和技术水平、生产管理水平的综合指标。

$$流动资金=年经营成本（年总成本费用）×经营成本资金率（总成本费用资金率）$$

估算流动资金应注意以下问题:

（1）在采用分项详细估算法时,应根据旅游项目实际情况分别确定现金、应收账款、预付账款、存货、应付账款和预收账款的最低周转天数,并考虑一定的保险系数。

（2）当投入物和产出物采用不含税价格时,估算中应注意将销项税额和进项税额分别包括在相应的年费用金额中。

（3）流动资金属于长期性（永久性）流动资产,流动资金的筹措可通过长期负债和资本金（一般要求占30%）的方式解决。流动资金一般要求在投产前一年开始筹措,为简化计算,可规定在投产第一年开始按生产负荷安排流动资金需用量。其借款部分按全年计算利息,流动资金利息应计入生产期间财务费用,项目计算期末收回全部流动资金（不含利息）。

（4）用详细估算法计算流动资金,需以经营成本及其中的某些科目为基数,因此实际上流动资金估算应能够在经营成本估算之后进行。

五、项目总投资使用计划及形成的资产

经过上述估算,旅游项目总投资使用情况如下表(表4-1)所示:

项目投入总资金估算汇总表　　　　　　单位: 万元

序　号	费　用　名　称	投　资　额		估算说明
		合　　计		
1	建设投资			
2	建设投资静态部分			
3	建筑工程费			
4	设备及工器具购置费			
5	安装工程费			
6	工程建设其他费用			
7	基本预备费			
8	建设投资动态部分			
9	涨价预备费			
10	建设期利息			
11	流动资金			
12	项目投入总资金			

表4-1

项目投入总
资金估算汇
总表

旅游项目投资总资产的形成有以下几类:

(1)形成固定资产,构成固定资产原值的费用包括:工程费用即建筑工程费、设备购置费和安装工程费;固定资产其他费用;预备费,可含基本预备费和涨价预备费;建设期利息。

(2)形成无形资产,构成无形资产原值的费用主要包括:技术转让费、技术使用费(含专利权和非专利技术)、商标权和商誉等。

(3)形成其他资产,构成其他资产原值的费用主要包括:农业开荒费、生产准备费等。

总投资中的流动资金与流动负债共同构成流动资产。

课堂讨论:

1. 结合下面这张表格(表4-2),阐述做旅游项目估算时需要考虑哪些因素。

2. 除了其他费用,这张估算表包含了哪八项基础费用?

3. 其他费用共包含6项内容,各项内容的定义分别是什么?请分别予以阐述。

表 4-2

延安自驾车营地建设项目投资估算明细表

序号	项目费用名称	单位	数量	单价造价	估算金额（万元）	占总投资比例	备 注
一	项目总投资					100%	
二	建设项目						
（一）	营地大门	㎡	300	600元／㎡	18	0.78%	
（二）	管理养护营区						占营地面积的30%
1	生态停车场	㎡	5 000	250元／㎡	125	22.5%	
2	小型加油站	㎡	2 000	500元／㎡	100		
3	小型汽修站	㎡	1 500	350元／㎡	52.5		
4	游客管理中心	㎡	3 000	800元／㎡	240		
	小 计				517.5		
（三）	生活营区						占营地面积的50%
1	木屋区	㎡	2 000	600元／㎡	120	42.4%	
2	房车区	㎡	18 000	450元／㎡	810		
3	帐篷区	㎡	3 000	93元／㎡	27.9		
4	管理用房	㎡	560	300元／㎡	16.8		
	小 计				974.8		
（四）	休闲营区						占营地面积的20%
1	儿童游乐场	座	800		25	6.13%	
2	综合性广场	㎡	2 000	250元／㎡	50		
3	迷你高尔夫球场	㎡	1 100	600元／㎡	66		
	小 计				141		
（五）	环卫设施建设						
1	环保公厕	座	6	20万元／座	120	5.57%	
2	垃圾转运点	个	4	2万元／个	8		
	小 计				128		
（六）	旅游服务设施建设					1.74%	

续　表

序号	项目费用名称	单位	数量	单价造价	估算金额（万元）	占总投资比例	备　注
1	游客休息桌椅及垃圾桶	个	350	800元/个	28	1.74%	
2	旅游标识系统设施	个	12	1万元/个	12		
	小　计				40		
（七）	绿化工程				80	3.48%	
（八）	道路系统				55.7	2.42%	
	合　计				1 955	85%	
三	其他费用						
1	项目流动资金		×3%		69		
2	规划设计费		×3%		69		
3	工程勘察设计费		×2%		46		
4	工程监理费		×1%		23	15%	
5	建设单位管理费		×2%		46		
6	工程基本预备费		×4%		92		
	小　计				345		
	共　计				2 300		

第二节　旅游项目投资的融资模式

一、融资主体的确定

　　分析、研究旅游项目的融资渠道和方式，提出项目的融资方案，应首先确定项目的融资主体。项目的融资方式是指进行融资活动并承担融资责任和风险的项目法人单位。确定项目的融资主体应考虑项目投资的规模和行业特点，项目与既有法人资产、经营活动的联系，既有法人财务状况，项目自身的赢利能力等因素。

（一）以既有法人为融资主体

　　（1）既有法人具有为项目进行融资和承担全部融资责任的经济实力。

　　（2）项目与既有法人的资产以及经营活动联系密切。

（3）项目的赢利能力较差，但项目对整个企业的持续发展具有重要作用，需要利用既有法人的整体资信获得债务资金。

（二）以新设法人为融资主体

（1）拟建项目的投资规模较大，既有法人不具有为项目进行融资和承担全部融资责任的经济实力。

（2）既有法人财务状况较差，难以获得债务资金，而且项目与既有法人的经营活动联系不密切。

（3）项目自身具有较强的赢利能力，依靠项目自身未来的现金流量可以按期偿还债务。

（三）既有法人融资方式和新设法人融资方式

1. 既有法人融资方式

以既有法人为融资主体的方式是既有法人融资方式。采用既有法人融资方式的建设项目，既可以是改扩建项目，也可以是非独立法人的新建项目。

既有法人融资方式的特点是：

（1）由既有法人发起项目、组织融资活动并承担融资责任和风险。

（2）建设项目所需的资金，来源于既有法人内部融资、新增资本金和新增债务资金。

（3）新增债务资金依靠既有法人整体（包括拟建项目）的赢利能力来偿还，并以既有法人整体的资产和信用承担责任担保。

以既有法人融资方式筹集的债务资金虽然用于项目投资，但债务人是既有法人。债权人可对既有法人的全部资产（包括拟建项目的资产）进行债务追索，因而债权人的风险较低。在这种融资方式下，不论项目未来的赢利能力如何，只要既有法人能够保证按期还本付息，银行就愿意提供信贷资金。因此，采用这种融资方式，必须充分考虑既有法人整体的赢利能力和信用状况，分析可用于偿还债务的既有法人整体（包括拟建项目）的未来的净现金流量。

2. 新设法人融资方式

新设法人融资方式是以新组建的具有独立法人资格的项目公司为融资主体的融资方式。采用新设法人融资方式的旅游项目，项目法人多为企业法人。一般新建项目都会采用新设法人融资方式，但也可以是将既有法人的一部分资产剥离出去后重新组建的项目法人的改扩建项目。

新设法人融资方式的基本特点是：

（1）由项目发起人发起组建新的具有独立法人资格的项目公司，由新组建的项目公司承担融资责任和风险。

（2）建设项目所需资金的来源，可包括项目公司股东投入的资本金和项目承担的债务资金。

（3）依靠项目自身的赢利能力来偿还债务。

（4）一般以项目投资形成的资产、未来收益或权益作为融资担保的基础。

采用新设法人融资方式，项目发起人与新组建的项目公司分属不同实体，项目的债务风险由新组建的项目公司承担。项目能否贷款取决于项目自身的赢利能力。

二、资金来源的渠道与筹措方式

（一）项目资本金来源渠道和筹措方式

项目资本金是指在建设项目总投资中，由投资者认缴的出资额，其来源渠道和筹措方式分别如下：

1. 股东直接投资

股东直接投资包括政府授权投资机构入股资金、国内外企业入股资金、社会团体和个人入股的资金以及基金投资公司入股资金，分别构成国家资本金、法人资本金、个人资本金和外商资本金。

（1）既有法人融资项目，股东直接投资表现为项目投资者为项目提供资本金，包括原有股东增资扩股和吸收新股东投资。

（2）新设法人融资项目，股东直接投资表现为项目投资者为项目提供资本金。合资经营公司的资本金由企业的股东比例认缴，合作经营公司的资本金根据合作投资方式按预先约定的金额投入。

2. 股票融资

既有法人融资项目和新设法人融资项目中，凡符合规定条件的，都可通过发行股票在资本市场募集股本资金。股票融资有以下两种方式：

（1）公募，又称公开发行，是指在证券市场上向不特定的社会公众公开发行股票。为了保障广大投资者的利益，国家对公开发行股票有严格的要求，发行股票的企业要有较高的信用，符合证券监管部门规定的各项发行条件，并获得证券监管部门批准，其后方可发行。

（2）私募，又称不公开发行或内部发行，是指将股票直接出售给少数特定的投资者。

3. 政府投资

政府投资资金，包括各级政府的财政预算内资金，国家批准的各种专项建设资金、统借国外贷款、土地批租收入，地方政府按规定收取的各种费用及其他预算外资金等。在项目评价中，对投入的政府投资资金，应根据资金投入的不同情况进行不同的处理：

（1）全部使用政府直接投资的项目，一般为非经营性项目，不需要进行融资方案分析。

（2）以资本金注入方式投入的政府投资资金，在项目评价中应将其视为权益资金。

（3）以投资补贴、贷款贴息等方式投入的政府投资资金，在项目评价中应将其视为现金流入，根据具体情况分别处理。

（4）以转贷方式投入的政府投资资金（统借国外借款），在项目评价中应将其视为债务资金。

（二）项目债务资金的来源渠道与筹措方式

1. 商业银行贷款

商业银行贷款是我国建设项目获得短期、中长期贷款的重要渠道。国内商业银行贷款手续简单、成本较低，适用于有偿债能力的旅游建设项目。

2. 政策性银行贷款

政策性银行贷款一般期限较长，利率较低，是为配合国家产业政策等的实施，对有关的政策性项目提供的贷款。1994年,我国设立了国家开发银行、中国进出口银行、中国农业发展银行三大政策性银行。2015年3月,国务院明确将国家开发银行定位为开发性金融机构,从政策性银行序列中剥离。

3. 外国政府贷款

外国政府贷款是一国政府向另一国政府提供的具有一定的援助或部分赠予性质的低息优惠贷款。

4. 国际金融组织贷款

国际金融组织贷款是国际金融组织按照章程向其成员国提供的各种贷款。目前与我国关系最为密切的国际金融组织是国际货币基金组织、世界银行和亚洲开发银行。

5. 出口信贷

出口信贷是设备出口国政府为促进本国设备出口,鼓励本国银行向本国出口商或外国进口商(或进口方银行)提供的贷款。贷给本国出口商的称卖方信贷,贷给外国进口商(或进口方银行)的称买方信贷。贷款使用的条件是购买贷款国的设备。出口信贷利率通常要低于国际上商业银行的贷款利率,但需要支付一定的附加费用(包括管理费、承诺费、信贷保险费等)。

6. 银团贷款

银团贷款是指多家银行组成一个集团,由一家或几家银行牵头,采用统一贷款协议,按照共同约定的贷款计划,向借款人提供贷款的贷款方式。银团贷款除具有一般银行贷款的特点和要求外,由于参加银行较多,需要多方协商,所以贷款周期长。银团贷款主要适用于资金需求量大、偿债能力较强的建设项目。

7. 企业债券

企业债券是企业以自身的财务状况和信用条件为基础,依照《中华人民共和国证券法》、《中华人民共和国公司法》等法律法规规定的条件和程序发行的、约定在一定期限内还本付息的债券。

8. 国际债券

国际债券是一国政府、金融机构、工商企业或国际组织为筹措和融通资金,在国际金融市场上发行、以外国货币为面值的债券。国际债券的重要特征,是债券发行者和债券投资者属于不同的国家,筹集的资金来源于国际金融市场。

9. 融资租赁

融资租赁是资产拥有者在一定期限内将资产租给承租人使用,由承租人分期付给一定的租赁费的融资方式。融资租赁是一种以租赁物品的所有权与使用权相分离为特征的信贷方式。融资租赁一般由出租人选定设备,并在购置后出租给承租人长期使用。在租赁期内:出租人以收取租金的形式收回投资,并取得利益;承租人支付租金租用设备进行生产经营活动。租赁期满后,出租人一般将设备作价转让给承租人。

(三)既有法人内部融资的渠道和方式

1. 可用于项目建设的货币资金

可用于项目建设的货币现金包括既有法人现有的货币资金和未来经营活动中可能获得的盈余现金。

（1）现有的货币资金是指现有库存现金和银行存款,扣除必要的日常经营所需的货币资金额,多余的货币资金可用于项目建设。

（2）未来经营活动中可能获得的盈余现金,是指在拟建项目的建设期内,企业在经营活动中获得的净现金节余,可以抽出一部分用于项目建设。

2. 资产变现的资金

资产变现的资金是指既有法人流动资产、长期投资和固定资产变现为现金的资金。企业可以通过加强财务管理,提高流动资金周转率,减少存货、应收账款等流动资产占用而取得现金,也可以出让有价证券取得现金。企业的长期投资包括长期股权投资和长期债券投资,一般都可以通过转让变现。企业的固定资产,有些由于产品方案改变而被闲置,有些由于技术更新而被替换,都可以通过出售变现。

3. 直接使用非现金资产

既有法人的非现金资产（包括实物、工业产权、非专利技术、土地使用权等）适用于拟建项目,经资产评估可直接用于项目建设。当既有法人在改扩建项目中直接使用本单位的非现金资产时,其资产价值应计入"有项目"的项目总投资中,但不能计作新增投资。

（四）准股本资金的融资渠道和方式

1. 优先股股票

优先股股票是一种兼具资本金和债务资金特点的有价证券。从普通股股东的立场看,优先股可被视为同一种负债;但从债权人的立场看,优先股可被视同资本金。优先股股息有一个固定的数额和比率,通常大大高于银行的贷款利息,该股息不随公司业绩的好坏而波动,并且可以先于普通股股东领取利息。优先股一般不参与公司的红利分配,持股人没有表决权,也不能参与公司的经营管理。优先股股票相对于其他债务融资,通常处于较后的受偿顺序,且股息在税后利润中支付。在项目评价中优先股股票应被视为项目资本金。

2. 可转换债券

可转换债券是一种可以在特定时间、按特定条件转换为普通股股票的特殊企业债券,兼有债券和股票的特性。可转换债券有以下三个特点:

（1）债权性。与其他债券一样,可转换债券也有规定的利率和期限,债券持有人可以选择在持有债券到期时,收取本金和利息。

（2）股权性。可转换债券在转成股票之前是纯粹的债券,但在转换成股票之后,原债券持有人就由债权人变成了公司的股东,可参与企业的经营决策和红利分配。

（3）可转换性。债券持有人有权按照约定的条件将债券转换成股票。转股权是投资者享有的、普通企业债券所没有的选择权。可转换债券在发行时就明确约定,债券持有人可按照发行时约定的价格将债券转换成公司的普通股股票。如果债券持有人不想转换,则可继续持有债券,直到偿还期满,或收取本金和利息,或在流通市场出售变现。

由于可转换债券附有普通企业债券所没有的转股权,因此可转换债券利率一般低于普通企业债券利率,企业发行可转换债券有助于降低资本金成本。但可转换债券在一定条件下可转换为公司股票,因而可能会造成股权的分散。在项目评价中,可转换债券应被视为项目债务资金。

三、旅游项目融资模式创新

除上述融资方式外,近年来关于旅游融资模式出现了一个新的名词——众筹。众筹即大众筹资,是指用团购+预购的形式,向网友募集项目资金的模式。众筹利用互联网的传播特性,让小企业、艺术家或个人对公众展示他们的创意,争取大家的关注和支持,进而获得所需要的资金援助。相对于传统的融资方式,众筹更为开放,能否获得资金也不再是由项目的商业价值作为唯一标准。只要是网友喜欢的项目,都可以通过众筹方式获得项目启动的第一笔资金,为更多小本经营或创作的人提供了无限的可能。

众筹模式由三个要素组成。发起人:有创造能力但缺乏资金的人;支持者:对筹资者的故事和回报感兴趣的、有能力支持的人;平台:连接发起人和支持者的互联网终端。

众筹具有以下特点:每个项目必须设定筹资目标和筹资天数;在设定天数内,达到或者超过目标金额,项目即成功,发起人可获得资金;如果项目筹资失败,那么已获资金全部退还给支持者;众筹不是捐款,对支持者的所有支持一定要设有相应的回报。

四、众筹案例——翠域·木竹坞

(一)项目介绍

翠域集团成立于2014年,旨在为城市人打造乡村的家,旗下设两大品牌:名为"乡村の家"的木竹坞和名为"品质の家"的溪地酒店。在莫干山近1 000家民宿中,翠域拥有目前体量最大的民宿项目。翠域不仅仅是提供精品民宿,更希望通过为宾客提供一个差异化的优质私人管家服务和乡村生活体验,打造莫干山、全中国,乃至全球最好的民宿品牌。

近年来,莫干山的知名度越来越高,民宿几乎成了它的代言人。在多达几百家的民宿中,翠域是莫干山民宿的典型代表之一。翠域·木竹坞Emerald hills,一个设计型精品民宿群,位于莫干山西麓的木竹坞村。木竹坞村环绕着青山翠竹,溪水潺潺,幽深静谧,尚未被大幅度开发,依旧保留着相当原始的面貌。

翠域·木竹坞不同的建筑风格满足了绝大部分人们的追求,无论是自然舒适的中国新乡村风,还是简约明理的新中式,抑或是热情洋溢的西班牙风格,甚至意大利地中海式风格,此处应有尽有。翠域的设计师是奥地利的Genco,2014年9月他被邀请来设计筏头乡精品民宿翠域木竹坞。从刚踏上这片土地开始,"中国通"Genco就深深爱上了这里,"我在中国10年了,游遍中国山山水水,看过无数美景,但从没有一个地方让我如此心动,尤其是在这里半年多的时间里,我更是见证了它的成长和变化。"

翠域Hutte5,面积为500平方米,共有10间房间,估值750万元,此次众筹最多出让40%股份,即300万元。翠域Hutte5自试营业半年以来,平均入住率在50%,盈利70多万元。

（二）财务预测

经 营 预 算	1年	2年	3年	4年	5年	6年	7年	8年	9年	10年
保守预测—净利润（万元）	91	98	105	113	121	120	119	118	117	116
保守预测预期回报率（估值750万元）	10%	10%	11%	12%	13%	13%	13%	13%	12%	12%
乐观预测—净利润（万元）	155	165	175	186	198	197	196	195	194	193
乐观预测预期回报率（估值750万元）	17%	18%	19%	20%	21%	21%	21%	21%	21%	21%

表4-3

翠域·木竹坞财务预测

此次众筹最低出让20%股份，即150万元。最高出让40%股份，即300万元。具体筹资数额以实际为准，即高于150万元，本次融资成立。

在限定时间内未达到融资最低金额时，在规定的时间内加息（当期活期利率）后原路退回。

（三）众筹回报

1. 经营利润的80%用于股东分红（按季度/半年度进行分红）；

2. 认购本项目的投资人将每年额外获赠投资额10%的会员消费卡，可提前预约入住翠域Hutte5/6/7/8，不限人次及房费，房费按携程等OTA的当日挂牌价结算（不可用于餐饮消费）；

3. 若消费卡额度使用完毕，股东可享85折订房。

（四）筹资对象条件

1. 筹资对象

（1）对"城市民宿"及"乡村度假酒店"投资感兴趣的文化人。

（2）从事酒店行业，希望将业务延伸到文化创意产业及对O2O模式感兴趣的酒店投资人。

2. 投资人的权利和义务

（1）投资人每年可以查看到企业的审计报告，不参与具体经营。

（2）投资人组成"客户专业委员会"，负责对翠域·木竹坞的服务提出改善意见。

（3）入住率数据每月公布一次。

目前酒店的租期到2034年：

若租赁合同中止，酒店进入清算程序；

若租赁合同延续，本轮众筹股东将继续享受续签合同期限内的分红。

（五）退出机制

回购：开放时间为自众筹成功起4年后，大股东德清翠域投资管理有限公司承诺可按原投资款金额赎回有退出需要的股东股份,并结清留存收益。之后,每2年开放一次回购。上海凌风投资管理有限公司承担回购保障。

(六)投资说明

开户行及专项资金监管:筹集资金进入爱创业在中国银行开立的专户进行监管,资金募集完成后,按照投资协议定向将众筹的资金支付给筹资方。

组织形式:按照证监会对互联网非公开股权募集的规定,股东人数在200人以内都属合法,所以本次资金募集并不涉嫌非法集资。

投资人背景:年满18岁公民、有一定经济能力、不以本次投资为全部收入、有一定风险承受能力、有一定社交能力、能履行股东职责的中国籍居民。

(七)风险提示

投资风险:投资者需注意,股权众筹不同于股票投资和银行理财产品,有相当的投资风险。需切记"我们用来投资的钱只占我们全部财产的一小部分"。

退出风险:参与众筹的投资者应当了解"退出战略",因为有些资产可能需要很长时间才能退出。即使能够实现承诺的收益率,最终能否变现也仍然面临风险。

经营风险:遇不可抗力因素,企业可能面临停业或歇业的风险。同时,也会面临租赁合同到期、企业无法运营的风险。

五、多彩投——诗莉莉青梅学舍

(一)项目概况

诗莉莉,被誉为爱美梦工厂,是一个重在"深度情感化体验"的精品度假酒店品牌,始于"泛蜜月"定位,遴选绝美风景之地,在美的地方见证爱。

2013年成立至今,短短5年时间,诗莉莉的泛蜜月之火已遍布大理、阳朔、泸沽湖、香格里拉、徽州等地,共拥有20余家泛蜜月酒店,2018年有更多酒店陆续绽放。凭借80、90后年轻一代的热爱,诗莉莉以85%以上的入住率以及平均4.8分的OTA好评成了民宿领域的佼佼者。

目前,诗莉莉已成功获取"中国巴菲特"李驰先生PreA轮融资及知名投资机构经纬中国A轮融资,并被行业专业机构迈点网评为"最佳营销"及"最具价值"品牌,被"酒店奥斯卡"星光奖评为"最具发展潜力"新品牌,被环球旅游金奖评为"中国杰出酒店管理集团",是行业排名榜迈点MBI中年度平均排名前10的品牌。

(二)项目详情

项目名称:诗莉莉青梅学社

项目地址:安徽省黄山市宏村景区入口处

项目周边:位于中国最美"画里乡村"——宏村,距离景区停车场5分钟路程,交通便利,可直达机场。

建筑状况:建筑面积:3 000 m^2,占地面积:8 000 m^2

空间规划:客房55间,配备园林和温泉

客房单价:800元/间/夜

营业时间:2018年8月

项目特色： • 最美乡村最好地段——景区入口,必经之处
- 风景绝佳,可观湖可观山
- 坐拥景区停车场——集散地
- 配备园林、温泉——更好的度假方式
- 诗莉莉直营——品牌背书

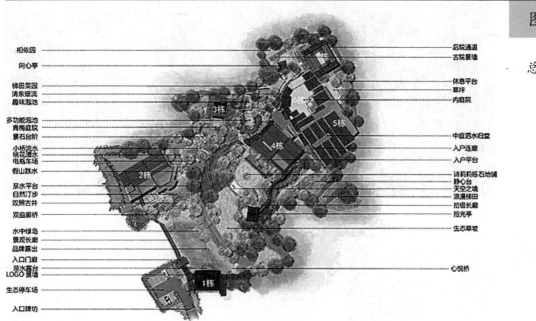

图 4-1

总平面图

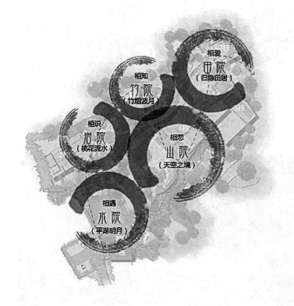

图 4-2

功能划分

图 4-3

整体示意图

图 4-4

位置介绍

图 4-5

地势示意图

（三）团队介绍

许鑫明（创始人＆CEO），深圳大学第一届深大创业精英班班长，拥有潮汕人敏锐的商业嗅觉和独特的经营智慧。大学期间便开始创业，拥有8年旅行社及非标准住宿延续创业经验。曾获得"中国巴菲特"李驰先生及他代领的强合基金3 000万元PreA轮投资，中国顶级投资机构经纬中国亿元A轮创业基金。

王若雁（创始合伙人＆常务董事），天津财经大学国际金融学学士，曾任职于时尚珠宝公司、公寓租赁公司等。2014年3月加入诗莉莉，协助许厂长完成阳朔酒店前期开发工作、供应商开发和项目资金筹集工作，以及组建财务部、人力资源部。

姚丽（合伙人＆CFO），北京大学金融学硕士，中注协CICPA非执业会员。曾就职于毕马威华振国际会计师事务所，负责万科、凯德置业、深国投地产及莱蒙国际等上市公司的年审及IPO审计工作。拥有极富挑战的职业生涯，聚集众多知名企业人脉与业绩，擅长公司估值、企业重组、战略规划、财务管理、投资测算等。

（四）回报方案

回报率主要分为两种，第一种是￥100 000.00元/份，股权共91份；第二种是￥50 000.00元/份，股权共58份。

收益分红：投资人每季度分红预测投资收益率为15%/年；项目于2018年8月1日开业，自融资成立之日起至开业之日止，新股东预期每年可分配利润为其对项目公司出资额的8%。

消费权益：投资人每年可获得投资金额的5%，作为消费金，投资期限内有效，可用于诗莉莉旗下所有门店（含直营店和加盟店），法定节假日前后一日、法定节假日内、调休日不可用，需提前3天预约；投资期限届满5年后停止发放消费金。投资人使用消费金消费时，可享受房费基于OTA当天的现付标准（担保）价格；投资人使用现金消费时，可享受房费基于诗莉莉会员体系相对应的优惠折扣。投资5万元，享受金卡待遇（8.8折）；投资10万元，享受铂金卡待遇（8.5折）；投资15万元，享受钻石卡待遇（8折）。

退出机制：自收益起始日，届满3年、4年、5年之日前的30天为申请回购窗口期；投资期限届满3年，新股东可选择回购的股权比例为其持有的、不超过股权比例的30%；投资期限届满4年，新股东可选择回购的股权比例为其持有的、不超过股权比例的30%；投资期限届满5年，新股东可选择回购的股权比例为其持有的剩余股权比例。新股东合伙人（投资人）可在上述回购窗口期按照回购比例申请回购其投资金额。如果在回购窗口期，新股东未向原股东提出回购股权的要求，则视为新股东将长期持有项目公司的股权，原股东没有收购义务。

*原股东对新股东转让的股权有优先购买权。

风控措施：

财务监控：财务数据定期披露/财务报告查阅。

担保机制：大股东将其持有的项目公司股权质押给多彩维度作为履约还款保证，其中质押比例为投资金额对应项目公司股权的一倍以上；担保人承担连带责任保证。

资金托管：多彩投与国内领先的第三方支付平台新浪支付合作，筹集资金全程托管。（项目分红将分配到用户在第三方支付平台新浪支付开设的个人账户）

（五）筹集方案

项目公司：黟县宏村镇上元林隐酒店管理有限公司

项目公司估值：2 500万元

筹集规模：1 000万元（可超募至1 200万元）

筹集模式：股权

起投金额：5万元

每人限投：50万元

投资期限：5年/存续

提前退出窗口期：届满3年、4年、5年之日前的30天

退出时间：投资期限届满之日起3个工作日以内

图 4-6

交易
结构图

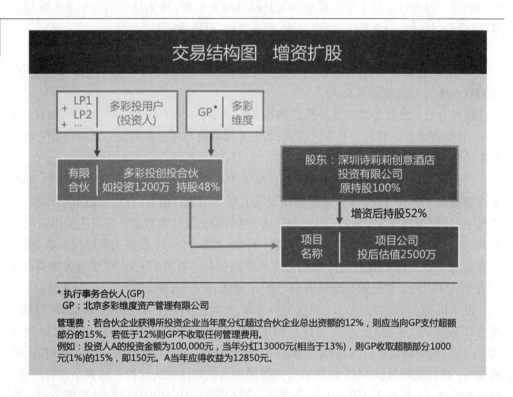

课堂案例讨论：

1. 诗莉莉这个民宿项目是如何进行众筹的？

2. 该项目协议即合伙协议包含了哪几部分的内容？

3. 完整的众筹方案要涵盖哪几方面的内容？

第三节　旅游项目融资方案分析

一、资金来源分析

资金来源可靠性分析应对投入项目的各类资金在币种、数量和时间要求上是否能

够满足项目需要进行下列几个方面的分析。

（一）既有法人内部融资的可靠性分析

既有法人内部融资的可靠性分析主要包括下列内容：

通过调查了解既有法人企业资产负债结构、现金流量状况和赢利能力，分析法人企业的财务状况、可能筹集到并用于拟建项目的现金数额及其可靠性。

通过调查了解既有法人企业资产结构现状及其与拟建项目的关联性，分析法人企业可能用于拟建项目的非现金资产数额及其可靠性。

（二）项目资本金的可靠性分析

项目资本金的可靠性分析主要包括下列内容：

采用既有法人融资方式的项目，应分析原有股东增资扩股和吸收新股东投资的数额及其可靠性。

采用新设法人融资方式的项目，应分析各投资者认缴的股本金数额及其可靠性。

采用上述两种融资方式，如通过发行股票筹集资本金，应分析其获得批准的可能性。

（三）项目债务资金的可靠性分析

项目债务资金的可靠性分析主要包括下列内容：

采用债务融资的项目，应分析其能否获得国家有关主管部门的批准。

采用银行贷款的项目，应分析其能否取得银行的贷款承诺。

采用外国政府贷款或国际金融组织贷款的项目，应核实项目是否列入利用外资备选项目。

二、资金结构分析

资金结构是指融资方案中各种资金的比例关系。融资方案分析中资金结构是一项重要内容。资金结构包括项目资本金与项目债务资金的比例、项目资本金内部结构的比例和项目债务资金结构的比例。

（一）项目资本金与项目债务资金的比例

项目资本金与项目债务资金的比例是项目资金结构中最重要的比例关系。项目投资者希望投入较少的资本金，获得较多的债务资金，尽可能降低债权人对股东的追索。而提供债务资金的债权人则希望项目能够有较高的资本金比例，以降低债权的风险。当资本金比例降低到银行不能接受的水平时，银行将会拒绝贷款。资本金与债务资金的合理比例需要由各个参与方的利益平衡来决定。

资本金所占比例越高，企业的财务风险和债权人的风险越小，投资者可能获得较低利率的债务资金。债务资金的利息是所得税前列支的，可以起到合理减税的效果。在项目的受益不变、项目投资财务内部收益率高于负债率的条件下，由于财务杠杆的作用，资本金所占比例越低，资本金财务内部收益率越高，同时企业的财务风险和债权人的风险也越大。因此一般认为，在符合国家有关资本金（注册资本）比例规定、符合金融机构信贷法规及债权人有关资产负债比例的要求的前提下，既能满足权益投资者获得期望投资回报的要求，又能较好地防范财务风险的比例，是较理想的资本金与债务资金的比例。

（二）项目资本金内部结构的比例

项目资本金内部结构比例是指项目投资各方比例。不同的出资比例决定各投资方对项目建设和经营的决策权和承担的责任的大小，以及项目收益的分配。

采用既有法人融资方式的项目，项目的资金结构要考虑既有法人的财务状况和筹资能力，合理确定既有法人内部融资与新增资本金在项目融资总额中所占的比例，分析既有法人内部融资与新增资本金的可能性与合理性。若既有法人现金资产和非现金资产投资于拟建项目，被长期占用，这将使企业的财务流动性降低，其投资额度受到企业自身财务资源的限制。

采用新设法人融资方式的项目，应根据投资各方在资金、技术和市场开发方面的优势，通过协商确定各方的比例、出资形式和出资时间。

按照我国现行规定，有些项目不允许国外资本控股，有些项目要求国有资本控股。

根据投资体制改革的精神，国家放宽社会资本的投资领域，允许社会资本进入法律法规未禁入的基础设施、公用事业及其他行业和领域。按照促进和引导民间投资（指个体、私营经济以及它们之间的联营、合股等经济实体的投资）的精神，除国家有特殊规定以外，凡鼓励和允许外商投资进入的领域，均鼓励和允许民间投资进入。因此在进行融资方案分析时应关注出资人出资比例的合法性。

（三）项目债务资金结构的比例

项目债务资金结构比例反映债权各方为项目提供债务资金的数额比例、债务期限比例、内债和外债的比例以及外债中各币种债务的比例等。在确定项目债务资金结构比例时，可借鉴下列经验：

1. 合理确定各类借款和债券的比例

根据债权人提供债务资金的条件（包括利率、宽限期、偿还期及担保方式等）合理确定各类借款和债券比例，可以降低融资成本和融资风险。

2. 合理搭配短期、中长期债务比例

适当安排一些短期负债可以降低总的融资成本，但过多地采用短期负债，会产生财务风险。大型基础设施项目的负债融资应以长期债务为主。

3. 合理安排债务资金的偿还顺序

尽可能先偿还利率较高的债务，后偿还利率低的债务。对于有外债的项目，由于有汇率风险，通常应先偿还硬货币（指货币汇率比较稳定且有上浮趋势的货币）的债务，后偿还软货币（指汇率不稳定且有下浮趋势的货币）的债务。应使债务本息的偿还不致影响企业正常生产所需的现金量。

4. 合理确定内债和外债的比例

内债和外债的比例主要取决于项目用汇量。从保持项目本身的资金平衡考虑，产品内销的项目尽量不要借用外债，可以采用投资方注入外汇或者以人民币购汇的方式。

5. 合理选择外汇币种

选择外汇币种应遵循以下原则：

（1）选择可自由兑换货币。可自由兑换货币是指实行浮动汇率制且有人民币报价的货币,如美元、英镑、日元等,这种货币有助于外汇风险的防范和外汇资金的调拨。

(2)付汇用软货币,收汇用硬货币。对于建设项目的外汇贷款,在选择还款币种时,尽可能选择软货币。当然,软货币的外汇贷款利率通常较高,这就需要在汇率变化与利率差异之间作出预测和抉择。

6. 合理确定利率结构

当资本市场水平相对较低且有上升趋势时,尽量借固定利率贷款;当资本市场利率水平相对较高且有下降趋势时,尽量借浮动利率贷款。

三、资金成本分析

资金成本是指项目为筹集和使用资金而支付的费用,包括资金占用费和资金筹集费。资金占用费是指使用资金过程中发生的经常性费用,如利息、股息、银行借款和债券利息等。资金筹集费是指资金筹集过程中支付的一次性费用,如承诺费、手续费、担保费、代理费等。资金成本的高低是判断项目融资方案是否合理的重要因素之一。资金成本通常用资金成本率表示。项目使用资金所负担的费用同筹集资金净额的比率,称为资金成本率,一般通称为资金成本。其定义式为:

$$资金成本率 = 资金占用费用/(筹集资金总额 - 资金筹集费用) \times 100\%$$

资金成本的作用有两点:

(1)资金成本是评价投资项目可行性的主要经济标准,它是衡量一个项目是否可以接受的最低收益率,只有项目的预期收益足以弥补资金成本时,项目才可以考虑接受。

(2)资金成本是选择资金来源、设计筹资方案的依据。资金来源渠道很多,不同筹资方式,其资金成本也不同,比较各种资金来源的成本,合理调整资本结构,可达到综合资金成本最低的目的。

四、融资风险分析

融资风险是指融资活动存在的各种风险。融资风险有可能使投资者、项目法人、债权人等各方蒙受损失。在融资方案分析中,应对各种融资方案的融资风险进行识别、比较,并对最终推荐的融资方案提出防范风险的对策。

融资风险需要考虑的风险因素有以下三种。

1. 资金供应风险

资金供应风险是指在旅游项目实施过程中,由于资金不落实,导致建设工期延长,工程造价上升,使原定投资效益目标难以实现的可能性。导致资金不落实的原因很多,主要包括以下三种:

(1)已承诺出资的股本投资者由于出资能力有限而不能兑现承诺。

(2)原定发行股票、债券计划不能实现。

(3)既有企业法人由于经营状况恶化,无力按原定计划出。

为防范资金供应风险,必须认真做好资金来源可靠性分析,在选择股东投资者时应当选择资金实力强、既往信用好、风险承受能力强的投资者。

2. 利率风险

利率风险是指由于利率变动导致资金成本上升,给旅游项目造成损失的可能性。利率水平随金融市场情况而变动,未来市场利率的变动会引起项目资金成本发生变动。采用浮动利率,项目的资金成本随利率的上升而上升,随利率的下降而下降;采用固定利率,如果未来利率下降,项目的资金成本不能相应下降,相对资金成本将升高。因此无论采用浮动利率,还是固定利率,都存在利率风险。为了防范利率风险,应先对未来利率的走势进行分析,再确定采用何种利率。

3. 汇率风险

汇率风险是指汇率变动给旅游项目造成损失的可能性。国际金融市场上各国货币的比价在时刻变动,使用外汇贷款的项目,未来汇率的变动会引起项目资金成本发生变动以及未来还本付息费用支出的变动。某些硬货币贷款利率较低,但汇率风险较高;软货币则相反,汇率风险较低,但贷款利率较高。为了防范利率风险,使用外汇数额较大的项目应对人民币的汇率走势、所借外汇币种的汇率走势进行分析,以确定借用何种外汇币种以及采用何种外汇币种结算。一般情况下应尽量借用软货币。

思考题:

1. 旅游项目投资估算包括哪些方面的内容?
2. 旅游项目投资通过哪些方式来筹措资金?
3. 在旅游投资项目中,对融资方案的分析包括哪些方面?

参考文献:

https://www.duocaitou.com/project/detail

内容提要

- 旅游投资项目建议书的编写要求以及主要内容
- 旅游投资项目立项与报批的程序
- 旅游投资项目规划与设计的内容
- 旅游投资项目施工建设要求和管理内容

第一节   旅游投资项目建议书

一、项目建议书的目的与要求

（一）目的

项目建议书（又称项目立项申请书或立项申请报告）由项目筹建单位或项目法人根据国民经济的发展、国家和地方中长期规划、产业政策、生产力布局、国内外市场、所在地的内外部条件，就某一具体新建、扩建项目提出的建议文件，是对拟建项目提出的框架性的总体设想。对于旅游投资项目而言，项目建议书要从宏观上论述该旅游项目设立的必要性和可能性，把项目投资的设想变为概略的投资建议。一方面，项目建议书作为项目拟建主体上报审批部门审批决策的依据，可以帮助拟建主体争取政府的许可；另一方面项目建议书的呈报可以为审批机关作出初步决策提供参考，以减少项目选择的盲目性，为下一步可行性研究打下基础。

（二）要求

1. 关于投资建设必要性和依据

（1）在进行旅游项目投资时，项目建议书需阐明拟建项目提出的背景、拟建地点，提出或出具与项目有关的长远规划或行业、地区规划资料，说明项目建设的必要性。

（2）对改扩建项目要说明现有企业的情况。

（3）对于引进技术和设备的项目，还要说明国内外技术的概况与差距以及进口的理由、工艺流程和生产条件的概要等。

2. 关于产品开发方案、拟建项目规模和建设地点的初步设想

（1）旅游产品的市场预测，包括国内外同类旅游产品的竞争情况分析和预测、目标客群和价格定位的初步分析等。

（2）说明（初步确定）旅游产品的年产值，一次建成规模和分期建设的设想（改扩建项目还需说明原有生产情况及条件），以及对拟建项目规模经济合理性的评价。

（3）旅游产品方案设想，包括主要产品和副产品的定位、标准等。

（4）建设地点论证，分析项目拟建地点的自然资源条件和社会经济条件，论证建设地点是否符合地区布局的要求。

3. 关于资源、交通运输以及其他建设条件和协作关系的初步分析

（1）拟利用的资源供应的可行性和可靠性。

（2）主要协作条件情况、项目拟建地点水电及其他公用设施、地方材料的供应情况分析。

4. 关于投资估算和资金筹措的设想

投资估算根据掌握数据的情况，可进行详细估算，也可以按单位生产能力或类似企业情况进行估算或匡算。投资估算中应包括建设期利息、投资方向调节税和一定时期内的涨价影响因素（即涨价预备金），流动资金可参考同类企业条件及利率，说明偿还方式、测算偿还能力。对于技术引进和设备进口项目，应估算项目的外汇总用汇额及其用途，外汇的资金来源和偿还方式，以及国内费用的估算和来源。

5. 关于项目建设进度的安排

（1）建设前期工作的安排，应包括涉外项目的询价、考察、谈判、设计等。

（2）项目建设周期。

6. 关于经济效益和社会效益的初步估算

（1）计算项目全部投资的内部收益率、贷款偿还期等指标，以及其他必要的指标，对盈利能力、偿还能力进行初步分析。

（2）项目的社会效益和社会影响的初步分析。

7. 有关的初步结论和建议

对于技术引进和设备进口的项目建议书，还应有邀请外国厂商来华进行技术交流的计划、出国考察计划及可行性分析工作的计划（如聘请外国专家指导或委托咨询的计划）等附件。

二、项目建议书的主要内容

（一）项目概况

项目概况主要包括项目名称、项目背景和意义、项目承办单位和项目投资者的有关情况。对于旅游投资项目，包括建设目标、建设内容、建设范围、自有资金数额、债权债务情况等，同时需简述旅游项目建设的必要性和依据。

（二）项目建设初步选址及建设条件

旅游项目的选址包括项目建设拟选地址的地理位置、占地范围、占用土地类别（国有、集体所有）和数量、拟占土地的现状及现有使用者的基本情况。

旅游项目建设条件则包括区位条件、交通运输条件、市政公用设施配套条件、资源条件、文化条件、产业条件及实现上述条件的初步设想。需进行地上建筑物拆迁的项目，要提出拆迁安置初步方案。

（三）市场需求分析

旅游项目的市场需求分析包括客源市场分析、目标市场分析、潜在市场预测等方面的内容。客源市场主要根据目的地的交通条件、项目规模来分析；目标市场主要根据拟建旅游项目的定位和建设目标来分析；潜在市场预测主要根据以往旅游接待规模来预测。

（四）项目定位与建设内容

项目定位有两个基本的层面，即市场定位和目标客群定位，市场定位是项目策划的核心，市场定位需明确自身的竞争地位、未来市场取向等内容。在市场定位的前提下，对目标客群进行分析，首先要在地理上确定面向的区域，继而确定目标客户群的人文特点、心理特点、行为特征等。基于这两个层面的内容，确定自身旅游产品的功能和定位。

旅游项目的建设内容以建设目标和建设理念为导向，需说明建设规模、地理位置、主题特色、功能配置、配套设施等内容。

（五）配套环境与设施

旅游项目的配套环境与设施需说明：道路与交通规划，主要是观光车道和游步道的规划；给排水功能规划，以游客的用水为考量；其他配套工程规划包括电力及安全规划、环卫工程规划等。

（六）投资估算及资金来源

说明投资估算的依据、资金来源、项目用款计划、项目总投资额、注册资本数额、合营各方投入注册资本的比例、出资方式及利润分配方式等。

（七）附件

附件部分可附上建设项目拟选位置地形图；标明项目建设占地范围和占地范围内及附近地区地上建筑物现状。在自有地皮上建设，要附上市规划部门对项目建设初步选址意见（规划要点或其他文件）。国家限制发展的或按国家及市政府规定需要先由行业主管部门签署意见的项目，要附上有关行业主管部门签署的审查意见。

外商投资项目要附以下材料：会计师事务所出具的外商资信证明材料；合营各方的营业执照（复印件）；合营各方签署的合营意向书（境内单位要有上级主管部门的意见）。

两个或两个以上境内单位合建的项目要附以下材料：合建各方签署的意向书（要有上级主管部门的意见）；合建各方的营业执照（复印件）。

第二节　旅游投资项目立项与报批

一、旅游投资项目的立项程序

（一）准备申报材料

一般的旅游开发项目立项申请，需要聘请专业规划公司撰写项目可行性研究报告，经旅游主管部门提交给发改委等相关部门，具体应提交的资料包括：

（1）项目单位（企业）提出的立项申请报告；

（2）由具有相应资质的工程咨询机构编制的项目可行性研究报告；

（3）旅游主管部门关于该项目的审批意见；

（4）项目所在地的城市规划行政主管部门出具的项目规划选址意见；

（5）国土资源部门（林业、海洋渔业部门）出具的项目用地（用林、用海）预审意见；

（6）环境保护部门出具的项目环境影响评价审批意见；

（7）节能评估报告或《固定资产节能登记表》；

（8）企业营业执照等其他资料。

（二）向相关部门提出申请

一般而言，世界自然、文化遗产保护区、国家重点风景名胜区、重点文物保护单位区域内的旅游开发和资源保护项目，由国家发改委核准；省级风景名胜区、自然保护区、重点文物保护单位区域内总投资3 000万元及以上旅游开发和资源保护设施项目，由省发改委核准；其他旅游开发和资源保护设施项目按照隶属关系由所在地市、县（区）发改委核准。

（三）审查与批复

（1）规划建设局出具项目规划选址意见及规划用地许可证；

（2）国土局（林业局）出具项目用地（用林）预审意见，办理国有土地出让手续（建

设用地许可证,土地红线图);

（3）规划、勘察和设计部门出具项目建设规划书、勘察报告、设计图;

（4）环保、安监、消防等部门出具项目审批、备案意见。

（四）监督实施

经各部门审批合格后,项目予以批复,进入施工建设阶段。

二、旅游投资项目的报批程序

按现行规定,大中型及限额以上项目的项目建议书首先应报送行业主管部门,同时抄送国家发改委。行业主管部门根据国家中长期规划要求,着重从资金来源、建设布局、资金合理利用、经济合理性、技术政策等方面进行初审。行业主管部门初审通过后报国家发改委,由国家发改委从建设总规模、生产力总布局、资源优化配置及资金供应可能、外部协作条件等方面进行综合平衡,还要委托具有相应资质的工程咨询单位评估,然后审批。凡行业主管部门初审未通过的项目,国家发改委不予批准。凡属小型或限额以下项目的项目建议书,按项目隶属关系由部门或地方发改委审批。属省政府投资为主的建设项目需报省投资主管部门审批;属市政府投资为主的建设项目需报市投资主管部门审批;属县政府投资为主的建设项目需报县投资主管部门审批。

第三节 旅游投资项目规划与设计

一、总体规划

旅游投资项目规划分为两种,分别是综合性项目和单项类项目。

综合性项目的规划步骤是:策划/概念性规划—总体规划—控制性详细规划—修建性详细规划—建筑设计/景观设计—施工图设计。

单项类项目的规划步骤是:规划设计—建筑设计/景观设计—施工图设计。

（一）规划时限

旅游项目总体规划的期限一般为20年,同时可根据需要对旅游项目的远景发展作出轮廓性的规划安排。

（二）规划任务

旅游项目总体规划的任务,是分析旅游项目的客源市场,确定旅游项目的主题形象,划定旅游项目的用地范围及空间布局,安排旅游项目的基础设施建设内容,提出开发措施。

（三）规划内容

（1）对旅游项目客源市场的需求总量、地域结构、消费结构等进行全面分析与预测。

（2）界定旅游项目范围,进行现状调查和分析,对旅游资源进行科学评价。

（3）确定旅游项目的性质和主题形象。

（4）规划旅游项目的功能分区和土地利用,提出规划期内的旅游容量。

（5）规划旅游项目对外交通系统布局和主要交通设施的规模、位置;规划旅游项目内部其他道路系统的走向、断面和交叉形式。

（6）规划旅游项目景观系统和绿地系统的总体布局。

（7）规划旅游项目其他基础设施、服务设施和附属设施的总体布局。

（8）规划旅游项目防灾系统和安全系统的总体布局。

（9）研究并确定旅游项目资源的保护范围和保护措施。

（10）规划旅游项目的环境卫生系统布局，提出防止和治理污染措施。

（11）提出旅游项目近期建设规划，进行重点项目策划。

（12）提出总体规划的实施步骤、措施和方法，以及规划、建设、运营中的管理意见。

（13）对旅游项目开发建设进行总体投资分析。

（四）旅游项目总体规划的成果要求

（1）规划文本。

（2）图件，包括旅游项目区位图、综合现状图、旅游市场分析图、旅游资源评价图、总体规划图、道路交通规划图、功能分区图等其他专业规划图，以及近期建设规划图等。

（3）附件，包括规划说明和其他基础资料等。

（4）图纸比例，可根据功能需要与可能确定。

二、控制性详细规划

旅游区编制控制性详细规划的原则应以用地控制和管理为重点，以实施总体规划意图为目的，强化规划设计和规划管理的衔接。编制工作要在具有完备的基础资料的条件下进行，因此，事先要开展充分的调查研究。规划的编制既要考虑形体环境，又要考虑经济、社会等因素，选择科学的决策方法和决策内容，运用控制的手段，确定旅游项目未来的建设目标。

（一）编制程序

组织负责编制该规划项目的工作小组，确定项目负责人，根据项目需要，配备各专业相关技术人员。

（1）收集和分析现状基础资料，进行现场踏勘和核对现状图。

（2）编制规划方案和初步确定控制指标，在方案编制初期，应进行多方案比较，征求有关专业技术人员、建设单位和规划管理部门的意见，修改方案直至方案确定。

（3）绘制成果图和编制有关规划技术文件。

（4）按技术要求交付成果。

（二）编制内容

（1）详细确定规划用地范围内各类用地的界线和适用范围，提出建筑高度、建筑密度、容积率等控制指标；规定各类用地内适建、不适建、有条件可建的建筑类型；规定交通出入口方位、建筑后退红线距离等。

（2）确定规划范围内的路网系统及其与外围道路的联系，确定绿地系统。

（3）确定各单项工程管线的走向、管径、控制点坐标和标高，以及工程设施的用地界线。

（4）制定相应的规划实施细则（土地使用与建筑管理规定）。

（三）控制指标的内容

（1）控制指标分为规定性指标和指导性指标两类，规定性指标是在进行修建性详细规划或规划管理时必须执行的指标；指导性指标是供管理者和设计者参考的指标。

（2）基本控制指标（规定性指标）：① 用地性质；② 用地面积；③ 建筑密度；④ 建筑高度（建筑控制高度）；⑤ 容积率；⑥ 绿地率；⑦ 建筑后退；⑧ 出入口位置；⑨ 公共服务设施配套要求；⑩ 配建停车车位。

（3）其他控制指标（或称指导性指标）：① 建筑形式（包括体量控制）；② 建筑色彩（指导性控制）；③ 公共绿地面积（地面上绿地，其中绿化面积含水面）；④ 人口容量（主要用于风景区规划）；⑤ 最大建筑面宽（建筑物临街一面的最大宽度控制）；⑥ 最小建筑面宽（建筑物临街一面的最小宽度控制）；⑦ 保护要求（对古建筑或古遗址的保护）；⑧ 环境景观要求（如城市风貌控制）；⑨ 环境要求（对影响城市环境质量的有害因素的控制要求）。

（四）基本控制指标的确定

1. 用地性质

用地性质是对地块使用功能和属性的控制。表示方式按照国标《城市用地分类与规划建设用地标准》（GBJ 137—90）中的城市用地分类类别代号。

（1）符合城市总体规划或分区规划所确定的用地性质。

（2）按分类标准应划分到小类，项目不确定或特殊情况可划分到中类。

（3）在不违反城市总体规划或分区规划原则的基础上，允许用地性质具有一定的弹性，通过"用地与建筑相容性表"和"用地性质可更动范围的规定"来反映。

（4）用地性质更动不得影响城市总体规划或分区规划所确定的城市结构。

（5）任何用地性质的更动均须经当地规划主管部门批准。规划只提出技术上的可行性。

（6）综合用地（指用地划分到中类的情况）的用地分类类别代号可参照如下方法确定。① 商业与居住混合：C2/R2。② 办公与居住混合：C1/R2。③ 工业与居住混合：M1/R3。其代号排列顺序的一般原则是：哪类用地性质为主，哪类用地就排在"/"之前，即本次规划的上一层次所确定的用地性质排在前，以便与总体规划或分区规划的用地分类相衔接。

2. 用地面积

用地面积是对地块平面大小的控制。（扣除城市道路占用面积后的实际可开发用地面积）单位：公顷（hm^2）。

（1）地块的大小应根据规划项目的具体情况而定，一般划分的面积不大于支路或以组团为单位。

（2）地块内可以包括路面宽5米以下的道路，一般居住用地的地块不大于5公顷。

（3）地块的划分应便于用地的管理和划拨土地，地块划分的界线应具有明显的可界定性。

（4）旧区改建规划的地块划分要尽量以现状道路为界，并标明路名和地名。新区开发的地块划分应根据近期建设用地的现状地形图和实际用地情况，尽量以现状的沟渠土路等地上参照物为界。如找不出参照物，最好给出参考坐标或距最近参照物的平面尺寸。

（5）在用地性质分类的中类范围内，不同性质的用地（综合用地除外）不能划在一个地块内。

（6）地块面积的计算方法须统一。一般，以道路红线为界的地块，其面积应计算至道路红线。

（7）山地规划地块面积应计算至台地边界，如果台地有护坡，其地块面积应包括护坡的正投影面积。护坡不论大小，均不应作为地块被单独划出，特殊情况时可根据当地的开发政策在计算面积时适当扣除。

3. 建筑密度

建筑密度是指地块内所有建筑基底占地面积与地块用地面积之比，它是控制地块容量和环境质量的重要指标。单位：%（百分比）。

（1）保证土地的合理使用和良好的环境质量

（2）与地块区位、地块性质、建筑高度、建筑间距、容积率等因素结合在一起综合考虑，保证其可操作性。

（3）在居住区规划中，建筑密度的制定须保证住宅和中小学、医院、休（疗）养建筑、幼儿园、托儿所之间的日照间距。山地城市要考虑不同坡向对建筑密度的影响。

4. 建筑高度（建筑控制高度）

建筑高度是指地块内建筑（地面上）最大高度限制，简称建筑限高。单位：米（m）。

（1）保证土地的合理使用。

（2）保证城市的总体景观效果。

（3）与地块区位、地块性质、建筑间距、容积率、绿地率等因素结合在一起综合考虑，保证其可操作性。

（4）满足消防和净空要求。

（5）对旅游城镇中心区的重要地段，需综合考虑沿路建筑高度须与建筑后退距离。

（6）对山地区域，要考虑不同坡向对建筑高度的影响。

5. 容积率

容积率是指地块总建筑面积与地块用地面积之比，是表述地块开发强度的一项重要指标。单位：%（百分比）。

（1）保证土地的合理使用和良好的环境质重。

（2）与地块区位、地块性质、建筑高度、建筑间距和建筑密度等因素结合在一起综合考虑，保证其可操作牲。

（3）必要时可给出容积率指标，例如上下限幅度，便于在实际操作中调节。

（4）在旧区改建中应考虑容积率和拆建比的关系。

6. 绿地率

绿地率指地块在地面上各类绿地的总和与地块用地总面积之比，是衡量环境质量的重要指标。绿地包含公共绿地、宅旁绿地、公共服务设施所属绿地和道路绿地等4种类型。单位：%（百分比）。

（1）根据地块的不同使用功能确定绿地率。

（2）已编制国标的以国标为标准确定绿地率。

7. 建筑后退

建筑后退是指建筑控制线与道路红线或道路边界的距离，或与地块边界的距离。即：沿路建筑退道路红线或道路边界；相邻地块建筑退地块边界。单位：米（m）。

（1）根据地块位置和不同便用功能确定建筑后退的距离。

（2）对建筑控制线与道路红线之间的地段，应对其用途提出控制要求。

（3）对相邻地块建筑控制线与地块边界距离的确定，应参照国标《建筑设计防火规范》（GB 50016-2014）。

8. 出入口位置

指街坊内或地块内机动车道与外围道路相交的出入口位置控制。即：街坊禁止开设出入口路段和允许开设出入口的数量；允许开设出入口的位置和数量，一般用图例表示。

（1）符合道路规划的要求，居住区规划应符合《城市居住区规划设计规范》GB 50180-1993（2016）。

（2）一般地段可选用出入口位置控制的其中一项进行控制，山地城市须选用"允许开口位置和数量"进行控制。

9. 公共服务设施配套要求

主要指与居住人口规模相对应配建的、为居民服务和使用的各类设施，一般用于居住区。此项指标的确定以《城市居住区规划设计规范》GB 50180-1993（2016）为标准，一般用列表方式表示。

10. 配建停车车位

对地块配建停车车位的控制。一般给出地块配建停车场的停车车位数（辆），停车车位数应包括机动车和自行车两项。

（五）成果形式和深度

控制性详细规划的成果形式分为规划文件和规划图纸两部分。

1. 规划文件（包括文本和附件）

（1）文本的内容包括规划实施细则，文本以条例的形式重点反映规划区内各类用地控制和管理的原则及技术规定。文本经当地人民政府正式批准后，是具有法律效力的规划管理文件。文本还包括对制定管理条例的背景与依据的解释，供规划管理人员内部掌握，以便对技术规定作出解释或在特殊情况下对技术规定作出调整。

（2）附件包括规划说明书和基础资料汇总。规划说明书应根据该控制性详细规划的具体内容，重点阐述现状条件分析、总体控制与地块控制的方法和特点、规划构思和主要技术经济指标（主要技术经济指标包括用地平衡表、规划容量等，用地平衡表的格式根据规划项目的内容，参考有关规范或技术规定而定）。

（3）基础资料汇总可单独编制，也可纳入说明书现状条件分析一并编制。

2. 规划图纸

（1）规划区位置图（比例不限）。反映规划区用地范围、周围道路走向，规划用地与毗邻用地的关系，规划区与周边区域的距离和关系。

（2）规划区用地现状图（比例尺1∶1 000～1∶2 000）。标明自然地貌、道路、绿化和各类现状用地的范围、性质，以及现状建筑的性质、层数、质量等。

（3）规划用地功能分区图即土地使用规划图（比例尺1∶1 000～1∶2 000）。标明规划用地分类、用地性质、各类用地规模、路网布局，该图应在现状图上绘制。

（4）道路交通规划图（比例尺1∶1 000～1∶2 000）。标明规划区内道路系统与外部道路系统的联系，确定区内各级道路的红线宽度［即《城市道路交通规划设计规范》（GB 50220-1995）中所指道路宽度］、道路线型，标明区内主要道路横断面、路口转弯半径、主要控制点的坐标和标高、路口交叉处示意以及主要停车场的位置。

（5）各项工程管线规划图（比例尺1∶1 000～1∶2 000）。根据规划容重，确定各工程管线的平面位置、管径、控制点坐标和标高，以及工程设施的用地界线。旧区改建规划，保留利用的管网，并要与新规划的管网相区别。

（6）控制性规划图则。图则分为总图图则和分图图则（或称各地块控制性详细规划图）。

总图图则（比例尺1∶2 000～1∶5 000）。为规划区用地详细划分之后的地块汇总，反映规划区内道路的用地红线位置、各分地块的划分界线、各分地块编号、用地性质，保留的用地和规划的用地地块要分别表示（必要时可以分项表示）。

分图图则（比例尺1∶1 000～1∶2 000）。为规划区用地详细划分后的分地块控制图，反映地块的面积、用地界线、用地编号、用地性质、规划保留建筑、公共设施位置及标注主要控制指标。对于旧区改建控制性详细规划，分图图则应在现状图上划出，反映现状与规划后的关系。

分图图则一般应分幅绘制，图幅大小、内容深度、表达方式均应统一规格。在特殊情况下，分图图则也可以合并成一张总图图则。

除上述图纸外，可根据项目需要增加所需的图纸和必要的分析图。如对历史文化名城或具有保护价值的古建筑和传统民居等规划用地，应增加保护区划图；山地项目应增加竖向规划。所有图纸均应附图注和图例。

地块划分以及各地块的使用性质和各地块控制指标一览表详见分图图则。一般文本的内容和格式可按建规（1995）333号《城市规划编制办法实施细则》第五章第二十九条"控制性详细规划文本的内容要求"编制文本。

三、修建性详细规划

编制修建性详细规划的原则应以近期建设为重点，以实施总体规划意图为目的，以综合规划设计城市空间为手段。编制工作要在具有完备基础资料的条件下进行，开展充分的调查研究，保护文物古迹风景名胜、传统街区和优秀的历史文化遗产、民族特色和地方风貌等，创造舒适、宜人的城市空间环境，满足防洪、防火、抗震，以及治安、交通管理等城市建设方面的要求，满足进行建筑初步设计和施工图设计的要求。

（一）编制程序

（1）组织负责编制规划项目的工作小组，确定项目负责人，根据项目需要，配备相关专业技术人员。

（2）收集和分析现状基础资料，进行现场踏勘。

（3）编制规划方案，在方案编制初期，应进行多方案比较，征求有关专业技术人员和建设单位的意见，修改方案直至方案确定。

（4）绘制成果图和编制有关规划技术文件。

（5）按技术要求交付成果。

（二）编制内容

（1）建设条件分析及综合经济论证，包括地上建筑或构筑物的拆迁处理，现状交通和市政公用设施负荷情况，周围环境对该地区的建设要求，公共服务设施配套情况等，找出现状存在的问题及规划应注意解决的主要问题和措施。

（2）建筑、绿地、环境景观的具体布置，以城市空间规划设计为重点，完善土地的开发和利用。协调包括建筑、道路、绿化、工程管线等建筑和各工程设施之间的关系。

（3）编制各专业的单项规划设计。需要做到总平面施工图深度时，应编制各专业的单项初步设计。

（4）列出主要技术经济指标，估算工程量、拆迁量和总造价，分析投资效益。

（三）基础资料

（1）已批准的城市总体规划、分区规划及控制性详细规划的规划技术文件。

（2）准确反映近期现状的地形图（比例尺为1∶1 000或1∶500）。

（3）人口现状详细资料，居住区规划应包括人口密度、人口分布、人口构成、平均每户人数等。其他内容的规划可增加相关的人口资料。

（4）土地现状利用资料，规划管理部门有关规划范围用地的拨地红线图以及周围用地情况（比例尺为1∶1 000或1∶2 000）。

（5）建筑现状资料，包括各类建筑面积、建筑质量、层数、用途等。例如该规划范围或地段内地上、地下的重要建筑物和构筑物的平面、立面图以及周围的现状（比例尺为1∶1 000或1∶100）。

（6）工程设施及管线现状资料。

（7）有关气象、水文、地质和地震资料，历史文化资料，区域环境资料。

（8）各类建筑工程造价等资料。

（9）规划人员应针对规划项目的内容和特点，调查、分析、研究该规划项目所在区域的历史文脉、地方风貌、风土人情、建筑形式和空间环境的特点，制定可行性研究大纲，确定空间环境的质量规划目标。

（四）成果形式和深度

修建性详细规划的成果形式分为规划文件和规划图纸两部分。

1. 规划文件

规划文件为规划设计说明书。说明书应根据该修建性详细规划的内容，重点阐述现状条件的分析，规划原则和规划构思，规划方案的主要特点和主要技术经济指标（主要技术经济指标包括用地平衡表、规划总人口、总建筑量、各类建筑明细表及投资估算等）。

2. 规划图纸

（1）规划地段位置图（比例不限）。标明规划地段在城市的位置以及与周围地区的关系。

（2）规划地段现状图（比例尺为1：500～1：1 000）。标明自然地貌、道路、绿化、工程管线和各类现状建筑用地范围，以及建筑的性质、层数、质量等（工程管线现状图可单独绘制）。

（3）规划总平面图（比例尺为1：500～1：1 000）。标明各项规划建筑布置、内部道路网及其与周围道路的衔接，停车场站、广场及绿化系统，河湖水面的位置和范围，对保留现状的建筑与规划建筑，应用粗细不同的线条或不同的颜色分别表示。若是地形比较复杂的地段或旧区改建规划，规划图应在现状图上绘制。图上应标明每栋建筑的性质、层数等。

（4）道路交通规划图（比例尺为1：500～1：1 000）。标明规划区内道路系统及与外部道路系统的联系，标明各级道路的红线位置、道路线型、道路横断面、路口转弯半径、道路中心线交点坐标和标高，标明机动车道与非机动车道以及人行道的分流和衔接、停车场的位置和出入口。

（5）竖向规划图（比例尺为1：500～1：1 000）。标明规划区内不同地面的标高（室外地坪规划标高），主要道路路口的标高、坡度、坡向及地面自然排水的方向，标出步行道、台阶、挡土墙、排水明沟等。规划图应在现状图或地形图上绘制。

（6）单项或综合工程管网规划图（比例尺为1：500～1：1 000）。图上应标明各类市政公用设施管线的平面位置、管径、主要控制点标高，以及有关设施和构筑物位置。旧区改建规划，保留利用的管网，并要与新埋设的管网相区别，单项管网应按给水、排水、供电、电信、燃气、供热等分别出图，图面深度按各专业的规定执行。

（7）表达规划设计意图的模型和鸟瞰图。

上述所列图纸是编制修建性详细规划必须完成的图纸，必要时可增加如下图纸：

（1）规划用地功能分区图（比例尺为1：1 000～1：2 000）。对于规划范围较大且不是单一功能的规划用地，应绘制用地功能分区图，标明用地分类、用地性质、各类用地规模，该图应在现状图上绘制。

（2）绿地规划图（比例尺为1：500～1：1 000）。绿地规划图以规划总平面图为依据，反映各级公共绿地的布局出入口、路网、行道树、园林建筑设施、园林小品的布置、地面铺装以及绿化种植示意。

修建性详细规划需要直接做到总平面施工图设计的深度时，还应增加如下内容：

（1）主要建筑物平面、立面、剖面图，建筑物坐标，各种室外设施施工阶段设计方案图，如灯具、电话亭、果皮箱、栏杆、地砖、台阶、花池等（总平面图）。

（2）道路中心线交点的标高道路的纵坡平曲最小半径、路口交叉处理（道路交通规划图）。

（3）建筑物±0.00标高、地面高程处理、土方平衡估算（竖向规划图）。

（4）管底标高、复土厚度、主要接点、架埋方式、室外各处检查井、管沟盖的布置等。单项管网的设计深度按各专业施工图深度的规定执行（工程管网综合图）。

（5）植物配置，例如树种选择、栽植方式、树距等，以及园林建筑设施、园林小品的轮廓尺寸、铺地大样等。以上所列图纸（绿地规划图）的深度均应满足建筑专业关于总体布置和室外工程的有关规定。比例尺可增大至1：200 ~ 1：500。

还可根据项目的需要和建设单位的要求增加如下内容：

（1）分析图或图表。内容和深度可根据需要自定,比例尺不限。

（2）空间设计。在编制修建性详细规划时应考虑到城市设计这一重要环节,其内容如下。

- 建筑空间：近期建设项目与未定建设项目地区及旧区的群体协调设计,例如街景立面、空间环境、城市轮廓线设计、城市生活环境空间等。

- 道路空间：人、车流的动态与其他静态空间的关系。

- 绿化空间：树种配置与建筑物和构筑物的关系,各种绿化形式之间的互相渗透与联系。

- 照明空间：灯具布置与设计,昼夜区别与光线所组成的空间。

- 文化及地方特色空间的保存与发扬。

- 水体空间：水系、河湖的利用。

- 文化及地方特色空间的保存与发扬。

（3）概算。包括主要专业工程量,主要专业工程的结构及构造特点,套用概算定额后的主要实物量,套用成本定额后的造价。（本项宜由建设单位自行确定）

所有图纸均应附图注和图例。

第四节　旅游投资项目建设

一、旅游投资项目施工建设要求

旅游投资项目在施工过程中不能对周围环境产生不利影响,要保证在规定期限内完成项目的建设就需要遵循以下几点要求：

（一）保护环境

这里的环境包括生态环境和人文环境。就生态环境而言,旅游项目在施工过程中不得破坏周围的植被环境,不得造成水污染,不得造成空气污染等。就人文环境而言,对于一些历史文物保护区、古镇、著名景点等,旅游项目的建设不得破坏这些地区的建筑和文化环境,不得对当地居民的生活环境产生负面影响。

（二）节约资源

旅游项目在建设过程中应该做到因地制宜,节约资源。应该合理利用可再生资源,采用先进的技术和设备,以提高资源的利用效率,降低消耗。

（三）保证安全

旅游投资项目在施工过程中要保证建设工程安全,保证在施工现场从事施工活动的管理人员和作业人员,包括建设、施工、监理等各方参建人员的生命财产安全,以及使用者和所有者的生命财产安全和人身健康安全。

（四）卫生要求

在旅游投资项目施工过程中,应明确卫生管理的目标与措施,施工现场应建立卫生制度,落实管理责任,定期检查并记录。应当合理处理在施工过程中产生的弃土、弃料及其他废弃物。

二、旅游投资项目施工建设管理

（一）现场管理

旅游投资项目施工建设管理中，很大一部分是现场的管理，这一管理也是施工建设管理的基础环节。现场管理的水平高低直接关系到工程的质量和效益，这里所讲的现场管理主要包含了三个方面：施工准备、正式施工和后期检查。

1. 施工准备

施工准备也包含了很多方面。首先需要对施工图纸进行仔细的检查，避免错误施工。其次在施工之前还需要把图纸具体化，这样施工小组才有据可循。再次在施工之前，各个小组还需要进行讨论，尽早提出施工可能存在的问题，并提出相应的解决办法。最后施工前需要明确各小组都了解项目，还需要各小组能够制定自身的计划。因为如果工程建设的时候，每一个小组的进度无法相一致的话，这就会导致整体的工期延误，最终造成不必要的损害。

2. 正式施工

经过施工准备阶段之后，下一阶段就是正式施工。在这个阶段，需要严格管理工程的质量，一旦发现质量问题，就要发出整改通知，这样工程的质量才能够得到保障。工程需要高的质量，首先需要保障原料的质量。原料进厂的时候，需要有专门的人进行检验，不允许那些不合格的原料进入施工现场。

3. 后期检查

经过前两个阶段，后期工程正式完工之后，需要进行验收检查。首先要施工小组自我检查，等自我检查合格之后，再申报项目主管部门进行验收。项目主管部门在完成初步检查之后，对发现的问题提出修改意见，然后由施工小组完成修改。在完成修改之后，项目主管部门再次验收确认，然后填写工程验收单，交由相关的监督单位进行维护管理。

（二）安全管理

在景区工程建设的过程中，不仅需要注重工程的质量，而且还需要考虑施工的安全。

在施工的过程中，警戒线、防护栏的设置必须清晰醒目，尽量避开人群密集的地点，设立安全通道，做好防火、防震工作。

景区施工安全管理需要遵循一定的原则，也就是"安全第一，预防为主"。各个施工方既需要分工，也需要合作，需对其进行统筹管理。项目负责单位需要监督施工单位制定安全责任制，施工人员需要安全上岗，这样才能够保证实现安全生产的目标。只有安全施工，才能保证经济效益最大化。

（三）成本管理

成本管理指的是在项目建设过程中，对工程建设花费所需要的费用进行限制，即最大化地降低花费，同时要顺利完成项目建设。

项目建设的主管部门需要做好市场调研，制定相应的监督制度，严格控制各种费用,对重大的资金花费需要提交申请,然后由主管部门进行审核,得到批准之后才能够实施。做好成本控制,就能够保证资金使用合理,项目建设的质量也能够有保证。

思考题:

1. 旅游项目建议书的编制包括哪些方面的内容?
2. 项目建议书的申报、审批应包含哪些步骤?

参考文献:

[1] 杨振之.旅游项目策划[M].北京:清华大学出版社,2007.

[2] 冯学钢,吴文智,于秋阳.旅游规划[M].上海:华东师范大学出版社,2011.

[3] 保继刚,等.旅游区规划与策划案例[M].广州:广东旅游出版社,2005.

[4] 冈恩,等.旅游规划:理论与案例[M].吴必虎,等,译.4版.大连:东北财经大学出版社,2005.

[5] 吴为廉.景观与景园建筑工程规划设计[M].北京:中国建筑工业出版社,2005.

[6] 张国强,贾建中.风景规划:《风景名胜区规划规范》实施手册[M].北京:中国建筑工业出版社,2002.

内容提要

- 项目组织的类型及其优缺点
- 旅游投资项目招投标流程
- 旅游投资项目实施过程中的质量控制
- 旅游投资项目成本控制
- 旅游投资项目竣工验收标准
- 旅游投资项目建设后评价的含义

第一节　旅游投资项目的组织管理

　　旅游行业是一个国家创汇收入的一项重要来源，近年来，随着国家经济的增长，旅游行业快速地发展起来。与此同时，全国各地都加大了对旅游项目开发的投资。旅游投资项目是一项涉及众多学科的边缘交叉学科，因此除了具备一般项目投资的风险性等特点外，还具有自己的独特性。

　　一般来说，每一项投资都要涉及不同的利益相关者，而对投资项目进行组织管理，目的就是为了协调众多利益相关者的利益，对不同的需求加以权衡，以期取得某种平衡，最大限度地调动利益相关者的积极性，以确保项目的成功。为此，我们研究旅游投资项目，要先了解项目组织、项目团队、项目经理及其角色职责。

一、项目组织

　　项目是指由公司、政府机构、国际组织或者专业团队，以及其他一些组织，因为一个明确的目标或者目的而组织的一系列独特的、复杂的，并且相互关联的活动。这些活动需要参与者在一定的时间期限内、资源限制下，在不超出预算的前提下完成。

　　组织可以理解为名词，也可以理解为动词。作为动词理解，指的是为了实现某种目标而进行分派工作。作为名词来说，组织是指为了实现一个项目任务或是某种目标而由人员、职责、职位等组织结构要素组建的机构。在这里，我们所说的项目组织，是作为名词来讨论的。

　　归根结底，项目组织作为一种组织，具有一般组织的共性，即好的领导、及时的沟通、完善的激励机制以及独特且积极向上的组织文化等。另外，项目组织也有自己的特性，表现为下面几点：第一，因为是要在一定的期限内完成，项目组织有自己的生命周期，项目组织因为某种目标而建立，在完成目标的过程中逐渐发展，最后目标完成项目组织解散。第二，项目组织是因为某种目标所设立，因此它的成员是由各个利益相关者通过合同、协议、法规以及其他社会关系结合起来的，他们之间的联系是松散的。第三，项目组织是因事而设，在不断发展的过程中可能会有所调整，因此它具有较大的灵活性。

　　综上所述，项目组织比起一般的组织而言，具有更大的灵活性和柔性。同时，项目组织并不是长久存在的机构，它的成员是不同的利益相关者，只是由于要完成同一个目的而从不同的组织单位中抽拨出一定量的相关人员，组成的全新的组织。因此项目组织比起一般的组织来说，更显得脆弱。

（一）项目组织的类型

　　由于每个组织所处的环境、目标、资源条件以及使命等条件不同，并没有一种确定的组织结构能够适应不同的组织，因此在实际生活中，会有许多不同的项目组织结构类型。将生活中常见的组织结构进行归纳分类，我们可以将项目组织分为以下三大类型：职能型项目组织、项目型项目组织和矩阵型项目组织。不同的项目组织有不同的特点，对比其他项目组织，也有自己的优缺点。

1. 职能型项目组织

职能型项目组织是一种传统的、松散的项目组织形式，它最初的出现是社会化大生产、专业化分工的结果。

职能型项目组织具有以下特点：组织中成员按照专业划分成小部门，每个职能部门都有一个职能部门经理，组织中的任务被分派给每个部门，由职能经理负责；每一个职能部门都独立于其他的职能部门，在自己的职能范围内独立工作；涉及部门之间的事务，由职能经理进行商议解决。

职能型项目组织的优点为：

（1）具有不同专业优势的成员被分配在同一个部门之中，部门内沟通协调更为方便，工作效率高，工作氛围良好。

（2）专业化优势明显，避免人员和设备设置重叠化，以及资源浪费。

（3）不同的职能部门之间的工作彼此独立，可以同时开展，提高任务完成的效率。

职能型项目组织的缺点为：

（1）各个职能部门之间相对独立，各部门之间沟通不足，协调困难。

（2）各部门只关注本部门的利润，只清楚本部门的工作任务，而对组织整体任务的认知不清晰。

（3）一旦出现问题，各部门之间会相互推诿责任，各执一词，解决问题比较困难。

（4）职能部门经理责任重大，一旦部门经理对有关事宜处理不得当，将会造成巨大的损失。

2. 项目型项目组织

项目型项目组织的部门是按照项目来设置的，每个部门相当于一个微型的职能型组织，每个部门都有自己的项目经理及其下属的部门。项目型项目组织又被称为线性组织结构，它与职能型组织结构完全相反。

项目型项目组织具有以下特点：按照组织中的项目划分成小部门，每一个部门有自己的项目部门经理，项目经理负责整个项目的实施；项目型项目组织中的成员是从外界选拔或是招聘而来，按照项目需求进行分配，受项目经理的领导；项目经理具有较大的独立性和对项目的绝对权力，对项目总体负责；注重项目与客户。

项目型项目组织的优点：

（1）项目团队成员是从外界选拔而来，每个项目中的成员都具有不同的技能，可以处理较为复杂的工作。

（2）项目经理可以控制所有的资源，上下沟通更便捷，能快速地决策和解决问题，有利于项目的顺利实施。

项目型项目组织的缺点：

（1）设备、人员等资源分散在各个项目小组中，成员之间缺乏信息交流。

（2）内部关系松散，与外界沟通不利。组织中的成员皆是临时被调拨到同一个团队中，相对不熟悉，工作氛围不和谐。

（3）同一个组织中容易出现忙者忙、闲者闲的状况，总体工作效率低下。且项目结束后，团队即会解散，导致项目中成员缺乏事业上的连续性和保障性。

3. 矩阵型项目组织

矩阵型项目组织结构是为了最大限度地利用组织中的资源和能力而发展起来的,它是由职能型项目组织结构和项目型项目组织结构合并组成的一个混合体,因此它既保留了职能型项目组织的职能特点,也具有项目型项目组织的特点。

矩阵型项目组织又可以分为弱矩阵式、平衡矩阵式和强矩阵式三种形式。这三种分类标准是项目组织中项目经理和职能经理责、权、利的大小。在弱矩阵式组织中,职能经理的责、权、利大于项目经理,组织中的项目经理并没有权利来确定资源的分配,项目经理实际上是名存实亡。而在强矩阵式组织中则正好相反,项目经理有更大的权利,职能经理的影响力在逐渐减小。而在平衡矩阵式组织中,项目经理和职能经理的权利相对均等,但是这种结构很难维持,一旦平衡发生倾斜,那么组织就容易变成强矩阵型或者弱矩阵型。

矩阵型项目组织的优点:

(1) 组织成员及设备属于职能部门,能够有效利用资源,减少重复和冗余。

(2) 组织内部不同部门的专业专家可以在项目实施过程中进行交流,工作氛围良好,信息传递迅速,问题可以得到及时的发现。

矩阵型项目组织的缺点:

(1) 组织中的成员要同时受项目经理和职能经理的管理,有时员工会产生不知道听谁的疑惑,易在工作过程中产生不安和冲突。

(2) 项目经理和职能经理会就某个具体问题产生不同的看法,导致双方僵持不下,问题不能够得到及时而且正确的决策。另外,如果组织中权利分配不清,会导致项目经理和职能经理相互争夺权利,从而使项目运行困难。

（二）项目组织的设计

在现代社会中,越来越多的人一致认为,要想高效率地完成既定目的,进行合作是不可避免的,因此在现代社会中,形形色色的组织应运而生。

项目组织的设计要遵循一般组织的设计原则,同时还要能反映项目工作的特征。在具体的工作中,要设计哪种组织形式,首先要充分考虑组织结构的特点、项目的特点、所处环境等因素,综合决断做出适合的选择。下表列出了一些相关因素与项目组织形式之间的关系。

组织形式 影响因素	职 能 型	矩 阵 型	项 目 型
不确定性	低	高	高
技术因素	一般	复杂	创新
复杂程度	低	中等	高
规　　模	小	中等	大
持续时间	短	中等	长

表6-1

项目组织形式与相关因素之间的关系

续　表

组织形式　　　　　影响因素	职 能 型	矩 阵 型	项 目 型
时间限制性	弱	中等	强
重要程度	低	中等	高
对内部的依赖性	弱	中等	强
对外部的依赖性	强	中等	弱

二、项目团队

（一）项目团队的概念

团队是为了完成某种目标，由分工与合作及不同层次的权利和责任构成的人群。相比起部门和小组而言，团队成员之间工作交叉程度更高，相互间的协作性也更强。

项目团队，就是为适应项目的实施及有效协作而建立的团队。项目团队并不是简单的人员集合，而是指为了某一项目标而同心协力地工作的人员。项目团队的好坏对于项目成功与否有着至关重要的作用，一项项目的成功，离不开一个高效率的项目团队，相反，一个效率低下的项目团队，注定不可能获得项目成功。一个优秀的项目团队，不仅取决于项目经理，还取决于项目中每一个成员努力与否。

由于旅游涉及的行业多种多样，在旅游调研以及规划中，组建团队是很普遍的事情。有时候为了某个旅游项目的成功，组建的队伍中可能会存在许多专业交叉的现象。

（二）项目团队的特点

1. 团队性

项目团队是以一个团队来进行活动的，所以评价项目团队的优秀与否，不是针对某一个人的突出表现，而是看重团队中的合作与默契。项目团队的团队性要求团队精神和合作精神，这两种精神是项目获得成功的关键。

2. 临时性

项目团队的成员是由于某项任务而从不同层级的职位上调集来的人群，这些人为了共同的目标而协力工作，而团队在工作结束以后则会解散。如果在项目的实施过程中遇到什么问题，团队也有可能暂停工作。若中止的项目再次开始，项目团队也会继续工作。

3. 目的性

项目团队是由于某个共同的目的而组建起来的，所以具有目的性。它只有与既定任务有关的使命和任务，不会有多余的、无关的使命和任务。

4. 发展性

很多项目团队并不是一开始就是完整的团队组织，而是经过不断的发展才形成最终的团队。有时随着项目任务的变化，已经形成了的团队也会产生相应的变化。

5. 多学科交叉性

旅游学科是一门涉及多学科交叉的学科，因此旅游项目团队的组建也带有这种特点,有时一个项目团队里面,需要的不只是旅游专业的人才,还有地理学、建筑学、营销学等学科的专业型人才。

三、项目经理及其角色职责

一个项目的成功,既需要设备、技术等硬件资源,也取决于人的因素这种软实力。相比起设备、技术来说,人的因素才更能起到决定性作用。一个好的领导会提升一个团队的总体品质,因此项目经理的领导才能、管理艺术、经验水平,甚至是他的个人喜好等,都会对项目的成败产生巨大影响。

(一)项目经理的概念

项目经理就是项目的负责人、管理者和领导者,他们与一般的管理者有所不同,项目经理的主要职能是保证组织的成功,对能否成功实现项目目标全权负责。项目经理在整个项目管理中处于核心地位,一个优秀的项目经理,是项目成功的重要保证。

同时,由于项目本身的跨领域性,项目经理相较一般的管理者来说,就应该拥有更加全面的管理才能。另外,由于项目本身的临时性,项目可能随时会面对许多突发状况,这就要求项目经理要有及时发现问题并处理问题的能力。

在一个项目中,项目经理往往承担着不同的角色,概括来说,主要表现为以下几种。

1. 项目的组织者和计划者

项目经理贯穿项目的始终,从一开始就参与到项目之中。项目经理要参与到项目团队的组建、设计项目团队的工作职责、分配项目任务、协调项目资源中,以便使项目目标获得成功。因此,在项目的一开始,项目经理主要是作为项目的组织者角色。而在项目的管理过程中,项目经理要通过一系列的计划工作,对项目各个时段的工作进行安排,进行风险评估,为保证项目的成功做出最好的计划。

2. 项目的决策人、领导者和联络者

在项目进行的过程中,项目经理需要根据实际情况做出不同的决策,要就每一项计划的落实做出切实领导。项目经理要对每一阶段的目标任务进行细致分析,领导团队成员按照正确的道路完成工作。另外,项目经理是一个团队的核心,要与每一位成员做好联系。

3. 项目的控制者和利益的协调者

虽然在一开始就已经制定好计划,但是在计划的实施过程中,可能会因为种种原因而不得不调整计划。计划该不该改动? 该如何改动? 这些问题都应该落到项目经理的头上。项目经理要有大局意识,要对项目的进程有一定的把控能力。另外,作为项目的中心人物,项目经理需要协调项目利益相关者之间的关系,调节员工的工作气氛。项目经理不仅要协调项目内成员之间的利益,还要协调好项目内外的关系,努力追求利益的最大化。

4. 项目风险的承担者

不是每一个项目都一定会获得最终的成功,项目经理作为项目成功的全权负责人,毫无疑问就是项目风险的承担者。

(二)项目经理的角色职责

项目经理在项目的进展中具有举足轻重的地位,而权责向来不分家,享有巨大权利的同时,项目经理也应该承担一定的职责。概括来说,项目经理的职责主要包括以下几个方面。

1. 计划

一个项目要获得成功,缜密的计划是必不可少的。项目经理应该就项目目标与利益相关者取得一致意见,在充分考虑的基础上,与项目成员经过沟通后制定细致的计划,以确保项目目标能够得以实现。

2. 组织

有了计划之后,在实际的工作过程中,项目经理应该根据每个成员的能力,将组织资源谨慎分配给内部成员,以便在期限内和预算下完成项目任务。

3. 领导

在项目进程中,作为整个项目的领导者,项目经理应该领导团队成员按照各项目阶段的目标、范围、任务等进行工作,要规定各项工作的具体要求,以及指导团队总体方向。

4. 控制

在项目实施过程中,项目经理要对项目进程进行充分的把控,及时将项目进程与计划进行比较,尽快纠正项目偏差,不断完善计划,并为此设计一套完善的系统,以保证项目任务得以完成。

5. 协调

在项目进程过程中,项目经理作为项目的总负责人和核心人物,要担负起协调项目团队内部关系的责任,要为项目团队营造出一种和谐且高效率的工作环境,及时与团队成员进行沟通,以便使项目利益实现最大化。

另外,在实际项目实施过程中,由于各种情况的复杂性,还要求项目经理要有良好的能力素质。项目经理要能够对风险有一定的预知能力,在风险产生之前制定好各种预防措施,以便在风险来临时能够及时地解决风险。同时,项目经理要有良好的处事能力,善于与人打交道,如此才能完美处理好团队间的人事关系,创造出一个良好的工作环境。

第二节　旅游投资项目招投标管理

经过几十年的发展,我国的招投标法律体系已经初步形成,并且逐渐完善。近些年来,中国经济持续发展,国民收入水平连年提高,旅游投资项目招投标市场也不断地扩大。制定招投标制度旨在促进和规范市场竞争,营造良好的公平竞争的市场氛围,预防与遏制腐败的产生与蔓延。

一、招投标管理概述

(一)项目招投标管理概念

项目招投标是项目招标投标的简称,它是指一种有序的竞争交易方式。招标和投标是一种商品交易行为,是交易过程的两个方面,其目的是为了规范招投标双方以及竞争市场,创造一个良好的市场环境。简单来说,旅游投资项目招投标就是指旅游投资的招标人发出旅游投资招标邀请,公布旅游投资的内容、要求和交易条件,满足条件的投标人按照相关要求进行公平竞争,招标人按照有关法律和标准组建评标委员会,经过委员会评审之后,择优选择中标人,向参加竞标的投标者和公众公开投标结果,并按照法律程序与中标人签订合同。

按照《中华人民共和国招标投标法》以及相关法律的规定,招标过程一般可以分为发标前准备、招标投标、评标定标三个阶段。

(二)项目招投标管理的特点

1. 公平性

实行项目招投标的目的是为了促进和规范市场竞争,营造良好的公平竞争的市场氛围,因此招投标的首要特点就是公平性。要求每一个投标人都拥有相同的机会,不能存在徇私舞弊现象,更不能滋生腐败。

2. 程序性

招标投标是一种有序的市场竞争交易方式,也是规范选择交易主体、订立交易合同的法律程序。因此,招投标活动必须遵循有关法律程序。我国发布的《中华人民共和国招标投标法》《工程建设项目施工招标投标办法》以及其他相关法律,对招标投标过程每一环节的时间、顺序都有严格的规范,不能随意更改。任何违反相关法律的投标招标行为,都有可能侵害其他人的正当利益,对此相关当事人要承担相应的法律后果。

3. 公开性

公开性实际上是为了公平性服务的,招投标从一开始就应该在公开环境下进行。从一开始发出招标邀请,到后面进行评审、公布评审结果,乃至与中标者签订合同,都要在公众的监督下进行,以保证项目的招投标尽可能的公平公正,从而营造良好的市场竞争氛围,符合社会主义市场经济发展观。

4. 竞争性

招标投标是为了在众多的投标人中择优录取,选择相对良好的中标人,因此在招标投标过程中难免存在竞争。但是在招投标过程中,投标人要注意有序竞争,优化资源配置,不可产生恶意竞争的行为。

5. 规范性

投标要约和中标承诺只有一次机会,且需要密封投标,在招投标过程中,双方不可以针对标书内容进行协商谈判、讨价还价。《招标投标法》及相关法律法规,对招投标过程中各个环节的内容、形式等都有明确严格的规定。

二、项目招标

项目招标是指招标人(买方)在发包建设项目之前,公开发出招标通知,说明招标要求与报价等,邀请投标人(卖方)在规定的时间、地点按照一定的程序进行投标,以便招标人择优选择中标人的一种经济活动。

一般来说,旅游投资项目招标,是指旅游单位就需要拟建的项目向公众发布通告,用法定方式吸引相关单位参加竞争,通过一系列规范程序从中选择合适的中标者来完成项目建设,以使旅游景区得到更好的发展。

（一）招标的方式

一般来说，按照竞争开放程度，招标分为公开招标和邀请招标两种方式，对于旅游投资项目招标来说，这两种方式也依旧可以概括。

1. 公开招标

公开招标，是指招标人以招标公告的方式邀请不特定的法人或者其他组织投标，按照法律程序和招标文件公开的评标方法和标准选择中标人，并与其签订合同的招标方式。公开招标不限制投标人，是一种充分公开公正的招标方式，可以有效降低腐败等不正当交易的可能性，维护市场公平正义。

2. 邀请招标

邀请招标也称选择性招标，对于招标人有一定的限制条件。邀请招标是指招标人以投标邀请书的方式邀请特定的法人或者其他组织投标，然后按照法律程序和招标文件规定的评标方法和标准择优选择中标人的招标方式。在这种方法中，招标人事先已经基本了解或者征询过这些特定的法人或者组织的意向。与公开招标不同，邀请招标不需要发布招标公告或招标资格预审文件，但应该组织必要的资格审查，且投标人应该在两个以上。

由于邀请招标对于投标人有所限制，投标人相对较少，招标人很有可能会错失理想的中标人，拿不到预期的中标价格。因此，根据《工程建设项目施工招标投标办法》以及《中华人民共和国政府采购法》，以下几种情况经过批准的，可以使用邀请招标：

（1）项目技术复杂或有特殊要求，只有少量几家潜在投标人可供选择的；

（2）受自然地域环境限制的；

（3）涉及国家安全、国家秘密或者抢险救灾、适宜招标但不宜公开招标的；

（4）拟公开招标的费用与项目的价值相比，不值得的；

（5）法律、法规规定不宜公开招标的；

（6）具有特殊性，只能从有限范围的供应商处采购的；

（7）采用公开招标方式的费用占政府采购项目总价值的比例过大的。

按照标的物来源地，可以将招标划分为国内招标和国际招标。其中国内招标又可以分为国内公开招标和国内邀请招标；国际招标包括国际公开招标和国际邀请招标。

（二）招标的方法和手段

1. 传统招标

传统招标是一种交易模式，我们之前讨论的公开招标和邀请招标都属于传统招标。一般来说，传统招标方式需要经过招标、投标、开标、评标与定标等程序，涉及招标方、投标方等多个角色，规章制度繁琐、流程复杂、运作成本比较高。随着电子信息技术的发展，传统招标已经不太适用现在的局势，经过摸索和总结，现在的招标方法已经变得多种多样，可以适用于不同特点的招标项目的需要。

2. 两阶段招标

两阶段招标是将国际竞争性招标和国际选择性招标相结合的一种招标方式。《中华人民共和国招标投标法实施条例》第三十条规定，对技术复杂或是无法精确拟定技术规格的项目，招标人可以分两阶段进行招标。

第一阶段招标：投标人按照招标公告或者投标邀请书的要求提交不带报价的技术建议，招标人根据投标人提交的技术建议确定技术标准和要求，编制招标文件。

第二阶段招标：招标人向在第一阶段提交技术建议的投标人提供招标文件，投标人按照招标文件的要求提交包括最终技术方案和投标报价的投标文件。如果招标人要求投标人提交投标保证金，应当在第二阶段提出。

3. 框架协议招标

这种招标方式主要适合于企业集团或政府采购。招标人集中组织一次招标，为下属多个实施主体在一定时期内因零星、应急或重复需要分批次采购技术标准、规格和要求相同的货物或同一类型的服务采用的招标方式。招标人通过招标，与中标人形成货物或服务同一采购框架协议，协议中一般只约定有效期内采购货物和服务的技术标准、规格和要求以及其合同单价，不约定或是大致约定采购的标的数量和合同总价，各采购实施主体按照采购框架协议分别与一个或几个中标人分批次签订和履行采购合同协议。

4. 电子招标

电子招标是以网络技术为基础，把传统招标、投标、评标、签订合同等业务过程全部实现数字化、网络化、无纸化、高度集成化的新型招标方式。这种招标方式同时具备数据库管理、信息查询分析等功能，是一种真正意义上的全流程、全方位、无纸化的创新性采购交易方式。

与传统招标方式相比，电子招标可以节约纸张，贯彻现代的节能减排思想，有效降低投招标的费用。这是传统招标方式在现代的创新方法，是招标方式的一项重大改革，能够促进招标投标监督方式的改革与完善，规范招标投标秩序，预防和治理腐败交易现象。

三、项目招投标的基本程序

招标投标最显著的特点就是招投标活动具有严格规范的程序，一般来说，公开招标的基本程序包括招标准备，资格审查，编制、发售招标文件，现场踏勘，投标预备会，编制、递交投标文件，组建评标委员会，开标，评标，中标，签订合同等程序，具体流程如下：

（一）招标准备

招标准备阶段的工作由招标人单独完成，投标人不参与。一般来说，招标准备阶段的工作包括以下几个方面：评定招标人资格能力、选择招标方式、制定招标计划、办理招标备案、编制招标有关文件等。

1. 评定招标人资格能力

招标人是指在招标投标活动中以择优选择中标人为目的而提出招标项目、进行招标的法人或者其他组织。根据相关法律的规定，应当具备以下要求，才能够成为招标人。

（1）招标人是依法成立，有必要的财产或者经费，有自己的名称、组织机构和场所，具有民事权利能力和民事行为能力，依法独立享有民事权利和承担民事义务的经济和社会组织，包括法人组织和其他非法人组织。

（2）招标人的民事权利能力范围受其组织性质、成立目的、任务和法律、法规的约束,由此构成招标人享有民事权利的资格和承担民事义务的责任。招标人的权利和义务为以下三点:应根据招标采购需求目标、特点,依法选择招标组织形式和招标方式,并按照法律法规的条件、程序、方法和标准组织实施招标,择优选择采购标的和中标人;招标人应自觉遵守有关法律法规和政策,依法维护和规范招标投标市场秩序,维护国家、社会公共利益和自身合法权益,不侵犯相关主体的合法权益,坚持公开、公平、公正和诚实信用原则;招标人应依法抵制、反映和协助调查招标、投标、代理、评标、签约活动中的虚假、违规和违法行为,并自觉依法接受政府和社会的监督。

(3)招标人应满足《中华人民共和国招标投标法》第12条规定,具有编制招标文件和组织评标能力,通过向行政监督部门备案,可以自行办理招标事宜,否则应当委托满足相应资格条件的招标代理机构组织招标。

自行组织招标的资格条件包括:具有项目法人资格(或法人资格);具有与招标项目规模和复杂程度相适应的工程技术、概预算、财务和工程管理等方面的专业技术力量;有从事同类工程建设项目的招标经验;设有专门的招标机构或者拥有3名以上专职招标业务人员;熟悉和掌握《中华人民共和国招标投标法》及相关法律法规。

2.选择招标方式

(1)根据工程特点和招标人的管理能力确定发包范围。

(2)按照工程建设的总计划确定项目建设过程中的招标次数和每次招标的工作内容。

(3)按照每次招标前准备工作的完成情况,选择合同的计价方式。

(4)依据工程项目的特点、合同类型等因素的影响程度,最终确定招标方式。

3.制定招标计划

根据政府、旅游企业或者项目进程要求制定招标计划,明确招标采购内容、范围和时间。

4.办理招标备案

招标人向建设行政主管部门办理申请招标手续。招标备案文件应该说明招标的工作范围、招标方式、计划工期、对投标人的资质要求、招标项目的前期准备工作的完成情况、自行招标还是委托代理招标等内容。获得认可后方可开展招标工作。

5.编制招标有关文件

为了保证招标活动的正常进行,招标人应该在招标准备阶段充分考虑到可能发生的各种情况,应编制好招标过程中可能涉及的有关文件。这些文件应包括以下内容:招标广告、资格预审文件、招标文件、合同协议书,以及资格预审和评标的办法。

(二)资格审查

为了保证潜在投标人能够获得公平投标竞争的机会,维护竞争市场公平,确保投标人满足招标项目的资格条件,同时避免投标人不必要的资源浪费,招标人应当对投标人资格进行审查。资格审查既是招标人的权利,也是招标项目的必要程序,它能够保障招标人和投标人利益。一般来说,资格审查分为资格预审和资格后审两种。

(三)编制、发售招标文件

投资项目招标文件是由招标人(或其委托的咨询机构)编制,由招标人发布的,既是投标单位编制投标文件的依据,也是招标人与中标人签订合同的基础。招标文件中提出的各项要求,对整个招标工作乃至承发包双方都有约束力。

一般来说,招标文件包括招标公告(或投标邀请书)、投标人须知、评标标准和方法、技术条款、投标文件格式、拟签订合同主要条款和合同格式,以及附件和其他要求投标人提供的材料等内容。

招标文件中并不是所有内容都构成合同文件,如投标人须知就不构成合同文件,但是像合同条款、设计图纸、技术标准与要求等内容,就会构成合同文件。

(四)现场踏勘

招标人可根据招标项目的特点和相关约定,组织潜在投标人来项目实施现场对地质地形条件、周边环境进行实地勘察,潜在投标人据此作出判断和决策。

(五)投标预备会

在现场踏勘之后,潜在投标人已经对该标有充分的了解,也会有一些疑问。这时候,招标人就会按照投标文件规定的时间来组织投标预备会,目的是为了澄清、解答潜在投标人的疑问。

(六)编制、递交投标文件

潜在投标人应严格按照招标文件要求的格式和内容,编制、签署、装订、密封、标识投标文件,按照规定的时间、地点、方式递交投标文件,并提供相应方式和金额的投标保证金。投标人在提交投稿截止时间之前,可以撤回、补充或者修改已提交的投标文件。

(七)组建评标委员会

评标委员会是指在招标投标和政府采购活动中,依法由招标人代表和有关技术、经济等方面的专家组建,负责对投标文件进行评审并提出评审意见的临时性权威机构。评标委员会应当在开标前依法组建,一般是由招标人负责组建,为了防止腐败现象滋生,委员会成员名单在中标结果确定前应该严格保密。评标委员会由招标人或其委托的招标代理机构中熟悉相关业务的代表,以及有关技术、经济等方面的专家组成,成员人数为五人以上的单数,其中技术、经济等方面的专家不得少于成员总数的三分之二。

(八)开标

招标单位以及招标代理机构,应该在招标文件于相关法律规定的时间、地点,在有招标人出席的情况下,当众拆开投标资料,宣布投标人的名称、投标价格以及投标价格的修改过程。开标一般要通知监督部门,在公证员的监督下进行。

近年来,中国国内开标的方式有以下三种,企业可以根据自己的情况选择适宜的开标方式。(1)在有招标单位自愿参加的情况下,公开开标,但是中标结果并不当场宣布。(2)在公证员的监督下开标,确定中标户。(3)在有投标单位自愿参加的情况下,公开开标,并当场宣布中标结果,确定中标户。

(九)评标

所谓评标,是指按照规定的评标标准和方法,对各投标人的投标文件进行比较和分析,从中选出最佳投标人的过程。评标在招标过程中的地位非常重要,它关系着整个招标投标过程是否公平、公开、公正。评标由评标委员会负责,评标委员会应该熟悉并掌握招标项目的特点和需求,熟知招标文件和评标方法、评标因素和标准等。

一般来说,评标过程主要包括以下步骤:初步评审、详细评审、澄清、说明和补正以及评标报告。

(十) 中标

中标是指投标人被招标人按照法定流程确定为招标项目合同签订对象。一般情况下,中标的投标人,应当收到招标人发出的中标通知书。

依法必须招标的项目,招标人应当按照规定在指定的媒体或市场所公示推荐的中标候选人,若是投标人对招标投标活动以及结果有任何异议,可以在公示期间向招标人或者有关单位反映、投诉,要求调查处理。公示期后无人提出异议的,招标人要向中标人发出中标通知书,同时要将中标结果通知所有未中标的投标人。中标通知书发出后,如果招标人改变中标结果或者中标人放弃中标项目,那么招标人或中标人应当依法承担法律责任。

(十一) 签订合同

招标人与中标人应该自发出中标通知书之日起三十日内,依据中标通知书、招标投标文件中的合同构成文件签订合同协议书。

第三节 旅游投资项目进度管理与控制

一、项目进度管理

项目进度管理又叫项目工期管理,也被称作项目时间管理。至于旅游投资项目进度管理,主要需要管理的就是旅游投资项目的时间,是确保旅游投资项目准时完工所必需进行的一系列管理的过程与活动。

项目进度管理的过程与活动既相互影响,又相互关联。在项目计划中,每一个阶段都是界限分明的,但是在项目实际实施和管理中,却是相互交叉的。

(一) 项目活动

项目活动是指将项目的组成要素加以细分,使之成为可管理的更小部分,以便能够更好地管理和控制。项目活动主要包括项目活动的界定、项目活动的排序和项目活动工期估算。

1. 项目活动的界定

项目活动的界定是一个项目进度管理的特定工作。在项目活动界定过程中,不仅要考虑项目的目标、项目的范围和项目工作的分解结构,还要参考各种历史数据,考虑到各种约束条件和假设前提条件。

项目活动的界定必须依据下述信息和资料:项目工作分解结构、项目范围界定、历史信息、项目的约束条件以及项目的假设前提。

项目活动界定的结果是做出一份项目活动清单,要得到这种结果,需要运用一些方法,比较常见的方法包括项目活动分解方法和项目活动界定的平台法这两种方法。一般来说,在项目活动界定的最终,要给出项目活动清单、相关的支持细节以及更新的工作分解结构等信息和文件。

2. 项目活动的排序

做出项目活动清单之后,就应当对项目活动进行排序,这项活动是要求要识别出清单中各种活动的依赖关系,并根据这些关系对项目活动的先后顺序作出安排。为了项目活动最终能够获得成功,项目负责人必须对项目活动进行排序,合理地安排项目活动的先后顺序。

对于项目活动的排序,根据项目的大小可以选择手工排序或是计算机排序。在较大的项目中,初期可以使用手工排序,但是后期的活动排序就需要借助计算机软件系统来完成。

要想合理地安排项目活动的排序,最基本的是要了解项目活动清单及其支持细节,另外还需要了解项目产出物、项目活动之间的必然依存关系、项目活动之间的人为依存关系以及项目活动的外部依存关系等信息,以此作为依据。

3. 项目活动工期估算

项目活动工期估算是在以上两个过程的基础上进行的,是指对项目已确定的各种活动的工期长度进行估算。这一项工作首先要对每项工作进行独立估计,并由此估计出项目活动所需时间。这项工作应该由项目团队中对项目较为熟悉的人来完成,也可以由计算机进行估算,再由专家审核确定。

项目活动要根据项目活动清单、项目的约束和假设条件、项目资源的数量和质量要求以及历史信息等依据来进行工期估算。

项目活动工期估算一般使用专家评估法、类比法和模拟法等方法来进行。

（二）项目进度计划编制

项目进度计划编制就是根据项目活动界定、项目活动顺序、各项活动工期和所需要的资源进行分析,确定项目工作的起始和结束日期。在确定项目的进度之前,编制项目进度计划的过程常常必须反复进行。

1. 项目进度计划编制的依据

项目进度计划编制的依据包括项目进度管理前期工作所生成的各种文件,以及项目其他计划和管理所生成的各种文件。其中最为重要的是以下几个方面的文件:项目网络图、项目活动工期的估算、项目资源要求和资源共享说明、项目作业制度安排、项目作业的各种约束条件以及项目活动的提前或滞后时间要求。

2. 编制项目进度计划的方法与工具

项目进度计划在项目进行中有着重要作用,对项目的成功与否有着重要的影响,对项目的集成计划和其他专项计划也会有直接的影响。常用的编制项目进度的方法主要包括系统分析方法、模拟法、资源水平法、甘特图法和项目管理软件法等。由于需要考虑多种因素的影响,所以项目进度计划的编制大多数情况下都需要运用系统分析方法。

（三）项目进度计划控制

项目计划编织出来之后,在项目计划进行的过程中,项目进度往往会因为实际情况而与计划产生偏差。在这个时候,就需要项目经理对项目进度情况与项目计划进行比较,及时修正计划,以维持项目进度的正常进行,从而保证项目获得成功。

1. 项目进度计划控制的依据

项目进度计划控制是指根据项目实际的进行情况,并将其与计划进行比较,及时纠正偏差,因此对项目进度计划进行控制最主要的依据就是项目进度计划。另外还要依据项目进度计划实施情况报告、项目变更请求和项目进度管理措施和安排,来对项目进度计划进行控制。

2. 项目进度计划控制的方法与工具

根据实际情况,项目进度计划控制的方法也有许多种。针对项目进度计划可能变化的各种情况,所使用的方法是项目进度计划变更的管理方法,这是一种按照一定的程序开展项目进度计划管理与控制的方法。项目实施实际情况的度量方法也是一种常用的项目进度计划控制的方法,它主要是用来测定和评估项目实施的实际情况,以及确定项目进度计划完成程度和实际与计划的差距与变化大小的管理控制方法。另外,常用的项目进度计划控制的方法还有追加计划法和借助项目进度管理软件等方法。

二、项目质量控制

项目质量控制的工作内容包括专业技术和管理技术两方面。

(一)质量控制概述

1. 质量控制的含义

项目质量控制是指对项目质量实施情况的监督和管理,它是质量管理的一部分,目的是为了满足质量要求。

2. 质量控制的特点

项目与一般的产品不同,所以项目的质量控制也有其自身的特点,主要表现为:影响质量的因素多,质量控制的阶段性,易产生质量变异,易产生错误判断,项目质量受费用和工期的制约,以及项目一般不能拆卸等。

3. 质量控制的主要工作内容

这项工作的主要内容包括:项目质量实际情况的度量、项目质量是基于项目质量标准的比较、项目质量误差与问题的确认、项目质量问题的原因分析和采取纠偏措施以消除项目质量差距与问题等一系列活动。

4. 质量控制的步骤

旅游项目的质量控制实际上就是监控项目的实施状态,将实际进行情况与原本预定的标准进行比较,如果出现偏差就分析其原因并调整偏差,采取对应措施。在项目的实际进展过程中,这是一个循环往复的过程,主要包括以下步骤:

(1)选择控制对象:在项目实施过程中的不同时期和阶段,质量控制的对象各不相同,这就需要项目团队在项目实施过程中加以识别和选择。

(2)确定控制对象的标准或是目标:要想进行质量控制,首先要制定出标准,再根据所制定的标准评定项目质量,进行质量控制。

(3)制定质量控制的计划:在进行质量控制之前,要制定质量控制的计划。

(4)实施计划:准备工作已经全部结束,计划开始实施之后,才算是真正进入质量控制的过程中。

(5)监测实施过程:在计划实施过程中,要随时监测计划进行情况,以便能够及时发现偏差。

（6）发现、分析偏差。

（7）研究对策。

（二）项目质量控制的工具与技术

1. 检验清单法

检验清单法是项目质量控制中的一种独特的结构化质量控制方法。

2. 控制图

控制图是用于开展项目质量控制的一种图示方法，旨在确定一个过程是否稳定，是否具有可预测的绩效结果。控制图是建立在统计质量管理方法基础之上的，它利用有效数据建立控制界限，如果项目过程不受异常原因的影响，从项目运行中观察得到的数据将不会超出这一界限。

3. 排列图法

排列图法又叫帕累托图（Pareto）法，是质量控制中经常使用的统计图表。

4. 统计样本法

这是指选择一定数量的样本进行检验，从而推断总体的质量情况，以获得质量信息和开展质量控制的方法。因为统计抽样的知识体系规模很大，因此项目管理团队需要掌握多种不同的抽样技术。

5. 趋势分析法

趋势分析法是一种使用各种预测分析技术来预测项目质量未来发展趋势和结果的质量控制方法，它是借助趋势图来进行的。趋势分析要利用过去的结果，用数学工具预测未来的成果。

除了以上的方法，质量控制还有散点图法、流程图法、质量检验法、直方图法等方法，在这里就不一一概述了。

三、项目成本控制

（一）项目成本控制概述

1. 项目成本控制的含义

项目成本控制是一项综合管理工作，它是指在项目实施过程中，尽量使项目实际发生的成本控制在项目预算范围内的项目管理工作。项目成本控制包括三个方面：对各种能够引起项目或成本变化的因素的控制，即事前控制；项目实施过程的成本控制，即事中控制；对项目实际成本变动的控制，即事后控制。

2. 项目成本控制的主要工作内容

项目成本控制的工作主要包括：监视项目成本的变动，确保实际需要的项目变动都能够查得到；避免不正确的、不合适的或者未经授权的项目变动所发生的费用被列入项目成本预算；采取相应的成本变动管理措施等。

3. 项目成本控制的步骤

项目成本控制有三个方面的内容，而且三种控制方法各不相同，有各自的步骤。我们这里所说的主要是事中控制的步骤，基本如下：

（1）制定项目成本控制的计划。

（2）实施计划并随时反馈计划的实施效果。

（3）比较,分析偏差产生的原因。

（4）纠正偏差。

（二）项目成本控制的方法

项目成本控制方法包括两类:一类是分析和预测项目影响要素的变动与项目成本发展变化趋势的项目成本控制方法;另一类是控制各种要素变动而实现项目成本目标的方法。这两个方面的各种具体方法构成一套完善的项目成本管理的方法体系,这方面的方法主要有:

1. 建立一套完善的项目变动控制体系

在项目实施之前,就应该对项目实施有一系列计划,但是在实际的实施过程中,很多变数会导致项目发生变动。项目变动必然会导致成本的变化,所以需要建立项目变动控制体系来对项目成本进行控制。项目变动不仅会影响到项目成本的核算,还会直接影响到项目的成败。

在项目实际实施过程中,一般通过以下两种方法对项目变动进行控制。

一是规避。在项目设计和计划阶段,项目负责人就应该充分了解项目的需求,在项目实施过程中要经常与项目利益相关者进行沟通,遇到问题要及时反馈,尽量避免在项目进行到中后期的时候发生大的变动而进行返工,造成巨大的成本损失。

二是控制。项目负责人需要建立一整套完善的项目变动控制体系,在项目发生变动的时候,要组织专业人员对项目变动的必然性进行考察,不能仅凭项目变动的书面请求就进行简单的拒绝或者同意。在专业人员对项目的必然性进行考察时应该对项目变动可能带来的成本、时间变化以及附加影响进行充分考虑,在此基础上进行项目变动控制,从而对项目成本进行控制。

2. 实行全过程的控制

要从招投标开始至中标后的实施再至竣工验收实行全过程成本控制。从项目开始的准备阶段就应该根据以往的数据和经验对项目成本进行预测。在项目实施过程中,应该严格按照项目计划进行,谨慎对待项目变动,采取技术和经济相结合的手段,控制实施成本。在项目结束之后的竣工验收环节,要做好成本的核算和分析,及时办理结算和追加款项。

3. 加强财务管理

对项目过程中出现的费用开支,要进行严格控制,及时进行财务核算。对各项成本费用的支出进行监督和限制,及时分析和预测未完成工程的实施成本,避免可能发生的浪费,确保最低成本目标的实现。

4. 加强质量管理

在节约成本的同时也要保证项目的质量高效,为建设单位提供满意的工程产品,这不仅是承包单位的责任和义务,也是树立企业良好形象的机会,同时也为企业的长久发展奠定了基础,侧面减少了企业的成本。

5. 计算机软件工具

随着现代信息技术的发展,计算机软件工具被用于控制项目成本,目前市场上已经有大量的相关软件可供选择。

（三）项目成本控制的依据

项目成本控制的主要依据有项目的成本管理绩效报告、项目的变动请求和项目成本管理计划几个方面。

1. 项目的成本管理绩效报告

项目的成本管理绩效报告主要是反映项目预算的实际执行情况，通过这份报告，可以直观地了解到项目成本发生变动的情况，例如具体是哪项工作或者哪个阶段的工作的成本在预算中，而哪些成本超出了预算，等等。这些信息对于有效控制项目成本起到很大作用，是项目全过程成本控制的主要依据之一。

2. 项目的变动请求

在项目实施过程中，会因为许多问题而需要进行项目变动。这种请求可以是通过口头提出，也可以是通过书面提出，既可以是项目业主提出的，也可以是项目实施者或者其他方面提出的。这种项目变动的请求有些可能是有必要的，但也有些是没有必要的。所以面对项目变动的请求，各方需要进行深入调查，至于那些必要变动的地方，项目实施者也需要经过业主或者客户的同意，不然很有可能会产生收不到付款的风险。

3. 项目成本管理计划

项目成本管理计划是项目成本控制中一份十分重要的依据文件，这份文件给出的多数是项目成本事前控制的计划和安排，这对项目成本控制的工作很有指导意义。

四、项目风险控制

项目实行过程中存在着极大的风险，因为这个过程是一个复杂的、一次性的、创新性的，并涉及许多关系与变数的过程。在项目计划实施之前，项目实施者就应该对项目风险有充分预料，以便在项目出现风险时，能够很好地识别和控制，进而加以解决，使项目损失降到最低。

（一）项目风险概述

一般认为，风险是指由于当事者不可预见的因素，最终结果与当事者的期望产生较大的背离，并且存在着使当事者蒙受损失的可能性。在旅游项目投资过程中，存在着较高的风险，因此为使项目最终能够获得成功并在同时维持较低成本，风险控制是必不可少的。

1. 项目风险的含义

一般认为项目风险是指可能导致项目损失的不确定性，这种不确定性是由项目所处的环境和条件本身的不确定性，以及项目利益相关者主观上不能准确预见或控制的影响因素所造成的。

从项目风险的定义中我们可以看出，项目风险产生的主要原因是信息的不完备。由于人们的认知能力有限和信息本身就存在滞后性，这种不完备不能够通过人们的主观努力予以消除，但是人们可以通过风险控制来降低风险发生的可能性。

项目风险本身就存在随机性、相对性、渐进性和阶段性的特点，而旅游投资项目风险在具备以上风险特性的同时，还具有一些自身的特点，如综合性、波动性和投资规模比较大等。

2. 项目风险的识别与评估

要想避免和减少项目风险，就要首先知道项目风险的根源和产生的原因。这项工作是要识别和确认出项目是否具备风险，具备何种风险，所具备的风险会影响项目的哪些方面。另外，项目风险识别还应该区别项目风险产生的原因或来源，即是项目内部因素还是项目外部因素。

项目风险识别的内容包括以下几个方面：识别并确定项目的潜在风险、识别引起风险的主要原因以及识别风险可能引起的后果。项目风险可以通过系统分解法、流程图法、头脑风暴法、情景分析法等方法来加以识别。

对项目风险进行识别之后，下一步应该做的就是对项目风险可能产生的影响和后果进行评价和估量。项目风险评估的主要内容包括对项目风险发生可能性的评估、对项目风险后果严重程度的评估、对项目风险影响范围的评估以及对项目风险发生时间的评估等。

在项目风险评估中，常用的方法包括损失期望值法、模拟仿真法、专家决策法等。由于项目的成本费用和时间进度都是项目风险管理的重点，所以现在模拟仿真法在项目风险评估中的使用已越来越广泛。

3. 项目风险应对

经过项目风险识别和度量分析之后，项目组织和项目业主可以根据分析结果，来决定应对措施。若是项目整体风险超出了项目组织或者项目业主能够接受的水平，且超出水平较高的时候，应该停止和取消项目。若是整体风险超出可接受水平不高时，应该制定各种各样的项目风险应对措施来规避可能带来的损失。

在项目实施过程中，常用到的项目风险应对措施主要包括风险规避、风险遏制、风险转移、风险化解、风险消减、风险容忍、风险分担等。

（二）项目风险控制的目标和依据

项目风险控制包括在整个项目过程中根据项目风险管理计划和项目实际发生的风险与变化所开展的项目风险控制活动。

1. 项目风险控制的目标

发现风险是开展一切风险控制的前提。项目风险控制的首要任务是要尽快发现项目风险的存在，可以通过开展持续的项目风险识别和度量工作来实现。

在识别出风险之后，项目实施者就应该通过各种努力，规避风险，从而保证项目的顺利进行，获得成功，这是项目风险控制的第二个目标。

如果没能够成功地避免风险的发生，那么就应该在风险发生之后及时采取行动，将风险事件的消极影响降到最低，这是项目风险控制的第三个目标。

风险控制的第四个目标是，在风险解决之后，项目实施者从风险的结果和风险发生过程中吸取经验和教训，尽量避免同样的事件再次发生。

2. 项目风险控制的依据

项目风险控制是根据项目风险管理计划和实际发生的风险与变化而开展的活动，因此进行项目风险控制主要是要依据项目风险管理计划和项目风险实际发展变化的情况。

第四节　旅游投资项目竣工验收与评价

项目建设周期的最后一个阶段是竣工验收,它是保证工程质量的最后一个关卡,对促进建设项目及时投产、发挥投资效果、总结建设经验起着重要作用。因此,为了项目完满地完成,对竣工这一环节不能够掉以轻心,需要相应的标准和组织来保证具体实施项目的竣工验收。到了这最后一道关卡,项目的成败已经基本定型,若是竣工做得成功,不会给项目带来太大的改变;但若是竣工把关不严,则很有可能使之前的所有努力都付之一炬。

一、验收标准与组织

(一)竣工验收的目的和作用

项目进行到竣工这一环节,意味着项目已经接近尾声,它是项目建设周期的最后一个阶段,竣工验收对于项目业主和施工者来说都是重要的一步。总结起来,投资项目竣工验收的重要意义和作用,大概可以分为以下几点:

通过项目竣工验收,可以准确考量建设成果,及时发现建设中出现的问题,并提出解决办法,以便后期能够更好地使用。

在项目竣工验收过程中,实施单位可以总结经验,提高以后的项目实施和管理水平,规避在此次项目中出现的不足。

项目竣工验收是项目建设的最后一道关卡,只有经过项目竣工验收之后确定没有任何问题的项目,才能够开展下一个阶段的任务。投资项目竣工验收,既是项目建设的结束,也是生产的开始。没有通过竣工验收的,不得投产和使用;工程不具备竣工条件的,不得强行竣工;具备竣工条件的,不能够迟迟拖延不竣工。

项目竣工之后,项目业主和施工企业要结清项目款项。针对涉及利益的矛盾,双方必须根据有关的规定,并按合同所列款项妥善处理。

(二)竣工验收的依据

投资项目竣工验收,要根据国家相关规定依法进行。对建设完成需要验收的工程,其验收的依据主要有:

(1)项目施工计划和设计、施工图纸和文字说明。

(2)招标投标文件和工程承包合同。

(3)项目实施过程中项目变动申请以及设计修改签证。

(4)现行的施工技术验收标准及规范。

(5)上级主管部门有关审批、修改调整的文件。

(6)国家有关工程验收的相关法律法规等。

(三)竣工验收的标准和要求

由于建设项目涉及多部门、多行业、多专业,而各个行业的要求又有所不同,质量验收标准往往都不是一致的,要根据项目所在行业具体分析。对于旅游投资项目的竣工验收来说,一般需要具备以下标准:

1. 合同约定的工程质量标准

旅游投资项目在开始建设之前,项目业主和施工单位就已经签订了合同。在项目建成之后的竣工时期,应该按照合同上所签订的双方都已经同意的标准来进行。如果项目的质量标准没有达到合同上双方约定的项目标准,承包人应该承担违约责任。合同约定的质量标准具有强制性,合同的约束规范了承发包双方的质量责任和义务,承包人必须确保工程质量达到验收标准,不合格的不得交付验收和使用。

2. 单位工程质量竣工验收的合格标准

对于旅游投资项目来说,项目的建设目的就是为了发展旅游,因此在项目竣工验收的时候,验收人应该验收项目的建设是否符合旅游行业的相关标准。符合标准是工程验收的最低标准,不合格的一律不允许交付使用。

3. 单项工程达到使用条件

建设项目的竣工验收要检验每一个单项工程是否都按照设计要求完成,即每个单项工程都已经竣工,相关的配套工程整体收尾已完成,单项工程符合旅游行业的使用条件等。

4. 建设项目应该符合相关环境保护要求、卫生安全要求

旅游行业是一项涉及多行业和多领域的行业,随着时代的发展,旅游行业需要承担更多的责任。旅游项目的建设不仅应该符合必要的质量要求,还应该承担更多的社会责任。建设旅游项目应该符合国家的相关保护措施,响应国家目前对节能减排的呼吁,尽可能地降低对环境的伤害。

另外,旅游投资项目涉及许多人,尤其是现在全民旅游时代的到来,旅游所涉及的年龄层更加广泛,因此对于安全和卫生,所建设的旅游项目也应该多加关注,并在建设之初就将其纳入考虑范围。

二、验收程序与内容

(一)竣工验收的程序

项目全部完成之后,经过各单项工程的验收,符合设计的要求,并具备竣工图表、工程总结、竣工决算等必要的文件资料,由项目主管部门或建设单位向负责验收的单位提出竣工验收申请报告。

其验收程序一般是:

(1)呈送竣工验收报告;

(2)组织建立专门的机构进行竣工验收;

(3)整理竣工验收所需要的各种技术文件材料并绘制竣工图;

(4)工程质量评定;

(5)处理好竣工财政决算,办理固定资产移交手续;

(6)签署竣工验收鉴定书。

其中,在进行竣工验收之前,各单位就应该先行整理好竣工验收所需要的技术文件材料,并将其分门别类放置好,以便竣工验收时交由当地档案管理部门,以适应生产、维修的需要。建设项目在签订承发包合时,应该就明确规定绘制竣工图的相关问题,由施

工单位绘制。在竣工验收之时，承包商要主动办理项目工程的相关财务问题，处理好竣工决算，并报告上级主管部门审查。

（二）竣工验收的内容

为了保证旅游投资项目竣工验收的成功进行，竣工验收要按照一定的步骤进行。一般来说，可以按照以下步骤完成竣工验收工作：

1. 准备工作

在竣工验收工作之前，要进行一些准备工作，主要包括下面几个方面：一是要做好项目施工的收尾工作。在项目接近交工阶段，免不了还有许多零星、分散的未完成项目，这些小的地方如果不能够做好，也会影响工程的投产和使用。二是要准备好竣工验收所需要的资料，这些资料反映了建设项目的全面情况，在建设项目后面的使用以及维护上都有重要作用。在竣工验收时也有可能通过研究这些资料及时发现项目所存在的问题并进行纠正。

2. 项目中间验收

投资项目中间验收是建设项目正式竣工验收的基础和前提，它是在项目实施过程中，根据工程建设进度，由业主、承包单位、建设监理单位所进行的一项工作。

3. 单项工程验收

单项工程验收，是指在投资项目全部验收之前，承包商完成了他们承建的单项施工任务，然后就可以向建设单位发出交工通知。在发出交工通知的同时，建设单位要按照国家有关规定整理好必要的文件资料并交给建设单位，作为验收依据。

4. 建设项目竣工验收

建设项目竣工验收简称竣工验收，是指建设项目按规定完成之后，建设单位向国家交工，接受国家的验收。如果建设项目规模比较小，可以不必进行单项工程验收，而将单项工程与竣工验收合二为一。如果建设项目规模大或比较复杂时，则应该分别进行。

三、项目竣工结算与技术档案管理

竣工结算是在项目竣工之后，由建设单位编制的。而投资项目技术档案管理是要将项目建设过程中所有有保存价值的资料系统收集起来，并加以整理，以便后期将相关资料全部移交给有关部门。

（一）项目竣工决算

工程竣工决算是指在工程竣工验收交付使用阶段，由建设单位编制的建设项目从筹建到竣工验收、交付使用权过程中实际支付的全部建设费用。竣工决算的内容，由文字说明和决算报表两部分组成。竣工决算的编制依据主要有：

（1）经批准的可行性研究报告及投资估算书；

（2）经批准的初步设计、扩大初步设计及其概算书或修正概算书；

（3）经批准的施工图设计及施工图预算书；

（4）设备、材料等调价文件和调价记录；

（5）竣工图及各种竣工验收资料；

（6）设计交底或图纸会审会议纪要；

（7）投招标的标底、承包合同、工程结算资料；

（8）历年基建资料、财务决算及批复文件；

（9）财务核算制度和办法及其他有关资料文件等。

其中，项目业主在竣工验收之前，要组织好竣工图的绘制。竣工图作为竣工验收的必备条件之一，其绘制必须准确、完整。有了准确完整的竣工图，才能够进行竣工验收，才能编制出准确严谨的竣工决算。

（二）投资项目技术档案的整理和归档管理

投资项目技术档案管理是指将具有保存价值的各种技术管理文件资料，按照相关归档制度，进行集中保管。归档后形成的档案，是建设项目活动的产物，也是后期对项目工程进行维修管理的依据。因此，收集整理的技术管理资料，必须要与建设对象的实物保持一致。

1. 技术档案的收集与整理

在项目实施过程中，会形成许多具有保存和利用价值的原始记录、数据、图片等资料，这些资料就是项目技术档案。这些档案是在项目实施过程中形成的，不是按照人们的想法而编制的。在将这些资料收集之后，还要对这些档案进行整理分类、归档集中，随着项目的深入实施，这些档案的数量会越来越多，若是从一开始就不整理，后期这些资料将会非常繁杂无章，给后续的工作造成很大的麻烦。因此，在项目的一开始，就应该做好技术档案的收集计划，在项目实施过程中，技术档案的收集工作要贯穿项目的始终，需要项目实施者细致以待。

在收集整理之后，鉴于投资项目形成的内在联系和系统性，为了便于保存和使用，要将技术档案按照一定的方式分类。分类应该有一定的标准，只有定好标准，技术档案的类别或者属类才清晰有条理，且有利于编目工作的进行。

2. 投资项目资料的归档

工程技术档案来源于技术资料，但是两者之间也有不小的差别，因此在收集技术资料和对其归档时应该注意两者之间的区别。

另外，要想做好技术档案的收集和整理工作，还应该区别技术档案和文书档案。技术档案和文书档案都是国家档案的组成成分，它们共同反映和记录企业工作活动的全貌。但是在内容上，技术档案是关于投资项目技术活动的记录，而文书档案则是记录和反映企业党政领导活动和行政管理活动的相关材料。

四、项目建设过程后评价

在投资项目竣工投入使用一段时间之后，要对项目立项决策、设计施工、生产运营等全过程进行系统的评价，这就是投资项目后评价。项目后评价不仅是项目建设程序中一个必要的工作阶段，也是投资项目管理中不可缺少的重要组成部分。项目投资方从项目后评价中可以吸取经验和教训，改进工作，不断提高投资项目决策水平和投资效果。

（一）评价概述

1. 投资建设过程后评价的含义

投资建设过程后评价既是投资项目管理的最后一个环节，也是投资项目管理的一个重要内容。它是指在投资项目竣工、投入使用一段时间之后，在实际情况的基础上，对项目的全过程进行系统评价的一种技术经济活动。

实际上，投资建设过程后评价在国内外相关研究中还是一个新问题，国际上对此有许多不同的认知。我国规定的项目建设过程后评价的时间，是从投资项目建成投产、生产运营一段时间后开始的。

投资建设过程后评价有其自身的特点，归纳起来表现在三个方面：首先，投资建设过程后评价是以实际情况为基础的，因此具有现实性；其次，后评价可以反馈应用于投资项目的决策，因此具有反馈性；最后一个特点就是全面性，投资建设过程后评价是对投资项目进行全面的评价，因此包括投资项目的每个部分。

2. 投资建设过程后评价的方法

投资建设过程后评价是将取得的实际绩效与前期工作中的预期情况相对比，并从中发现问题、吸取教训。因此，投资建设过程后评价的基本方法是对比法。

一般来说，投资建设过程后评价基本是从以下三个方面进行：一是通过分析项目竣工投产后对社会、政治、技术等方面所产生的影响来评价项目决策是否正确；二是将项目竣工投产运营后所产生的一系列经济利益与可行性研究中预测的相关指标作对比，从经济的角度评价项目运营是否达到了预期效果，这是建设后的经济效益评价；三是要深入分析项目后评价与预期效益之间产生差异的原因。

（二）我国的项目建设过程后评价

项目建设过程后评价，重点是对项目建设后的判别和分析，评价的内容和结果都应该在报告中反映。在现存的项目后评价体系中，世界银行的评价体系最为完善，我国的投资项目建设过程后评价也是在世界银行体系的基础上，按照我国实际情况确定的。

根据不同的项目类型，评价各有侧重，但是每一个项目都包括投资项目立项决策后评价、投资项目实施工作后评价和投资项目生产运营后评价三个部分。其中，项目立项决策后评价是投资项目建设后评价的重点。投资项目实施工作后评价是投资项目发展周期中较长的一个时期，也是投资及其使用时期，主要包括勘察设计后评价和投资项目施工后评价。项目生产运营后评价包括生产运行准备工作评价、生产管理系统评价和项目使用功能评价。

思考题：

1. 项目的组织类型有哪些，各有哪些优缺点？

2. 项目招投标的特点有哪些？

3. 招投标的基本程序是什么？

4. 项目质量控制有哪些方法？

5. 投资建设后的评价方法有哪些？

内容提要

- 民宿的发展概况
- 民宿的投资环境
- 民宿的投资模式
- 休闲农庄的发展概况
- 休闲农庄的发展模式
- 乡村文创类项目的发展概况
- 乡村文创类项目的发展方向

第一节　民宿项目投资及策略

一、民宿的概述

（一）民宿的定义

民宿是起源于欧洲乡村地区的一种旅游业态，最初以简单地提供住宿与早餐（B&B）为基本模式。经历百余年的发展，在旅游业发展程度较高的国家和地区，民宿从乡村走向城市、从农场走向景区，不仅形态万千，而且别具特色，成为区域性旅游品牌及核心吸引物的重要构成。

世界各国因环境与文化生活的不同而对民宿这一业态的认定有所差异。欧陆地区的农庄模式（Accommodation in the Farm）、加拿大的假日农庄（Vacation Farm）、美国的居家式民宿（Homestay）、英国的B&B（Bed and Breakfast）等等，在行业界定上都各不相同。在我国台湾地区，台湾《民宿管理办法》（2001）中指出，民宿是"利用自用住宅空闲房间，结合当地人文、自然景观、生态、环境资源及农林渔牧生产活动，以家庭副业方式经营，提供旅客乡野生活之住宿处所"。在大陆地区，受到农村宅基地、经营业主身份等政策限制，对民宿的界定有所不同，综合来说，大陆地区在对民宿进行界定时要注意以下几种区分：

（1）民宿之所以称为民宿，是指以民宅、民房、民居为载体，经过设计、改造成为具备游客接待条件的住宿产品。它行业界定的最大特征在于"民"字，强调利用民居经营（以自有或租赁为主的民居，非商业用房）、由居民经营（由民居所有者或使用者经所有者同意使用经营，属私营或家庭副业经营），由此民宿才能跟一般意义上的酒店、旅馆业（商业用房、企业经营）区分开。民宿更多属于家庭旅馆业的范畴，是大住宿行业中的特色行业，提供与酒店相类似的产品。

（2）带有住宿功能的农家乐（与提供单一餐饮的农家乐区分）、农家客栈、家庭旅馆应该属于民宿的范畴。它们符合民宿的行业特征，也是民宿发展的一个方向，只是属于中低档次的民宿产品类型，不宜代表民宿未来的主流，需要进一步学习与升级，从这一点来看民宿是大陆农家乐的升级版。

（3）以提供非标准性、个性化住宿服务产品为定位的精品酒店、特色酒店（如集装箱、胶囊、树屋、房车酒店等）既跟民宿有关系又跟民宿有所区分。民宿可以做成精品酒店产品，也可以提供上述特色酒店的特色产品，另外也可以包容很多创新性的事物，如乡村文创产品、健康养生养老产品、亲子度假产品等等，但民宿就是民宿，属于大住宿行业，不属于酒店。

（4）乡村给予民宿发展最好的土壤，提供了相对低成本的闲置资源、最佳的自然人文环境以及可以借助的农业生产活动，但民宿并不排斥城市，在很多古城、古镇、古街弄，以及一些城市风景优美的地方，也可以做出一些比较有吸引力的民居住宿精品，这些也应该属于民宿的范畴，只不过属于城市民宿的类型。

大陆地区的民宿既有自己的特性，也具有一定包容性，它应该是指利用合法的民房、农村宅基地、集体用房等民居资源，结合当地自然人文景观与生态环境、社区生产生活特色,基于合理的设计、修缮和改造,以家庭副业或旅游经营的方式,为游客提供的小型住宿场所。

综上所述,民宿以其良好的空间环境、自由舒适的氛围、体贴友好的服务,越来越获得广大旅游者的喜爱,对于有明显特色的民宿,旅游者不再视其为"住一晚"的地方,而更多的是将其视为休闲、交流的空间,因此越来越多的旅游者愿意"为一间房,赴一座城"。

(二)民宿的特性

1.规模小且提供差异化服务

不同于酒店、旅馆等进行规模化经营,提供标准化服务,民宿是利用民房、宅基地、集体用房等为旅客提供住宿及必要的生活设备(如厨房用具)实现半自助性服务,让游客居住在民宿中有如在家中一般感觉到亲切。所以民宿一般规模较小,容量不大,可同时接纳的顾客数量较少,并且会根据客人不同的喜好为客人提供差异化的服务。

2.提供与经营者互动的机会

民宿的经营者大多具有较高的文化水平或丰富的人生经历,这些人普遍对当地具有深刻的了解。因此,游客可以在与他们的沟通和接触中,获得更多具有无形效益的服务与资源,如有机会可以更近距离和深层次地了解到当地的历史变迁、民风民情,或者欣赏到不为外人所知的绝佳风景。与主人之间面对面的沟通也更能让住宿在此的游客感受到主人的用心和诚意,体验属于当地的自然景观和文化内涵,充分享受悠闲的情趣,其创造的价值与旅馆大不相同。另外,民宿中大多设有客厅或公共休息区,入住同一间民宿的旅客以及主人家一起进餐或进行休闲活动,这也为大家提供了一个相互交流认识的机会,不同的旅途见闻和人生经历也让住宿在民宿的体验更加生动丰富。

3.注重住宿体验和"家"的感觉

依据民宿的定义和类型可以发现,民宿是由从业者将原有房舍或是旧屋改建来为旅客提供住宿服务的,因此不需像酒店或宾馆一样提供豪华的设施,只要在安全与卫生设备的设置上符合标准即可,服务也可以不如酒店精致,但重点强调的是要提供给消费者更多具有无形效益的服务与资源,即利用现有的农村景观和生活氛围,设计别具个人特色的生活环境,并配以当地的文化特色来提供住宿、餐饮、运动、休闲、娱乐等活动,使旅客深刻体会到具有本真性的当地特色和乡村文化,服务设计也更加贴心,强调富有家庭味、乡土味、人情味。

由此可见,民宿业在功能上已由原来纯粹将房间出租给游客的简单住宿接待业,渐渐转变为衡量当地风土民情的指标、推广乡土文化的最佳代言产业。

(三)民宿的类型

1.按照民宿资源及经营特色分类

(1)赏景度假型民宿

赏景度假型民宿出现的时间较早,多设立在著名观光景点或风景区等自然条件优越的地区。此类民宿以好山好水的美景作为主打,为顾客提供的核心价值即当地独特的自然景观或在旧有素材的基础上加以精心设计的人工景观。例如我国台湾垦丁地区的民宿临海而建,入住的游客可以眺望大海,清境农场的民宿附近覆盖优质草皮,游客可以席地而坐或躺卧仰望满天星斗,借此纾解都市积压的烦闷与沉郁。

（2）复古经营型

复古经营型民宿提供给顾客穿越时光、复古怀旧的感觉。此类民宿共分两种方式。一种方式是设立在古城或古都旁边,甚至将某些具有历史故事的遗址加以修缮和改造后进行经营,将遗留下来的古迹作为其经营特色。另一种方式是在建筑设计和装修风格上有意识地塑造成仿古式或欧洲古式样,如三合院式的建筑、石板屋、古堡等,并在内部装潢上加以配合,利用旧式家具、古董字画等营造出古色古香的氛围。例如老英格兰庄园便为典型的哥特式建筑风格,从外部装潢到内部设施,皆老派尔雅又极富新意,令每一位到访者都仿佛置身于欧洲贵族世界。

（3）艺术体验型民宿

艺术体验型民宿是以艺术与设计为主轴,除住宿服务外,经营者会为前来住宿的旅客提供特色的艺术体验,如绘画、雕刻、陶艺等,让游客可以亲手制作艺术作品和体验艺术文化。艺术者与游客实际的互动交流,可将当地的生活形态与价值体验传递给游客,可以让游客感受到各地不同的乡间生活和文化艺术。同时,艺术的融入让民宿更具有附加价值。

（4）农村体验型民宿

农村体验型民宿以体验农牧生活为主要卖点,经营者本身是当地农家,来访顾客除了可以了解当地农家的日常生活外,还有机会体验种植、采收、挤牛奶等农业活动,一些中小学也有安排学生定期接受农业生产教育的课程。

（5）社区文化体验型

社区文化体验型民宿是以地方性特殊产业或特色文化为主,经营者提供给顾客地区性产业或是社区文化的背景,以便让顾客了解,从而提供给他们深度的文化体验。

2. 按照经营模式分类

（1）家庭副业型民宿

在民宿业发展的初期,民宿主人并非以接待住宿游客为主业,而是家中恰好有部分闲置房屋可用于经营,于是参考自身条件和能力向顾客提供住宿场所。此时房屋的主功能能区仍为家庭自行居住之用,民宿仅作为副业形式存在。这种类型在民宿业发展的早期及现在某些建筑空间较为紧张的地区有所呈现,也适用于由自有住宅修整改建的民宿。家庭副业型民宿的经营和管理相对简单,主人可根据自己的情况选择是否接待客人入住以及对接待量进行控制,提供的住宿空间多为家庭隔间的形式,即民宿主人住在一楼,将二楼及以上的房间进行出租,在餐饮等服务的提供上多与家庭成员的正常生活相结合,客人房间内的设施设备也是与主人共享,针对客人并无过多特殊化服务。客人更像是到外地的亲朋家借宿一般。

此类型民宿具备以下优点:第一,既然是闲置房屋的再利用,意味着不需要重新投资建设或大规模装修房屋,无须另外购置或准备设施器物,且经营者都由家庭成员直接担任,因此在固定成本、人力成本甚至变动成本上的投入都非常少,相对的其价格较为低廉。第二,客人与民宿经营者同吃同住,因此有更多机会也更容易融入当地居民的实际生活,能够体验到原汁原味的本土风情与文化,对乡村生活的印象较为深刻。但缺点是客人需要在一定程度上配合主人的作息时间来安排旅游行程。而且,与主人或其他客人同住会导致缺少独立性与隐秘性。另外,大部分隔间式民宿无法在所有房间内提供卫浴设施,一般需要平均2—3个房间共同使用一套卫浴。由于价格亲民,且一般都有客厅可以与主人聚会聊天,因此这一类型的民宿较适合个人单独旅行者或出于经济方面考虑的年轻情侣。

(2)家庭主业型民宿

随着顾客消费水平和民宿发展水平的提高,民宿的经营目的逐渐转变为致力于为游客提供一个安静舒适的住宿场所,部分经营者也由最初的仅将民宿作为副业转变为以此为主业进行经营。

相对于副业经营的民宿,以主业进行经营的业者多会将房间以套房的形式提供给客人。套房式民宿建筑可为分栋式的建筑,一栋建筑可能包含4—5间的套房,门户独立,彼此互不相通。此类型民宿主要优点是:第一,多个房间之间相互独立,这为客人提供了更为私密和自由的活动空间,比较符合现代人讲求独立,重视个人隐私的性格特点;第二,通常房间内部设施齐全,浴室、厨房等一应俱全,并且每个房间的客人都是单独享用,避免了时间上的冲突和卫生安全隐患,有些空间较大的套房甚至包括有客厅。整体来说,套房式的居住品质较高,因此在收费上也相应较高,适合以家庭或小团体为单位的出游人群。在旅游旺季房间较为紧俏或接待小规模团体旅游者时,经营者也可以包栋的形式进行整栋出租,成员间在保持集体统一的前提下又能相对独立。这种形式较受现代旅客的喜爱,因此出租率也较高,现在大部分新设计的民宿也都会选择套房式的房间形式。

(3)专业经营型民宿

进入成熟发展阶段后的民宿,类型越来越复杂和多样化,已经颠覆了传统和官方对于民宿"以闲置房间进行经营"的定义,成为更加需要专业能力与工作热忱去经营的产业。当前的民宿已不再单纯是房屋所有者自身赚取额外收入的营生,在意识到民宿市场的广阔前景后,开始有专业的个人或团体加入行业中,实施有计划的投资和运营。这一类专业经营型的民宿从规划之初便投入了大量人力物力:首先,在建筑风格和室内装修上会明显融入经营者本人的设计理念和风格,同时注重结合当地文化特色或凸显特殊的主题概念;其次,设施设备选择考究,即便不是高档产品,也会根据各民宿的具体情况选择有质感或有设计感的文创产品,整体和细节都做到精致;第三,经营者多为专业的管理人才,注重服务品质和顾客满意度,有能力和精力为顾客提供更为专业和高水准的产品。

专业经营型民宿更注重民宿的品质,除了提供住宿服务之外,还提供给游客特别的甚至定制化的深度旅游服务,使游客在旅游过程中,借由经营者专业的策划和服务,了解当地生活背景、文化特性、产业及生态环境等,达到知性、感性、趣味和学习等相结合的深度旅游的目的。这一类型民宿产品的质量和服务都最为上乘,相应的价格也最为高昂,部分高端民宿在价格上已无异于星级酒店。正因为民宿业经营模式的多元化,民宿不再是旅客因订不到酒店退而求其次的选择,有些热门的景点地区的民宿或特色好客的民宿甚至需要提前一个月进行预订。专业投资者和经理人积极投入民宿经营和管理,这使民宿业俨然已成为一项新兴的休闲产业,而未来民宿业的市场很有可能会走向专业化与制度化的经营模式。

(四)民宿行业的现状及趋势

随着我国旅游业的迅速发展,客栈民宿行业也进入了高速发展期。据统计:2016年初,全国民宿超过4万家,民宿从业人员达到近100万人,2015年我国民宿行业市场规模已达200亿元,预计到2020年,我国民宿行业营业收入将达到362.8亿元。

1. 民宿在国内的发展现状

第一,从空间分布上来说,我国民宿的分布集中于旅游业比较发达的区域,以西南和东南地区最为火热。

第二,从发展进度来看,行业整体处于起步阶段,少数地区发展相对成熟,但市场行情火爆。

第三,从类型上来说,除农户自营的传统民宿外,外来者租赁经营的社会型民宿占较大比重。

第四,从市场投资情况来看,近几年民宿市场投资年均增长率明显大于酒店行业整体增长率。

第五,从供给端的角度来看,目前我国民宿行业的发展仍存在诸多问题。

(1)缺乏法律监管

目前我国民宿行业没有全国性的指导规范,更没有切实可行的法律法规依据,让众多民宿身处尴尬局面,无法为自己正身,从而游走在灰色地带。

首先是立法缺失,虽然最近几年,不少地方政府相应出台了有关家庭旅馆、农家乐的地方法规与政策,但是各地方政府更多地偏向于单一的服务质量等标准的制定,没有专门针对民宿的全面的管理规定。其次是监管主体的缺失,民宿的经营涉及旅游、卫生、治安、环保等多个方面,并没有总体监管的部门,各个环节由各行政部门自行监管,没有能够真正协调各环节进行有效监管的机构,难免出现多头监管互相推卸责任的现象。而且,即使在各个环节的监管内部,也存在监管部门并没有对民宿设置实际监管者的情况。最后是违法经营的惩罚机制的缺失,在目前状况下,民宿发展得较好的地区已经先后出台了各种地方法规、质量标准对民宿经营活动进行规制。但比较遗憾的是,由于各地监管主体、监管内容都出现了或多或少的缺漏,在对民宿违法经营的惩罚方面都显得极为苍白无力。全国范围内没有统一的民宿监管规定,监管主体也严重缺失,因此,根本没有相应的惩罚机制。正常情况下,即使发现扰乱市场的行为,也没有强有力的手段进行惩处,导致民宿经营者有恃无恐,市场混乱。

(2)品质参差不齐

民宿产业属于个性化的住宿产品,但其各自的品质存在较大差异,有些游客会因为曾住过品质较差的民宿而对这一类的产品印象很差,从而失去信心。

一方面,乡村旅游民宿经营者整体素质较低,绝大多数为当地村民,相对文化程度不高,也未经过专业培训,旺季时,回村经营接待旅客;淡季时,托付给家中老人或邻里打理,有的关门息业。由于乡村旅游民宿进入门槛比较低,相关法律法规不完善以及执法不够有效,许多经营者经营不规范,比如有些长期或短期出租房屋借用家庭旅馆的名义招收客源，一些家庭旅馆不设营业招牌，只接受网上预订，其经营管理方式隐蔽，不利于行业管理与监督，存在经营证件不齐、安全隐患、场所卫生不达标等多方面问题。另一方面，基础设施和配套实施简陋不齐全，难以满足住客的需求。目前，民宿经营者多是乡村农民各自为政，自我发展，财力上不足以完善娱乐、购物、交通、卫生等旅游基础设施，眼界上不足以做到基础设施建设的有效规划与布局，进而使得地方基础设施建设存在缺憾。

（3）酒店化

很多民宿为了经济效益而效仿酒店的管理和运营模式，而没有用心打造自己的特色。

一方面，模仿酒店业的管理运营模式，容易在建设与经营过程对生态环境造成破坏。民宿经济的迅猛发展，成功带动了乡村自然资源的大力开发，多数经营者只看到了经济利益，环保、绿色等理念被弃之不顾。建设及经营过程中产生的污水、垃圾等处置不当的现象屡见不鲜，这对乡村的自然环境带来潜在的威胁，有可能导致环境质量的退化、水土流失、水体污染、对生物多样性遭到破坏等生态问题。另一方面，专注于模仿酒店的运营，导致很多民宿失去自己的特色，将民宿经营成"千店一面"的中档旅馆，作为乡村游中的一个点，乡村旅游民宿的重要作用在于以此为据点吸引更多的游客来旅游，带动周边相关产业的发展，形成良性协调可持续的发展模式，最终推动乡村旅游民宿进一步发展。必须着重打造出特色化、品牌化的民宿，不能盲目地模仿酒店的经营让民宿在竞争中失去优势。

（4）同质化

民宿的装修风格和氛围营造虽然讲究设计感，但也不免出现互相抄袭、"数房一面"的现象。

一方面，产品同质化程度高。在民宿游蔚然成风的今天，大量经营者的涌入加剧了民宿产品的同质化。如同农家乐，由于经营者受思维、眼界、经营能力所限，"千店一面"仍是民宿最普遍的写照，民宿除了满足基本的吃饭、睡觉功能外，个性化、特色化并不耀眼，乡野、风俗、乡情、文化等要素无法做到有效融合。另一方面，缺乏特色品牌。乡村旅游民宿业发展速度迅猛，但是由于缺乏实践经验而没有形成科学合理的效益模式，没能在一开始就朝着规模化、品牌化的方向发展。作为乡村游中的一个点，乡村旅游民宿的重要作用在于以此为据点吸引更多的游客来旅游，带动周边相关产业的发展，形成良性协调可持续的发展模式，最终推动乡村旅游民宿进一步发展。作为长江三角洲地区的高端旅游消费代表，莫干山的民宿消费水平已经高于当地的五星级酒店，追究其根源还在于乌镇的风俗人文、浙江的产业创新等带来的整合规模效益。由此可见，在激烈的市场竞争中，独具特色、高端上档次、形式多样化的乡村旅游产品才是一个地方乡村民宿旅游业不断向前发展的核心竞争力。因此，打造高质特色精品乡村旅游民宿势在必行，要做好个性化设计，融入文化，展示特色等基本要求。

2. 未来民宿的发展趋势

第一，客栈民宿在整体设计和日常运营上趋于个性化，但在房间内基本的物品功能布置上渐趋标准化；

第二,注重生活形态和生活理念的输出,注重体验式的环境营造;

第三,客栈民宿越来越注重休闲度假属性的植入,为住客打造一个远离都市喧嚣的休憩空间;

第四,营造类似青年旅社般的交流和社交氛围,注重客栈与住客、住客与住客之间的交流和互动,使客栈形成一定的社群文化;

第五,市场整体趋势会以百花齐放的态势为主,其中发展比较成功的个体会逐渐实现规模化和品牌化,进而进行扩张和品牌管理的输出,包括品牌特许加盟和全权委托管理两种形式。

二、民宿的投资环境

(一)政策环境

1. 推力

(1)国家政策支持

2015年1月,中共中央办公厅、国务院办公厅印发《关于农村土地征收、集体经营性建设用地入市、宅基地制度改革试点工作的意见》,决定在全国选出30个左右县(市)行政区域进行试点。

2015年11月22日,国务院网站发布《国务院办公厅关于加快发展生活性服务业促进消费结构升级的指导意见》(国办发〔2015〕85号),《意见》首次点名"积极发展客栈民宿、短租公寓、长租公寓等细分业态",将其定性为生活性服务业,并表示将在多维度给予政策支持,推动了民宿合法化。《意见》同时要求财政部、税务总局会同有关部门要适时推进"营改增"改革,研究将尚未试点的生活性服务行业纳入改革范围,科学设计生活性服务行业"营改增"改革方案,合理设置生活性服务业增值税税率。

2016年1月27日,《中共中央国务院关于落实发展新理念加快农业现代化实现全面小康目标的若干意见》(中发〔2016〕1号)发布,其中明确指出要大力发展休闲农业和乡村旅游,有规划地开发休闲农庄、乡村酒店、特色民宿、自驾露营、户外运动等乡村休闲度假产品。

2016年2月17日,国家发展改革委、中宣部、科技部等十部委联合出台了《关于促进绿色消费的指导意见》(发改环资〔2016〕353号),提出持续发展共享经济,鼓励个人闲置资源有效利用,有序发展民宿出租等。

(2)地方政策支持

德清:2015年5月6日,德清县批准发布了县级地方标准规范《乡村民宿服务质量等级划分与评定》(DB330521/T30-2015),于2015年6月1日起正式实施。这是全国首个民宿地方标准规范。

杭州:2015年8月17日,浙江杭州市农办发布《关于进一步优化服务促进农村民宿产业规范发展的指导意见》(市农办〔2015〕57号),《指导意见》就农村民宿对象界定、农村民宿开业条件(经营用房、消防安全、治安安全、卫生安全、环境保护、食品安全、规范管理)、农村民宿办理程序、工作要求四个方面做出了具体要求,进一步规范了民宿行业标准。

黄山：2016年1月，黄山市发布《民宿客栈安全管理规范》，该标准明确了客栈民宿定义，包括餐饮、设施设备、消防、治安、客房、行李与贵重物品寄存等方面的规范，于2016年1月30日开始实施。

丽水：2016年1月8日，浙江丽水市委办公室和市政府办公室联合下发《关于大力发展农家乐民宿经济、促进乡村旅游转型升级发展三年行动计划（2016—2018年）》，全面升级农家乐及民宿服务质量。

深圳：2015年3月5日，深圳市大鹏新区管理委员会印发《深圳市大鹏新区民宿管理办法（试行）》，从民宿设立、民宿经营、行业自律和监督检查等方面对客栈民宿进行了规范。

除此之外，地方关于民宿的政策则主要以补贴政策为主，据不完全统计，目前我国至少有12个地市出台了额度不等的补贴政策，其中又以杭州和厦门补贴金额最多，两地民宿客栈最高分别可获得100万元和60万元的金额补贴。

表 7-1

部分地方民宿
补贴金额汇总

城　　市	最高补贴金额
杭　州	100万元
宁　波	20万元
温　州	1万元/间
绍　兴	6 000元/床位
慈　溪	10万元
丽　水	20万元
海　宁	补贴装修金50%
永　康	10万元
张家界	30万元
厦　门	60万元
上　饶	30万元
芜　湖	1万元/间
海　口	8万元

2. 阻力

第一，在土地所有权方面，我国土地和宅基地归集体所有，其他任何单位或个人只有使用权和用益物权，有些旧有农宅的所有权属相当复杂。民房不能买卖，租赁期有限，这在一定程度上加大了民宿业者进行开发和经营的心理阻力。

第二，政策方面，我国民宿行业没有全国性的指导规范，更没有切实可行的法律法规依据,这让众多民宿身处尴尬局面,无法为自己正身,从而游走在灰色地带。

第三,在人员素质方面,我国现有的民宿发展水平参差不齐,服务人员受教育水平普遍不高,专业性不强,也没有形成民宿服务的培训体系,这使得国内很多民宿的服务质量很难得到保障。

(二)经济环境

一个国家或地区的经济发展水平是划分该地区旅游发展阶段的重要依据,同时也是影响该地区民宿业发展的一项重要因素。一般而言,经济发展水平与旅游支出两者间呈正相关关系,与民宿业所处的发展阶段也呈正相关关系,即一国(或地区)人均GDP越高,人们的支付能力越强,用于旅游方面的支出也就越大,该地区民宿业发展水平也越高。根据学者们的观点,当人均GDP达300美元时,人们开始产生旅游动机,开始有少量支出用于旅游等休闲活动;当人均GDP达1 000美元时,人们开始跨入中等收入阶层,相应的支付能力也有较大增长,在旅游活动上的花费也相应增加;而人均GDP达到9 000美元时,人们开始步入高收入阶层,将有数百美元支出用于旅游活动。人们对乡村旅游活动以及民宿产品的支出亦遵循低收入低支出、高收入高支出的发展规律。

另一方面,经济发展导致住房增多,以及农村人口外出就业造成空心村的涌现,这两点原因导致住房空置及剩余,然而住房的剩余价值随着共享经济而升值。

随着我国人均GDP的增加以及共享经济时代和全民休闲度假时代的来临,度假人群剧增,市场需求增长。中国每年国内旅游人次达36亿人次,其中超过18亿人次在乡村、古街、古镇。预计未来5到10年,乡村旅游接待人次可达20亿人次,农民直接接待可达10亿人次。

(三)行业环境

第一,从民宿从业者的角度来看,国内民宿的从业人员普遍素质不高。较低的教育水平决定了他们的文化素养和整体素质偏低,他们大多未经过专业系统的业务培训,在经营水平和管理能力等方面都有所欠缺,小农经济自由散漫的生活状态也使得他们缺少良好的服务意识。这样的经营者往往缺乏业务思考,单凭自己的主观意识进行运作,只关心自己的经营状况,而忽视整体的经济环境,缺乏科学的管理制度和方法。在经营状况和服务水平尚不能保证的情况下,更谈不上经营者的市场意识和促销意识。对民宿的包装、策划与推广极其缺乏,相应的民宿产品在市场上辐射能力很弱,无法形成一定的知名度、吸引力和影响力。另外,国内现有的民宿经营,严重缺乏创新能力。旅游产品的设计和经营形式出现非常严重的同质化现象,尤其在同一地区范围内,产品相似度很高。偶有创新,也大多局限于对环境进行简单改造,或根据自身经济情况升级硬件设施等,缺少对当地乡村文化内涵的挖掘和利用。

第二,从竞争者的角度来看,民宿行业现有品牌众多。例如主打村落生态民宿,回归原色乡土、原本生活的原舍;栖身密云山谷,定位小众人群高端度假的山里寒舍;服务于青年人,倡导诗和远方的登巴;致力于把最美的中国呈现给世界的隐庐等。市场定位从高端到大众,各具特色,各有千秋,竞争激烈。同时,又有潜在进入者虎视眈眈,跃跃欲试。例如,众安集团旗下香港主板上市企业中国新城市转战民宿市场;外婆家跨界投资6 000万元发力高端民宿;青普旅游获2亿元A轮融资,成花间堂最大股东;等等。越来越多的企业想从民宿市场份额中分一杯羹,对现有经营者而言,威胁与日俱增。此外,农家乐、休闲农庄、精品酒店等性质相似的替代品对民宿市场的发展也产生了一定程度的冲击。

第三,从消费者的角度来看,民宿的主要消费群体是80、90后年轻一代,这个群体拥有一颗说走就走的心,同时渴望在旅行中释放压力,追求品质生活,对个性住宿产品的消费意愿强烈,这促使了民宿行业品质不断升级,注重打造鲜明主题,营造浓厚的文化氛围。另外,基础设施趋向标准和规范,品牌之间呈现多元化和差异化。

三、民宿的一般投资模式

(一)确定民宿选址

民宿选址是民宿项目投资的第一步,其涉及的内容主要包括以下几个方面。

1. 气候

度假指向的民宿产品,气候是一个重要条件,而且在所有条件中,也是最稳定的一个要素,长时段内不会发生剧烈变化。常年宜人的温度、光照及适度的降水,以及不会出现长时段的极端天气,这些都是通行的前提。例如中国北方的大部分区域,其属于季风性气候,夏天炎热,冬天寒冷,还有青藏高原地区,其自然条件较为恶劣,适合营业的日期较为有限,这些地区都难以形成全国性大规模民宿集群。

2. 交通条件

作为一个需要消费者到达消费的行业,消费者到达的便利性是尤其重要的因素。距离市场的远近决定了投资民宿潜在客群的规模。随着中国各种交通网络布点的完善,特别是高铁和机场建设的推进,时间距离成为和物理距离同样重要的影响消费者的参考项。

3. 生态环境

因为民宿属于休闲旅游的范畴,消费群体大多来自城市,一定意义上,他们是希望实现对日常生活的一种转换,因此所处区域生态环境的好坏是客户进行选择的重要参考项。空气、水体干净,周遭环境无破坏,无过多违和建筑,从而保持一种原生态,这是最理想的情况。

4. 区域景观独特性

民宿是游客出行的集成点,民宿的选择其实是综合了游客旅行度假的综合诉求。或者说,一个区域民宿的客户来源,很大一块是对于旅行度假住宿群体的配套。因此,所处区域景观的独特性就显得尤为重要,景观具有独特性意味着带来大量客群流量。如果所处区域有一个5A的景区,或者有一个世遗景点,那其客群流量就会比普通的区域有竞争优势。

5. 区域基础配套条件

民宿体量较小,在布局上具备灵活性,可以与其他建筑功能区伴生,也可以作为独立的个体进行运营,但无论是混居还是独立运营,经营主体都需要对水、电、排污、消防等诉求进行充分考虑。所在地如果基础配套不完善,就会导致整体的建设运营成本偏高。特别是在一些风景区内,对于排污管网设施、水电通路,都要做系统的考虑。

6. 获取物业及建设成本

除非是自有物业，只要是租赁或购买的物业，都会成为做这个行业的一个重要支出。作为一个投资的项目，建设成本是最大的一项固定成本支出，因此需要提前考察。

7. 运营及管理成本

民宿建成后，是否易于运营，是否容易获得适合的工作人员，当地人工成本、物价的高低，对日常变动成本的考量也都是非常重要的条件。

8. 区域政策风险

这是这个行业最不可控一个因素，因为新，所以很多政策法规不甚明朗，不同区域的地方政府对该行业所抱持的态度也不一样。办理运营所需证件的难易程度，甚至遇到一些政策性的利好或利空，都有可能对投资项目造成颠覆性的影响。

9. 区域客流季节性

民宿这种的住宿形态，规模小，运营灵活，但同样存在规模不经济的状况。特别是对于一些高端客栈民宿来说，其配套人员较多，季节性的客流变动会对收益造成较大的干扰。一个区域是否能形成客栈民宿的集群，稳定的客流是一个重要的前提。

10. 区域文化氛围

除了投资属性，民宿本身还带有文化属性，因为其驱动力来源于大家对于这种生活状态的向往，并希望以运营的民宿的形式去实现。消费这种住宿形态的群体，也是冲着这种生活方式前来。因此区域文化氛围是非常重要的要素，也是一个地方能不能吸引很多有这种共同志趣的人前来投资民宿并形成集群的要素。

（二）确定装修风格和价格定位

民宿房间数量一般在15间以内，根据房间数量确定公共空间的面积。根据目标客群的需求特征来确定民宿整体的装修风格。计算自己的资金情况以及投资回收期，同时需要对周边民宿进行价格体系调查，来确定房间价格的上限和下限。

（三）经营模式

根据民宿的规模确定员工团队，一般包括管家、厨师、客房清洁人员、杂工等；确定员工的招聘和管理制度；确定民宿的额外服务，如餐点订餐、旅游服务、包车服务等。

（四）推广方式

推广主要借助互联网，一是加大与OTA平台如携程、驴妈妈等的合作，多与OTA地方经理沟通，多参与他们的活动，关注线上评论。二是创建自媒体，如微信公众号和官方微博等，进行自我营销。三是通过顾客进行口碑推广，顾客若在店内获得较好的体验，也会愿意在其交际圈内进行推广。

四、案例解读——过云山居

（一）项目概况

过云山居位于浙江省丽水市松阳县四都乡西坑村，是以云海为主题打造的特色民宿，两栋主建筑均为坡顶传统风貌，一栋为传统干打垒黄泥房，一栋为砖混结构，2014年底开始改建，2015年8月对外运营。

民宿选址：过云山居海拔约650米，位于西坑村最靠近山崖的绝佳位置，民宿三面山景，视野一览无余，直接面对着落差近500米的V字形峡谷过云谷。过云山居的初始建筑，由一栋20世纪90年代的水泥建筑和一栋老宅构成，两栋建筑并排而立，连同露台、梯田和山景一起，合围成一个有机空间，建筑间以水景衔接。

民宿规模：过云山居共8间客房，以云朵命名，分别为壹朵、贰朵、叁朵、肆朵、伍朵、陆朵、柒朵、捌朵，简单且富有诗意，客房面积为30—50平方米，另有山景一流的过云轩公区和200平方米云海露台，整体建筑面积约900平方米。

民宿亮点：国内入住率最高的精品民宿，位于保存相对完好的明清古村落内，心型高山村落国内绝无仅有，民宿正对落差近500米的过云谷，一年中有超过150天呈现壮丽云海，且云海气势如虹，势若潮水奔腾，堪称江南最后的仙隐桃花源。

（二）投资运营模式

过云山居位于被誉为"江南最后桃花源"的丽水市松阳。从2015年8月开业至今，过云山居一直保持几乎100%的入住率，这和其独到的运营模式分不开。过云山居由廖敏智、李超骏、潘敬平三人共同投资建设。廖敏智主要负责对民宿的整体规划和设计；潘敬平具有14年的旅游媒体业从业经验，也是《国家地理·旅行者》杂志旅人，主要负责过云山居的推广营销。民宿的三个主人，对这片土地有着非同寻常的热爱，用时一年，精雕细琢，打造出一个居住的艺术，这也体现出其对生活的态度。民宿从用材、采光、功能、服务各个方面，为"云客"提供一个心灵的家。

政策环境：丽水市是"中国生态第一市"，正全面发展旅游业，打造全域旅游示范地，因此大力支持民宿等旅游业态的发展。2016年丽水市委办公室和市政府办公室联合下发《关于大力发展农家乐民宿经济、促进乡村旅游转型升级发展三年行动计划（2016～2018年）》，计划指出将在三年时间内，全面提升农家乐民宿经济发展水平，加快发展美丽经济，打造农家乐休闲旅游业升级版。这为过云山居的发展提供了重要支撑。

市场定位：过云山居的定位是300公里以内的富有情怀的度假人群，针对那些收入较高，有着文艺情怀，想要在山中小憩的休闲度假人群，主要以年轻情侣、艺术家及中高端商务人士为主。

营销方式：过云山居主要依靠自平台营销，回头客约占30%，其中，有效的朋友圈推广经验是营销的关键。其主人之一潘敬平在旅游媒体有14年的从业经验，利用拍摄传播和媒体圈人脉的延伸，靠刷脸在前期获得许多曝光机会，加上廖智敏在设计时很好突出了山居景观和榻榻米空间的禅意，以及一系列非常不错的风光大片、视频、回头客的积极推荐等，过云山居由此打开了知名度。此外过云山居也通过软文活动营销，比如用软文"招募管家"活动。

运营方式：过云山居围绕云居特色主题，结合地域特色，融入文化创意，从各个细节赢得游客。开始，过云山居虽无餐饮，但是取长补短地与周边农家乐合作，经常组织游客来参与山林野味的品尝和采购活动，通过这种方式，不仅让游客体验和邻里关系两不误，实现了双赢的目的，也拉动了当地产业经济的转型。后来过云山居请来一位很有乡居情怀的文青厨师，尝试制作一些本地食材加创意烹饪的新菜品，按例上菜。目前过云山居也正在开发过云山居系列手作，包括云朵造型的手工肥皂等。

课堂讨论：过云山居成功的原因是什么？

第二节　休闲农庄项目投资及策略

一、休闲农庄的概述

（一）休闲农庄的概念

休闲农庄是指以农业资源为依托，以乡村民俗文化为灵魂，围绕某个特定主题而开发的一种休闲农业旅游形式，是传统农业与休闲农业的有机结合，呈现为集观光、娱乐、学习、休闲、度假于一体的新型农业经营形态。顾名思义，与普通的庄园相比，休闲农庄是在原有农业基础上，结合第三产业的特征，开发出的一项既可以满足旅游需求又能促进农业发展的产业，一般拥有一个或多个主题产品以及某种主题氛围，现已成为我国盛行的一种农村土地开发经营模式。

休闲农庄既是传统庄园的转型，又可以看作是主题农家乐的升级。园区内通常有大面积的农业种植，或花卉，或植物，或农作物，将旅游度假完美融合于有机农业和田圃种植中，突出地域文化特色，构建主题景观，以吸引城市旅游者为目标，以期打造都市的后花园。以吃农家菜、打牌、聊天、看田园风光为特色的"农家乐"已不再能满足游客需求，应加上采摘、体验、学习等元素，将农家乐从产品做成产业，将传统农业区建设成休闲庄园，发展休闲农庄旅游。

就北京地区而言，目前已经建立了许多旅游休闲农庄，比如鹅与鸭农庄、张裕卡斯特酒庄等，这些都是非常典型的依托乡村旅游资源而形成的一种都市休闲旅游产品。另外，上海、广州、深圳等大中型城市周边，也不乏数目众多的主题特色突出的庄园、农庄、农场等。简而言之，由传统农业发展而来的，形如薰衣草庄园、葡萄酒庄、枣园、茶园一类的，以果酒、特色农业等为主题的庄园都应属于休闲农庄的范畴。

（二）休闲农庄的起源

1. 农庄

农庄一词来源已久，在我国古代，特指旧地主的庄园，后来可以代表所有由农场建筑以及附近作业区组成的农村庄园。现代意义上的农庄则是以发展现代农业，解决"三农"问题，建设社会主义新农村为主要目标的农业经济载体，是由乡村或其他形式转变成的现代农业作业区，既包括农民居住地，也包括农业生产区。现代农庄的主要功能是农业生产功能，同时也具有旅游功能，既可以供旅游者吃饭住宿，又可以供游客参加农作物的耕种、收割、采摘等农耕体验。现代农庄按照其经营目的进行分类，可以分为观光休闲型、观光生态型、生产经营效益型。

2. 农庄旅游

农庄旅游指的是依托城市周边地区的乡村自然风光和农业休闲资源，结合农业环境、农事活动、农业生活，面向城市居民开发的，集观光娱乐、学习、体验、休闲度假等于一体的旅游类型。

农庄旅游的雏形来自国内外乡村旅游。乡村旅游在国外已有100多年的历史，开展得比较成功的是一些欧美发达国家，国内真正意义上的乡村旅游始于20世纪80年代，起步较晚，尚处于发展初期。农庄旅游，作为乡村旅游的一个分支，是人们旅游需求增多，生活水平不断提高,以及"文明病"、"城市病"加剧的产物。从政府和当地居民的角度来看,它是在新的旅游市场需求刺激下,寻求调整农业产业结构和经济发展的情况下出现的。

我国农庄旅游最初发源于四川成都,具体而言,是1987年在休闲之都——成都郊区龙泉驿书房村举办的桃花节。这次桃花节把传统农业、乡野风光、民俗文化等与现代休闲农业相结合,形成了一种全新的旅游形式。随着新型城镇化建设步伐的加快,国家越来越重视休闲农业的多元化发展,农庄旅游作为休闲农业的一种新形式应运而生。近年来各地陆续发展农庄旅游,农庄旅游既可以将中国传统的农耕文化以及其他富有特色的地域文化在玩乐、休闲中充分体现,又可以让农户在旅游发展中不断获益,还可以让游客在观光、体验中不断学习。根据目前国内旅游发展特点,总体而言,我国农庄旅游逐渐升温,将是休闲农业开发的一大方向。

3. 我国休闲农庄旅游兴起

20世纪90年代,我国南方地区便出现了农业庄园开发热潮,但由于投资商、政府部门追求短期利益和监管不到位等原因,致使农业庄园这一依托乡村资源而进行的产业陷入低谷期。进入21世纪后,国家制定的各项政策,如"十一五规划"、"十二五规划"、"十三五规划"等,对新农村建设提供了理论指导,休闲农庄迎来新的发展机遇。

近年来,随着经济社会不断发展、游憩时代的来临,人们的休闲观念得到强化,越来越向往绿色、环保、健康、原始的生活方式,休闲农庄以其幽静的田园氛围、浓郁的乡村文化、美丽的乡野风光,成为乡村旅游开发的主要模式之一。

休闲农庄是将国内特有的自然景观、人文民俗等融为一体,具有鲜明的乡土气息。目前,我国各地乡村旅游开发均向集观光、考察、学习、参与、休闲、度假等于一体的综合型方向发展,在这一趋势下,休闲农庄旅游应运而生,尚处于发展初期。在经济全球化和区域经济一体化不断发展的大背景下,休闲农业作为一项追求高度创新的产业,围绕某个特色主题,以提升产品品质与文化内涵为目的而设计的创新旅游产品,满足了目前大多数旅游者的内在需求。休闲农庄以其特色鲜明、个性突出、氛围浓厚的优势,越来越被大众所接受。

（三）休闲农庄的特征

1. 主题的独特性

休闲农庄是一种新型的旅游产品,主题的独特性是该类庄园的命脉,鲜明特色和独特个性的主题是休闲农庄的灵魂,也是影响旅游者观光休闲取向的魅力之源。但主题的独特性并不意味着庄园的主题必须是"独一无二"的,而是指选择的这一主题在特定时空范围或市场范围内是占有绝对优势的,并且是园区旅游资源中最为精华的一部分。庄园可以凭借这一主题文化特色,打造一系列与景区自然资源和人文资源相匹配的旅游项目,形成一个产业链系统,满足不同游客的需求,从而在竞争激烈的旅游市场中脱颖而出。成功的休闲农庄都有自己鲜明的主题特色,以及区别于同类产品的独特形象。为了满足游客的多样化需求与选择,深入挖掘主题和形成独特主题已成为世界各国休闲农庄发展的立足点。

2. 项目的综合性

休闲农庄是农业与旅游业结合的产物。促进园内农业科普景观的知识性、娱乐性、参与性的紧密结合,是农业产业发展的内在需求,也是顺应市场变化的必然要求。依托现有资源条件,遵循自然生态、品种多样的原则,将现代高新技术应用于农业产业,统筹策划、合理布局,把园区分成科普展示区、娱乐休闲区、生产种植区、民俗文化体验区等多个部分,融入历史文化、风土人情、节庆习俗、现代休闲等元素,以某一类主题活动为主、以其他类型的旅游活动为辅,设计多式多样的旅游项目,方能吸引不同需求层次的旅游者。

3. 参与的体验性

休闲农庄内的自然景观以及人造景观本身多数由静物组成,具有一定的文化内涵和艺术欣赏价值,但对于旅游景区来说,还应具备趣味性、娱乐性及参与性,才能吸引不同层次、不同目的、不同兴趣的游客前来。比如,瓜果、蔬菜类的休闲农庄可以通过设置生态温室参观游览项目,展现知识性,这样不仅能让游客放松心情,又可以带给他们相关的科普知识。此外,还可以融入瓜果种植、采摘、加工、管理等元素,让游客既能收获体验的乐趣,又能学到瓜果种植、农作物的养护与管理等技术,使游客享受到源于农业又高于农业的文化氛围,领略到现代的自然生态风光。因此,休闲农庄需要设计一些能够突出自身主题特色的参与性强的有益项目。

(四)休闲农庄的开发原则

1. 主题创新原则

休闲农庄的设计,首先要有富有特色的主题。具体而言,是以鲜明特色为原则展现规划区域的风貌,使之与周边旅游风景资源有明显异质性,利用原有的人文、自然资源创造独特的景观形象和游赏魅力。主题是表达规划设计中心思想的名片,主题的确定,要突出特色,营造具有吸引力的氛围。整个休闲农庄的规划设计要时刻呼应主题,体现主题,突出特色农业的文化内涵。

2. 乡土文化展示原则

休闲农庄的开发,要注重当地农业文化和民俗文化内涵的挖掘,以文化来支撑旅游脉络。规划中,文化内涵在农庄中的分量,与农庄所具有的吸引力是成正比的,休闲农庄的主题必须与地域文化密切相连。

3. 生态优先原则

目前农村生态环境问题较为突出,乡村景观园林环境恶化现象日趋严重,许多近郊农庄也已不闻蛙鸣声了。因此亟需采取相关措施,加强对基本农田的保护,改变现有不合理的耕作方式,发展生态农业,减少化肥和农药的使用,并控制和防治农业环境污染,保护农业生物多样性,生产绿色食品。这样才能保证休闲农庄的可持续发展。

二、休闲农庄的发展现状及存在的问题

(一)国内休闲农庄的发展概况

农村观光旅游早在我国古代就已出现,但那时仅仅是个体活动形式,人们只是为了观赏乡村景观、体验民俗风情等目的。农业观光旅游作为我国的一个重要产业,其发展始于20世纪70年代末,随后,深圳开办的荔枝观光园及其后期开办的采摘园则代表着我国主题农庄旅游的兴起,它是国内第一家休闲农庄。进入20世纪90年代以后,我国

农业观光旅游蓬勃发展。如1995年投资开发建设的广东省梅县雁南飞茶田度假村,就是以茶文化为主题,突出客家文化内涵,借助青山绿水的自然资源优势,经过20多年的努力,现已发展成为国家4A级旅游景区。

进入21世纪后,农业旅游进入一个全面发展的时期,旅游景点增多,规模扩大,功能拓宽,分布扩展,呈现出一个良好发展的新态势。2017年全国旅游工作报告明确指出,与农业部共同推进乡村旅游和休闲农业,共同组织开展国家现代农业庄园建设工作。目前,中国台湾以及华南地区已存在一部分发展得较为成熟的以植物、花卉、动物、农艺为主题的休闲农庄,以其主题突出的特点,得到了大多数游客的好评,但从中国社会现状以及休闲农业发展特点来看,当前我国休闲农庄开发还存在一系列的问题。

(二)国内休闲农庄旅游存在的问题

一是缺乏科学的策划。目前,我国的休闲农庄在多数地区还是处于起步阶段,在消费、服务、产品设计等方面还存在很多不足。一般的休闲农庄还是以企业、农民自主开发为主,近年来,一些地方的领导、经营者和农民为追求短期利益,利用现有农田、果园、牧场等,设置不适合景区的、五花八门的旅游项目,加上管理不规范、布局不合理、功能不配套等问题,导致景区个性化和文化内涵的缺失,甚至造成了生态环境的破坏性开发,"盆景效应"、"形象工程"等不良现象频繁出现。

二是旅游市场定位不准。旅游市场定位是休闲农庄的基本要求,它包括当地经济状况、客源流量、国内外流行趋势以及当地人口构成特点等等。目前,不管是在休闲农庄市场定位上,还是在休闲农业市场定位上,都存在一个较大的误区,即在对市场缺乏调查的情况下,盲目乐观,言必称"长三角、珠三角、环渤海"三大旅游市场,一厢情愿地认为自身优势资源突出、交通便利,在最初策划景区的时候便舍近而求远,忽视了对本地市场潜力的估测。休闲农庄通常都建在城郊,因此,首先应该立足于周边市场,以吸引景区附近城市的旅游者为目标,然后进行市场细分,以满足不同旅游者的需求。

三是缺乏自主创新。目前,许多休闲农庄的投资者与决策者在急功近利的心理作用下,不加考虑地以"东施效颦"的方式模仿前人的成功案例,而忽视自身经济发展水平、区位条件等因素,对区域文化特色以及自然资源状况把握不足,导致开发过程中,在战略、发展模式、主题以及项目设置等方面的选择上发生错位,这样不但不能引导地区休闲农庄发展,反而还会成为其发展的沉重包袱。不能因地制宜、缺乏自主创新、特色不明显将使景区陷入惨淡经营的局面。

四是可持续发展性较差。休闲农庄是20世纪90年代之后才兴起的一种旅游形式。20多年来,在休闲农庄策划开发过程中缺乏可持续发展和生态策划理论的指导,加上经营时农业产业化水平不高,而且个别景区只追求短期掠夺式经济效益,导致生态资源浪费,园区不能可持续发展。

三、休闲农庄的一般投资模式

(一)田园农业休闲模式

以农村田园景观、农业生产活动和特色农产品为休闲吸引物,开发农业游、林果游、花卉游、渔业游、牧业游等不同特色的主题休闲活动,来满足游客体验农业、回归自然的心理需求。主要类型有:田园农业游、园林观光游、农业科技游、务农体验游。

(二)民俗风情休闲模式

以农村风土人情、民俗文化为休闲吸引物,充分突出农耕文化、乡土文化和民俗文化特色,开发农耕展示、民间技艺、时令民俗、节日庆典、民间歌舞等休闲活动,增加农业休闲的文化内涵。主要类型有:农耕文化游、民俗文化游、乡土文化游、民族文化游。

(三)农家乐休闲模式

指农民利用自家庭院、自己生产的农产品及周围的田园风光、自然景点,吸引游客前来吃、住、玩、游、娱、购等。主要类型有:农业观光农家乐、民俗文化农家乐、民居型农家乐、休闲娱乐农家乐、食宿接待农家乐、农事参与农家乐。

(四)村落乡镇旅游模式

以古村镇宅院建筑和新农村格局为休闲吸引物,开发观光休闲。主要类型有:古民居和古宅院游、古镇建筑游、新村风貌游。

(五)休闲度假模式

依托自然优美的乡野风景、舒适宜人的清新气候等自然资源,结合周围的田园景观和民俗文化,兴建一些休闲娱乐设施,为游客提供休憩、度假、娱乐、餐饮、健身等服务。主要类型有:休闲度假村、休闲农庄、乡村酒店。

(六)科普教育模式

利用农业观光园、农业科技生态园、农业产品展览馆、农业博览园或博物馆,为游客提供了解农业历史、学习农业技业技术、增长农业知识的旅游活动。主要类型有:农业科技教育基地、观光休闲教育农业园、少儿教育农业基地、农业博览园。

(七)回归自然休闲模式

利用农村优美的自然景观、奇异的山水、绿色的森林、静谧的湖水,发展观山、赏景、登山、森林浴、滑雪、滑水等旅游活动,让游客感悟大自然、回归大自然。主要类型有:森林公园、湿地公园、水上乐园、露宿营地、自然保护区。

四、案例解读——田园东方蜜桃村

(一)项目概况

发展背景:田园东方位于"中国水蜜桃之乡"——江苏省无锡市惠山区阳山镇,是田园综合体理论的首提者,也是田园综合体的首个实践者。它集现代农业、休闲旅游、田园社区等产业为一体,倡导人与自然的和谐共融与可持续发展,通过"三生"(生产、生活、生态)、"三产"(农业、加工业、服务业)的有机结合与关联共生,实现生态农业、休闲旅游、田园居住等复合功能,是东方园林产业集团实施"建设美丽中国创造美好生活"战略主张的重要载体,成为新时代区域发展格局下城乡一体化建设的重要力量。东方园林集团于2012年开始田园综合体模式理论构建和项目实践,直至2014年3月28日,田园东方绿乐园开园。

自然环境:无锡阳山镇境内良田阡陌,桑绿桃红,土壤肥沃,尤其适合水蜜桃种植。田园东方项目旨在打造活化乡村、感知田园城乡生活,将生活与休闲相互融合。为了将江南农村田园风光原汁原味地呈现，项目选址于曾经的拾房村旧址，并按照修旧如旧的方式，选取十座老房子进行修缮和保护，还保留了村庄内的古井、池塘、原生树木，最大限度地保持了村庄的自然形态。在原有村落格局得到较好保留的基础上，设计又赋予了这片场地新的生命活力。另外，田园东方倡导"蔬菜即是景观"，因此在田园核心区内，没有简单选择草坪或是普通花卉，而是种下了大片的秋葵和紫苏田。这片土壤原本的土质指标其实很不理想，经过机器和人工的三遍犁耕，并加入了基质和营养土进行土壤改良和翻种后，特别培育的 5 cm 高的秋葵和紫苏幼苗方可进行栽植。通过蔬菜的成熟结果，可见证景观的四季变化。这片蔬菜田园可谓是大自然的礼物，而所得的丰收更是景观附加值的体现。

人文环境：田园东方利用旧物，打造出一种旧时光的乡村怀旧氛围，拾房村有许多历史悠久的房子，其中历史最久的房子，是于民国所建。建筑形态风格是拾房村中最为独特的江南民宅，两层的对称式布局与排窗是民国时期最为流行的样式。老屋的一砖一瓦全部被保留了下来，墙面斑驳如同泼墨。一把锁、一盏灯、一把躺椅，都是历史的沉淀、老家的诠释。从拾房桥上，我们可以看到：老石板、石缝中依稀可见的青苔、老屋木梁扶手和历史一步步走过的拾房印记。在田园东方内部，用于磨豆浆的小石墨咿咿呀呀的声响如今还能听到，墙角下摆放着的整整齐齐的柴火，叠落于烟囱旁边，锅台虽然已经不见踪影，但是依稀还能看见当时的乡村劳作的痕迹。

（二）项目功能分区

田园东方是一种田园综合体产业模式，田园综合体是集现代农业、文化旅游、田园社区为一体的特色小镇和乡村发展模式，是新田园主义主要的载体。田园综合体经济技术原理，就是以企业和地方合作的方式，在乡村社会进行大范围整体、综合的规划、开发、运营。

现代农业：对于现代农业的发展，田园东方主要是通过公司化、规范化、科技化来运作，发展现代农业产业园，推动形成产业链，带动地方原生力量，形成当地社会的基础性产业。

文化旅游：在文化旅游方面，田园东方规划打造新兴驱动型产业——文旅产业，形成生态自然型的多样的旅游产品和度假产品组合。

田园社区：在田园社区建设上，田园东方主要是为了营造一种田园生活方式，以服务原住民、新住民和游客，最终形成的是一个新的社区、新的小镇。

（三）项目运营模式

田园东方是主张城乡融合的田园综合体的实践者和新田园主义生活与文化的倡导者，是以新田园主义理论为指导，以田园综合体为商业模式，以文旅产业为主要业务，开展田园文旅小镇及特色乡村开发、运营的企业。其运营模式是以文旅产业为抓手，配合发展农业与社区，在发展农业、文旅产业的基础上，最终营造出一种田园悠闲生活方式。

现代农业：在现代农业的发展中，田园东方主要发展出三个业态：休闲型农业、CSA社区支持型农业和农业产业园。在进一步的落实上，休闲型农业主要包括农业观光、农业采摘、农事体验三种活动，让游客通过亲身参与到这些项目中，近距离感受现代农业；CSA社区支持型农业包括果蔬认养基地、绿色蔬菜基地和耶纳农场三部分；农业产业园是指无锡田园东方蜜桃村200万平方米水蜜桃种植基地。

文旅产业：田园东方的文旅产业进一步细分，也分为三个业态：田园游乐、田园度假和田园文化集市。田园游乐是指在田园与自然环境中结合主题内容打造的生态型游乐项目，主要包括田野乐园、生态农场、拓展乐园、花之庭院和主题农庄五个部分；田园度假是为了打造轻奢级及以上品质的自然人文度假体验，包括精品酒店、民宿聚落、生态营地和亲子度假村；田园文化集市是传播文化田园生活方式、提供乡村创客空间、促进乡村文创发展的乡村文创园，主要包括文化活动和文创业态两个部分。

新田园社区：田园社区现在还处于建设阶段，建设完成之后将成为一个集娱乐、休闲、度假等功能为一体的新型社区，其中配套功能完善、颇具情调的精品客栈，为游客提供吃、住、游、娱等一站式服务，同时将其打造成一个文创产品聚集地，希望能吸引、聚集大量文创工作者及非遗传人。

（四）项目经验总结

近年来，乡村的发展得到了国家和社会越来越多的关注，在发展乡村经济和保持乡村淳朴的立场之间，尚未能找到一个比较好的发展方式。田园东方所提出的田园综合体理念，恰好在一定程度上给这个难题提供了一种解题思路——用乡村、田园风貌来带动乡村发展，借助乡村现存面貌，挖掘现代人心底深处的乡愁乡韵，以旅游发展带动乡村发展。另外，田园东方以"田园生活"为核心目标，贯穿生态与环保理念，将土地、农耕、有机、生态、健康、阳光、收获与都市人的生活体验交融在一起，满足游客回归"乡土"的需求，让游客体验自然生态、田园风光，身心和谐发展，回归本真。城市居民"返璞归真"、"回归自然"休闲度假的意愿越来越强烈，农村居民转变生活方式、增加收入的要求越来越迫切，工商资本下乡的积极性越来越高。田园东方综合体为"新乡村主义"的成功人士享受返璞归真的乡村生活，为"乐活主义"的旅游人群"候鸟式"地体验乡村生活，为原住农民转变为园区职业农民过上更丰富、更富裕的新生活，打造了一个集"园区、社区、景区"于一体的综合平台，为以上多种需求找到了一个共赢的结合点。

第三节 乡村文创类项目投资展望

一、乡村文创类项目概述

旅游与文化是紧密相连的，乡村旅游作为旅游业中具有明显文化特征的业态，是在传统村落的基础上深入发掘文化内涵，融入新的创意、新的项目，帮助人们缓解生活压力，得到身心的放松。而乡村旅游过程中的文化元素作为基本组成单位，是吸引游客的重要因素。[①]

创意产业模式特点：依托乡村地区良好的生态环境和发展创意产业所形成的氛围，开发艺术家社区等具有鲜明创意产业特色的乡村旅游产品，并带动当地乡村旅游

---

① 参见张忠昶.文化创意视角下的乡村旅游转型升级研究［J］.农村经济与科技，2016，27（9）：72，109—110.

业发展。2016年8月18日，国家旅游局发布《全国乡村旅游扶贫观测报告》。报告显示，乡村旅游正在成为农民就业的主要渠道、有效吸纳贫困人口就业的主要途径、农村贫困人口脱贫的重要力量、农民增收的重要增长点。随着文化创意产业对促进经济发展和增强国家软实力的作用日益增强，乡村旅游与文化创意产业融合成为旅游业的一种创新发展形式，为乡村旅游提供了发展新思路，也将助推乡村旅游扶贫工作再创新高。

乡村旅游与文化创意产业融合发展的互动关系：

1. 文化创意产业是乡村旅游可持续发展的有力保障

乡村旅游的发展依托丰富多彩的文化资源，在此基础上需要添加创意和特色。与文化创意产业的融合正是挖掘、整合、激活乡村文化旅游资源的有力途径。以美国为例，目前美国乡村旅游已经形成农业观光、森林旅游、民俗旅游等多样化的产品体系，其中最著名的项目之一是根据梵高名画《向日葵》创作的8万多平方米的"庄稼画"，4万多平方米盛开的向日葵组成画中的葵花，游人可以在飞机或邻近深谷上领略它的艺术魅力。在乡村旅游中加入文化创意的元素，为传统的体验、观光增添了新活力，乡村旅游通过与文化创意产业、科技等融合互动发展，形成自身特色鲜明的产业布局，实现了乡村旅游的转型升级。

2. 乡村旅游是文化产业发挥创意优势的平台

文化创意产业与乡村旅游的融合，通过利用乡村良好的生态人文环境和各地区不同的文化内涵，使创意产业与乡村旅游业有效结合起来，以提高乡村旅游目的地的吸引力。例如，在20世纪90年代，日本乡村旅游逐渐发展成为具有观光、休闲、度假、教育、体验等多功能的旅游产品。其中农家乐主要有北海道的"农业综合休养地"、冈山县的农业主题公园"荷兰村"、熊本县的"老年农村公寓"等，这些旅游产品让游客体验了乡村民俗和乡土风情。文化创意产业通过不断创新，既赢得了市场效益，也增添了乡村旅游的特色和滋味。

3. 乡村旅游为文化创意产业提供了市场发展空间

由于文化资源丰富多彩，文化功能在全方位发挥作用，旅游产品、旅游产业、旅游者的提升都离不开文化创意产业。无论是有待还是正在开发的旅游资源，都有通过文化品位加以提升的可能。法国在乡村旅游产品开发方面十分重视游客的文化体验。例如游客通过参观农村的葡萄园和酿酒作坊，参与酿造葡萄酒的全过程，了解酿酒工艺、葡萄酒的历史文化等；通过参观法国的古城堡，感受、学习法国的历史文化、宗教文化、建筑文化、艺术文化等。让文化提升乡村旅游产业素质，丰富旅游内涵，实现乡村旅游与文化创意相互促进发展。

二、乡村文创类项目发展存在的问题

（一）受部门分工与经济制约

乡村旅游开发一般属旅游行业范畴，归属旅游局管理范畴。而信息产业、科技产业、文化创意产业又分别属于其他部门，各商业接待单位隶属于各行各业，产业管理奉行条块分割与行业壁垒并存的体制。这些部门在纵向上须遵循上级管理部门的管制，在横向上又同构成对游客服务的不同模块。由于各自所处市场竞争与垄断程度不同，政策和制度规定不同，其他产业企业要素进入时面临各种阻碍，使得乡村旅游开发与文化创意产业在资金投入、空间布局、组织优化、技术与人力资源开发、环境保护以及土地利用等方面缺乏统筹协调，进而成为乡村旅游融合发展的制度障碍。

（二）存在行业进入壁垒

旅游业进入壁垒主要表现在两个方面。第一，结构性进入壁垒。乡村旅游朝着规模经济模式发展，规模经济壁垒增强。又因为乡村旅游者市场需求的多样化和个性化，新企业为获得旅游者对自己产品的偏好，必然要做出更大的努力，支出高额的促销费用，最终使得产品差异化壁垒增强。对于文化创意产业而言，进入性壁垒主要表现在现代科技运用能力，以及产品的原创力表现上面，新企业进入需要在科技水平和产品服务的创意上付出更多的力量。第二，制度性进入壁垒。我国政治经济体制改革稍显缓慢，法律法规不够健全等构成了旅游业制度性进入壁垒。同样，文化创意产业作为新兴行业，也存在着政策体制、法律法规不配套等问题，但总体而言，国家对于文化创意产业的发展给予了积极的扶持。

（三）融合发展思路亟待创新

在内容上，随着近几年乡村旅游"井喷式"的发展，乡村改造趋于城市化，商业气息过于严重，各地的乡村旅游建设虽较以往的形式有所创新，但存在同质化严重、特色雷同等问题。原因在于忽视了对当地乡村文化内涵的挖掘，一味地追求变化，却没有将自身的特色文化资源加以开发和利用。而在形式上，乡村旅游与文化创意产业现有的融合形态主要以体验、演出为主，相关旅游产品的形式较为单一。一些优秀的乡村传统文化资源因为没有找到合理的开发形式，渐渐被人遗忘甚至消失。

三、乡村旅游如何融合文化创意产业？

2016年8月，国家旅游局会同国家发展改革委、国土资源部等12个部门制定了《乡村旅游扶贫工程行动方案》。方案确定了乡村旅游扶贫工程的五大任务，其中特别强调了"大力开发乡村旅游产品，挖掘文化内涵，开发形式多样、特色鲜明的乡村旅游产品"。这项任务说明了乡村旅游与文化创意产业融合已经成为乡村旅游未来发展的重点方向之一。可以通过以下几个方面实现两者的融合发展。

（一）放松产业管制，完善跨界治理机制

政府可通过放松产业管制，让乡村旅游产业拥有较为宽松的产业发展环境，这样可吸引人才向乡村旅游地区流动，资金向乡村旅游地区汇集，科技向乡村旅游地区投入，完善乡村旅游地区的资源要素，为产业融合的实现打下基础。产业融合的过程中，规则制定、资源配置、分配制度等方面可能会引发不均衡问题，所以需要尽可能完善跨界治理机制。这一机制须确保有效协调各个利益集团，并实现集团间的联动发展，以集团共同制定的发展目标为依据，选择一种符合共同利益的管理模式，最终实现乡村旅游资源的科学有效配置。[①]

---

① 参见赵华,于静.新常态下乡村旅游与文化创意产业融合发展研究[J].经济问题,2015(4):50—55.

（二）淡化乡村旅游产业边缘，实现灵活产业融合

乡村旅游产业的重要特征之一是产业边缘淡化、产业边界不强，这为乡村旅游与文化创意产业的融合发展提供了基础性的保障。在进一步推动区域乡村旅游发展的进程中，可进一步考虑淡化乡村旅游产业边缘以实现乡村旅游产业更为灵活的产业融合发展模式。与此同时，文化创意产业与乡村旅游的融合发展并不是无限度的持久的融合，针对不同发展阶段予以灵活的融合发展才能达到预期的效果。

（三）应用先进科技，促进创新发展

产业之间方便快捷的融合需要结合高新技术的融合运作，科技不仅为产业融合拓宽了发展思路，还增强了乡村旅游产业的竞争力。对乡村旅游产业而言，新的产品与理念延伸渗透与融合后的新业态会改变乡村文化旅游产业的发展路径，依靠科学技术的进步能开发出可以替代或关联度高的旅游产品，可以丰富乡村旅游文化产业的具体发展形式，从而使乡村旅游文化产业的发展融合获得不断的扩展和延伸。

四、案例解读——成都蒲江县明月村

（一）项目概况

发展背景：甘溪镇明月村位于大五面山浅丘地带，地处蒲江、邛崃、名山三（市）县交汇处，属浅丘地区。全村面积6.78平方公里，森林覆盖率46.2%，全村723户，2 218人。明月村自古就采用邛窑的工艺烧制陶瓷，至今仍保留着4口老窑。其中，有300多年历史的明月老窑一直到2008年才停产。2012年随着政府对邛窑文化的支持和推广，明月窑紧紧结合蒲江甘溪镇明月村茶山、竹海的特色，让文化促进当地产业的发展。2013年蒲江打造明月国际陶艺村，希望以文化创意产业为支撑，大力发展乡村旅游。全新打造的明月国际陶艺村以吸引陶艺家、知名传统手工艺专家、文化创意项目工作者（新村民）入驻为抓手，发展文化创意产业，全新的发展理念给明月村的发展带来了新生。

自然环境：明月村拥有良好的自然风光，"人—村落—环境"所构成的和谐有机体处于一种生态上的平衡。极具特色的川西农舍，大部分拥有"三间两头转"的合院布局，本土泥砖（陶的母体的建筑材料）显现出浓郁的乡土风格，茶山、竹海、松林等乡野景观带来了良好的生态环境和自然风貌。这些自然环境既有独特的景观意象，同时也是乡村历史的展现。这样贴近自然的景观意象展现了一种很多人所追求的能够回归自然的乡村乌托邦的形态，而这也是文创工作者所追求的，同时这也给了文创工作者一个能真正激发灵感且富有创作空间的环境。

人文环境：明月村本身拥有比较丰富的乡村文化意象，这种乡村文化意象也是乡村的一种"氛围"。包括其本身的乡村建筑群落、传统的乡村劳作模式（传统农耕文化所展现出的浓郁文化气息，这些文化独特而鲜明，因此也成为吸引大家的一种文化载体）和其长期的乡风民俗（乡村独特的民俗文化，是村民精神凝聚力的一种体现），以及明月村对其历史文脉的保留和发展（具有300多年历史的邛窑文化）。这样的乡土文化意象的保留和延续有利于塑造明月村的整体场所感，强化明月村的价值，给文创工作者以不一样的灵感和创作氛围。

（二）项目发展现状

明月村所打造的自然风光以及所具有的文化景观本身就是一个名片，吸引了大批的旅游者到来。目前，文化创意类项目缺乏一个很好的、跟公众一起互动交流的平台，而传统的互动交流方式（如展览等）很难拉近文创者与普通人的距离，文创者迫切地想寻找一种新的方式以架起与普通人沟通的桥梁，让艺术更加亲近民众。而明月村自身就起到了这样的作用，为文创工作者提供了客户源。文创工作者以明月村为依托发展自己的客户群，明月村的名气也给这些文创工作者一个平台和机会，让更多的人了解自己及其作品，起到了推广的作用。为大力引进文创工作者入驻，明月村发展和打造相应配套设施，以一种方便的、舒适的设施环境吸引文创工作者。同时明月村提倡"名人驻村"项目，文化创意工作者通过入驻到村民的家中，与原有的村民一起生活，感受当地的生活方式，以最近距离的姿态感受最真实的乡野气息。文创工作者入村也为明月村各方面的发展产生了重大的影响。

文化发展：通过文创工作者驻村的活动，村民、文创工作者能够更好地有机融合在一起，而这样一种"新村民"与"原住民"的融合也激发了乡村的活力。文创工作者为明月村带去了丰厚的"嫁妆"，这些"嫁妆"为明月村村民生活带来很多改变：村民的猪圈被改造成草木染工坊；孩子们能上免费的绘画课；明月书馆里不仅有各种各样的图书，还定期举办讲座。通过文创工作者的文化传播，教育和培训激发村民的文化自觉性，增强村民的文化意识。这对于明月村村民的整体文化教育和素质的提高起到了不可估量的作用。

经济发展：文创工作者将民间艺术工艺带向农村，带动当地村民寻找到一种新的经济手段。作为一处遗址景点，明月老窑被保护起来，老窑旁边的空地上，一座陶艺体验馆开始营业。明月村81岁的民间陶艺家张崇明领起了固定工资，现场为体验陶艺的游客进行指导。在村子的一片空地上，新村民赵洪和李南书的"篆刻传所"正在建设，老村民吴大爷的餐馆"谌家院子"正在升级改造。明月村以文化创意项目为先导，以此为契机带动产业的大力发展。

名人效应：文创工作者能够通过其自身的人脉效应和乡野情怀形成产业聚集形态。2014年12月，身任四川省美术家协会陶艺专委会副主任的李清来到明月村，看过"明月国际陶艺村"的发展规划后，就决定留下来。2015年1月，李清的"蜀山窑"工坊签约入驻，他也成为明月村的第一批两名"新村民"之一。另一个是知名前媒体人、作家宁远。宁远说，她爱上了这里的松林、竹海、茶园，还有质朴的村民。此后通过"名人传播"和"文艺圈的人脉效应和乡野情怀"，在短短一年的时间内，明月村就吸引了25个文创项目入驻：宁远要做一个草木染工作室，请来画家、染布人寒山开了一个染布坊；李清的学弟、青年陶艺家李清泉来明月村喝了一次茶，就决定留下来开个"清泉烧"工坊；艺术展厅、餐厅"樱园"的创始人熊英，也跟随好友宁远、寒山的步伐，把新的"樱园"落到了明月村……根据远景规划，成型后的"明月国际陶艺村"，进入散居院落的项目数要达到35到40个，进入核心区的项目数为17个。而截止到2015年底，进入散居院落的项目数已有15个、核心区10个、在谈项目6个，文创产业聚集已初具雏形。而这样的一种文创产业聚集形态有利于巩固和扩大整体的影响力，形成名人效应。

明月村乡村旅游发展模式的特点是利用名人驻村的形式达到"雅"与"俗"的交融统一。这种"雅"与"俗"融合的关键又在于它的生活化、自然性、真实性、和谐性。其"雅"主要是指明月村所含有的一些文创项目（引入的陶艺家、知名传统手工艺专家、文化创意项目工作者等所带来的文化展现）的打造，以及明月村自身所具有的历史文化（邛窑文化）。"俗"主要是指明月村乡土文化（农耕文化、乡风民俗等）。

（三）项目经验总结

乡村的发展不能违背其可持续性，而文创项目中的名人驻村给了很好的解决方案。即为整个明月村规划一个可持续的循环健康发展链条。首先利用原生态的传统乡土景观以及其历史文化积淀形成的文化符号，吸引陶艺家、知名传统手工艺专家、文化创意项目工作者的入驻，形成一大特色——艺术家利用民居，改造民居，形成与居民共同生活居住的模式，改造和提高了居民的生活环境。这种模式既可以让高雅的艺术更加亲民，同时民居的环境和古朴的民风民俗也能带给艺术家不一样的体验和灵感来源。其次，利用所形成的文化景观环境和名人效应吸引游客，聚集和提高当地的人气，以此来进行明月村的旅游业发展和当地产品的推广。村民的收益和创收，可以巩固和加强明月村的品牌效应，为明月村的整体旅游发展和影响力的扩大起到了不可估量的作用。

文创项目与乡村旅游的相互影响发展，村民、艺术家、乡野环境、生活方式的有机融合，新村民与原住民的融合，不仅让文创项目激发了乡村活力，同时乡野环境也促进了文创项目更好的发展，使文创项目与乡村旅游互利共赢。

课堂讨论：乡村文创项目在发展的过程中应注意哪些问题？

思考题：

1. 民宿如何区别于农家乐、酒店等业态？国内的民宿的发展呈现什么特点？

2. 休闲农庄的规划要遵循哪些原则？

3. 在"互联网+旅游"的模式盛行之下，乡村文创类项目的出路何在？

参考文献：

［1］北京大学旅游研究与规划中心.旅游规划与设计：20台湾乡村旅游与民宿［M］.北京：中国建筑工业出版社，2016.

［2］北京大学旅游研究与规划中心.旅游规划与设计：创意农业　旅游规划　景观建筑　景区管理［M］.北京：中国建筑工业出版社，2013.

［3］尤飞，汤俊，卢焕荣.特色休闲农业经典规划案例赏析［M］.北京：中国农业科学技术出版社，2015.

［4］徐兆寿.旅游文化创意与策划［M］.北京：北京大学出版社，2015.

［5］戴丽霞.海南乡村旅游民宿发展的法律监管问题研究［J］.农业经济，2016.

［6］朱月双.共享经济背景下乡村旅游民宿业的机遇与挑战［J］.农业经济，2018.

［7］王璐，李好，杜虹景.乡村旅游民宿的发展困境与对策研究［J］.农业经济，2017.

［8］邓念梅，詹丽，黄进.鄂西南民族地区民宿旅游发展现状、风险及对策探讨［J］.旅游资源，2014，30（7）：880—882.

内容提要

- 分时度假项目概述
- 分时度假项目投资存在的问题
- 分时度假产品投资的模式
- 产权式酒店项目概述
- 产权式酒店项目在中国的现状
- 产权式酒店的投资模式
- 异地康养型项目在中国的发展环境
- 异地康养型项目的发展模式

第一节　分时度假项目投资及策略

一、分时度假项目概述

（一）分时度假的定义

分时度假（Timeshare）最初起源于20世纪60年代中期的欧洲，彼时地中海沿岸开发了大量海滨别墅，成为欧洲乃至世界的休闲度假中心。但多数家庭无力单独购买价格高昂的度假别墅，部分有能力购买别墅的家庭，每年的使用时间非常有限，所以出现了亲朋好友联合购一幢度假别墅供大家不同时间分别使用的情况，最早的分时度假概念由此产生。70年代中期，美国经济衰退，泡沫经济造成了大量房地产积压。为处理积压与空置，充分盘活闲置房产，美国从欧洲引入分时度假模式，取得了巨大成功。此后，北美和欧洲逐渐发展成为全球规模最大的度假权益市场，亚洲的新加坡、马来西亚也逐渐普及。目前世界上已有60多家"分时度假"集团，4 500多个采用分时制度的度假村，来自124个国家和地区的400多万户家庭购买了度假权。2014年全球度假权益行业收入为161亿美元，其中美国分时度假行业收入达80亿美元。

分时度假就是把酒店或度假村的一间客房或一套旅游公寓的使用权分成若干个周次，按10至40年甚至更长的期限，以会员制的方式一次性出售给客户，会员获得每年到酒店或度假村住宿一周的一种休闲度假方式。并且通过交换服务系统会员把自己的客房使用权与其他会员异地客房使用权进行交换，以此实现低成本的到各地旅游度假的目的。

美国佛罗里达州《分时度假房产法案》中对分时度假的定义是："所有以会员制、协议、租契、销售或出租合同、使用许可证、使用权合同或其他方式做出的交易设计和项目安排，交易中，购买者获得了对于住宿和其他设施在某些特定年度中低于1年的使用权，并且这一协约有效期在3年以上。"

《欧盟分时度假指令》中分时度假被定义为："所有的有效期在3年以上、规定消费者在按某一价格付款之后，将直接或间接获得在1年的某些特定时段（这一期限要在1周之上）使用某项房产的权利的合同，住宿设施必须是已经建成使用、即将交付使用或即将建成的项目。"

国际上通用的概念是：将一处住宿设施（如饭店、公寓、度假别墅等）的住宿单元每年的使用期分为52周，将52周中的51周分时销售给顾客。每个单位的分时度假产品，就是在约定的时期内（一般为20—40年）每年在这一住宿单元中住宿一周的权利。

（二）分时度假的实质

分时度假实际上是介于房地产产品和饭店产品之间的中间产品。在某个住宿设施的制度安排中，一个极端就是房地产产品开发商直接把房产的所有权和使用权一次性销售给消费者，消费者取得了对于房产的终身处置权。另外一个极端是饭店产品，以饭店建筑物的寿命为40年计算，它相当于把某间客房的使用权分割成为14 600份（40×365）来销售，消费者每购买一天的产品，就相当于购买了该房间一天的使用权。分时度假产品介于两者之间，以每年平均使用1周的标准分时度假产品来说，它相当于将房产的使用权分割为52份销售给不同的消费者。与房地产项目相比，它将产品分割后销售，没有房地产那么完整；与饭店产品相比，它分割的份数没有饭店那么零碎。分时度假就是将房产住宿权按一定程度分割出售的一种住宿产品。分时度假是一种将房地产业、酒店业、旅游业完美结合在一起的一种商业新概念，它引入时空经济学原理，对旅游业、房地产业、金融资源进行整合，扩大了资源边际效用，实现了资源共享。分时度假对于买房人和开发商来说是一个双赢的结局，其中对于买房人来说，有以下优点：

一是可以用低廉的价格购买到居住条件很好的房屋。如果没有这种销售方式，有的人买了别墅实际上一年也只能住几个星期，其他时间都是空置，还要雇人看房。更多的人则买不起第二套房屋。

二是可以享受到良好的酒店式服务和适宜的旅游服务，不用再付住店的费用，而且有住在自己家里的良好心理感觉。

三是这种"第二套住宅"是居民家庭财产的一部分，其使用权（有的是分割的产权）可以抵押或继承，也可以出售或转让。

（三）分时度假产品中主要涉及的主体及其之间的关系

1. 分时度假产品中主要涉及的主体

（1）开发商

开发商指拥有所开发的分时度假房产产权的房地产经营商。开发商或自己开发建设用作分时度假产品的房产，或通过购买现成的房地产将它们改造为分时度假产品。

（2）销售商

销售商负责宣传促销分时度假产品。有些开发商自身兼作销售商，但市场上有许多独立的分时度假产品销售公司，它们作为开发商的销售代理向公众销售分时度假产品。

（3）度假房产管理公司

度假房产管理公司负责管理和维护分时度假房产。公司既可能由开发商负责，也可能是独立于开发商。

（4）分时度假交换公司

分时度假交换公司主要是向具有分时度假房产使用权的消费者（会员）提供不同地区之间的分时度假产品的交换业务。比较著名的有美国国际分时度假交换公司（Resort Condominiums International，简称RCI），它是全球度假权益交换行业及欧洲度假房产租赁市场的领头羊。RCI于1974年在美国成立，它率先推行分时度假交换概念，即以一个分时度假村单元与另一个相应的分时度假村单元进行交换。RCI在世界各地均有其办事处，其亚太地区总部设在新加坡。其业务范围覆盖了世界各地的73 000家休闲度假村，RCI在190多个国家和地区拥有超过300万会员家庭，这些家庭每年都享受着RCI全球范围的交换服务和各式各样与旅游、休闲相关的服务。每年RCI为它的家庭会员确认180万次以上的度假交换，让超过650万名客户能够度过愉快的假期。RCI拥有着全球70%分时度假市场份额及服务和30年成熟运作经验与全球成功的管理模式。RCI只为分时度假拥有者提供度假交换，绝不拥有任何度假村，且不销售也不代理销售任何加盟度假村的产品。

（5）信托公司

信托公司通过一定的法律程序来保护购买分时度假产品的消费者的权益。最常见的是英国式的"俱乐部信托"体系。

（6）业主联合会

业主联合会指购买了同一处分时度假产品的消费者按照法律规定成立的保护自身利益的团体。在一些国家当中已经建立起全国范围的分时度假消费者联合会。

（7）再销售商

再销售商指负责在公开市场上销售分时度假产品所有者转卖的二手分时度假产品的机构。它们有些是独立经营，有些是开发商公司的一个分支机构。

（8）分时度假业协会

分时度假业协会是由某个区域内从事分时度假经营业务及其相关单位组成的行业协会。影响较为广泛的有美国度假地协会（American Resorts Development Association，简称 ARDA）和欧洲分时度假组织（The Organization for Timeshare in Europe，简称 OTE）。

（9）相关其他群体

其他相关群体包括律师、金融机构、咨询顾问等直接或间接与分时度假产品有关的专业群体。

2. 分时度假产品中各主体的关系

在分时度假及交换系统的运营机制中，存在几个核心的关系。

在最简单的分时度假产品体系中，开发商开发出度假村房产，直接以分时销售的方式出售给会员，有些开发商通过销售代理商来销售分时度假产品。分时度假交换公司出现以后，它充当了会员与会员之间进行分时度假交换的媒介。加入交换公司后的运营机制具有一定的代表性。

在更为复杂的情形中，分时度假及交换系统中还广泛涉及房产管理方、为会员监管分时度假房产使用权的信托公司和方便会员消费的点数制俱乐部等。典型的分时度假系统中包含了房产开发商、销售代理商、会员和交换公司四方之间的六种关系。

（1）房产开发商与会员

在直接销售的情形下，房产开发商与会员之间是买卖关系，即房产开发商将度假房产未来一定期限的分时使用权卖给购买分时度假产品的会员。双方以销售合同明确各自的权利和义务。

（2）房产开发商与销售代理商

两者之间是委托代理关系，即房产开发商委托销售代理商销售其分时度假产品，销售代理商按照双方委托代理合同的授权对外销售产品。

（3）销售代理商与会员

销售代理商与会员之间也属于商业买卖关系，代理商按开发商的委托授权向会员销售分时度假产品。作为房产开发商，在委托代理商向会员销售产品的时候，要就自己在委托合同中的承诺对会员负责。销售代理商在委托代理权限之外发生的其他问题，则需由销售代理商承担法律责任。

（4）会员与交换系统公司

会员与分时度假交换公司之间属于服务产品的提供者与消费者的关系。会员使用网络交换系统来实现自己与其他会员交换分时度假房产使用权的目的，同时，向交换公司支付费用。交换公司则通过提供网络交换服务获得收益。

（5）房产开发商与交换公司

房产开发商与交换公司之间是一种加盟关系，即通过双方的自由选择，交换公司批准符合条件的房产开发商将自己的分时度假产品加入交换公司的储存库中，以便与其他度假地房产进行交换。房产开发商要向交换公司支付相关费用。

（6）会员和与其开展交换的其他会员

早期，会员如果通过交换公司与其他会员进行交换，两者之间便形成通过合约进行商业交换的关系。因为会员在通过交换公司进行交换时，明确表达自己所希望得到的产品的特征，实际上就是发出要约，若双方条件彼此符合，交换系统作为中介按统一制度规定的顺序将彼此符合条件的会员联络到一起，实现网上交换。目前，通过储存库设计的非"一对一"交换模式中，会员只与交换公司发生联系，会员之间就不再具有交易的关系。会员将自己的度假房产使用权投入交换公司储存库，然后选择自己所需的产品，通过交换公司对自己的住宿权利进行确认。

此外，在加入管理公司、信托公司等中介公司的情况下，各方之间的关系变得更加复杂。仅以管理公司为例：一种情况是开发商自我管理，管理商属于开发商的自有机构，负责管理分时度假房产；另外一种情况是外请管理机构，这样的机构在产品销售初期由开发商签约聘请，按照与开发商签订的管理合同管理物业，在产品销售到一定比例以后，由业主组成的业主委员会负责选择管理公司进行物业管理。在不涉及产权的分时度假产品设计中，自始至终管理公司是对开发商负责的。

（四）分时度假产品的分类

1. 海滨分时度假房产

绝大多数的分时度假房产都坐落在海滨或离海很近的地方，一般都配备有比较完善的各种娱乐和其他服务设施，如游泳池、网球场、健身房、小餐厅、超市等。多数度假地的周边地区还建有高尔夫球场和大型的水上游乐场。分时度假房产分布较多的海滨地区有墨西哥、美国佛罗里达、西班牙大陆海滨和加那利群岛、葡萄牙以及拉丁美洲和加勒比海地区的多数国家。

2. 城市分时度假地

城市中的分时度假房产一般建于知名度高、距人文景观较近的地方。由于城市的地价较高，所以这类房产的销售价格都很高，因此也限制了其发展。但是，在度假交换网络中会员对这类产品的需求量很大，持有此类分时度假房产的会员在交换中的选择余地很大。世界许多著名的城市如伦敦、巴黎、维也纳、旧金山、圣地亚哥和新加坡，都建有分时度假房产，纽约等地也在建设分时度假地。未来将出现越来越多的城市度假地。

3. 山区分时度假地

山区度假地一般坐落于传统的风景秀美的山区或滑雪场附近。尽管有许多山区度假地在夏天也很受欢迎，但这些度假地的旺季往往是在适宜滑雪的冬季。调查表明，越来越多的人正在改变传统的海滨度假的习惯而寻找其他新的度假方式。运动式旅游度假颇受人们青睐,旅游者参加登山、漂流、徒步旅行和自行车旅行等活动。这也推动了山区分时度假地的建设,在美国的新英格兰和科罗拉多、法国和意大利的阿尔卑斯山区以及阿根廷的滑雪度假地都建有分时度假房产。

4. 主题公园分时度假地

主题公园度假地往往建在著名的主题公园附近,这种产品的发展势头良好。许多人更多的是出于方便交换的目的来购买此类产品,因为这种产品对家庭式度假有很大的吸引力。佛罗里达的奥兰多最具有代表性,迪士尼世界和环球影城等主题公园已经把那里变成了一个十分受欢迎的旅游目的地。迪士尼度假俱乐部在迪士尼世界中建有分时度假房产,迪士尼周边地区也有许多独立开发的分时度假房产。在美国加利福尼亚州、日本和西班牙东北部也建有类似的分时度假地。

5. 其他类型

基于不同主题和卖点的分时度假地种类繁多。市场需求和消费倾向的更新催生出许多更新奇的分时度假房产,如房车分时度假产品、邮轮分时度假产品等。一些分时度假房产是建立在地区性的独特文化概念之上的,如英国的乡村别墅、法国的健康疗养等。

二、分时度假产品投资存在的问题及应对策略

(一)分时度假产品的本土化发展

1. 分时度假概念的传入

分时度假概念传入我国,是从20世纪90年代后期开始的。1997年,经国务院批准,国家旅游局、公安部联合发布了《中国公民自费出国旅游管理暂行办法》,1997年7月1日正式实施。这个《办法》的出台,标志着我国出国旅游市场正式形成,引起了海外旅游界的普遍关注。而当时国内正值房产泡沫,很多房地产公司为了解决房产挤压问题,努力寻找创新的解决方案,于是派专业人员赴美国学习考察,正式引入了美国的分时度假概念。

对于国内的旅游饭店业来说,分时度假还是一个接触较少的概念。分时度假概念刚引入中国时,只有沿海发达城市的小部分酒店开始经营分时度假产品。而在美国、欧洲等地,经过几十年的发展,已经有一大批知名酒店集团介入分时度假产业,在这些酒店集团的运营之下,分时度假得以迅速发展,不但使市场得以细分,而且建立了完备的网络分销制度。全球分时度假产业销售额大部分一直都被国外的酒店业巨头所占据。相较于国外分时度假的迅猛发展,在国内分时度假的发展就要缓慢得多,截至2002年,我国分时度假产业经营模式才与国际接轨,代表性的就是有十多家酒店或度假村加入国际分时度假交换网络体系。目前国内的分时度假业仍处于探索发展阶段,形成规模的分时度假交换平台并不多见,与欧美国家仍有差距,仍需不断发展完善。

2. 分时度假产品在中国发展面临的问题

(1)信用及法律制度不健全

分时度假在我国发展时间短,尚未引起行业及政府的重视,中国尚未对度假权益市

场进行立法和监管,因此过去一些不诚实销售的案例使整个行业的形象受损。一方面。一些开发商、销售商利用制度漏洞,打"擦边球",欺骗消费者,减少了消费者对于分时度假产品的信任度。另一方面,政府并未像国外一样,针对分时度假业制定配套的法律法规,经营者在进行分时度假产品投资时缺乏法律法规的引导和约束。

(2)交换体系不健全

相较于国外网络技术的发展成熟度,目前国内的网络技术支持与之相比仍有较大的差距,而分时度假产品交换灵活性就是由交换网络和电子商务系统来实现的。随着国内旅游业的快速发展,旅游消费和旅游者的日益增长和成熟,分时度假产品的需求也越来越大。但是国内并未建立起规模化的完善的分时度假交换网络,没有规模化,体量较小,旅游度假地数量也与国外有很大的差距,已经无法满足日益多元化的旅游市场需求。所以完善分时度假交换网络亟待解决。

(3)产品价格高于市场购买力

国内消费者人均购买力和经济发展水平与国际水平相比仍然具有一定差距,同时国内分时度假产品的定价过高,远远高于其他旅游产品。定价的不合理导致了分时度假产品无法快速进入大众消费领域,无法得到快速的发展扩张。

(4)大众消费观念尚未转变

分时度假产品进入国内时间尚短,对于大众来说还是一个新鲜的事物,加之国内并未形成国外那种超前消费意识,因此对于许多人来说,这种先存入后消费的度假方式暂时还不能接受。同时"价格高时间长"的特点也是影响消费者做出消费决策的重要因素。要让国内大众接受分时度假产品仍需一个过程。

(5)休假体制不能体现"分时"的优点

分时度假的特点就是随时交换,这就要求消费者有不定期的假期,这样才能体现分时的优越性。休假地点的交换和休假时间的选择是否自主自由是分时度假和传统旅游项目的一大区别,而我国居民通常只有固定的假期制度,比如十一黄金周、春节等集中假期。受这种集中休假制度的限制,分时度假交换行为无法在国内完全实现。

(6)中国缺乏成熟国际品牌参与

除了区域性品牌安纳塔拉,其他知名国际分时度假经营或开发商均尚未进入中国。这可能归因于相对较高的进入壁垒以及欠完善的立法或运营环境。品牌经营商或开发商的加入通常有助于提升分时度假行业的形象。

(7)缺乏具有行业经验的专业人才

分时度假在中国发展较晚,中国非常缺乏具有相关经验的人才,尽管可以从国外引进人才,但如果没有在中国的运营经验,他们可能难以了解中国文化和消费者特征。

（二）分时度假产品的本土化改造策略

分时度假产品在传入中国之后发展之路十分曲折,在中国市场遭遇"水土不服",要使分时度假产品在中国市场获得长足发展,必须对其进行本土化改造,以适应我国的度假市场。这种本土化改造应包括以下几个方面的内容。

1. 开发针对性的产品

产品改革要从压缩产品有效期、增加时间方面的灵活性上着手。在我国市场,有效期高达30年的产品很难为消费者接受,必须进行压缩。同时也不能局限在以周为单位的固定时间,需改造为可分拆使用的时间,使用期限也需灵活化。有些公司将产品期限缩短为10年,消费者入住的时间段只做淡旺季的区分,有些甚至把产品周期缩短为5年。

2. 确立可接受价格

缩短产品期限自然可降低产品价格,确定的价格要争取达到与包价旅游产品相比更经济实惠,价格的绝对值应尽量控制在1万元左右。单位住宿产品的价格也应数量化而非折扣化。有些公司经营的分时度假产品经过改造以后,销售价格降到1万元左右,最低只有5 000元。降低价格后的分时度假产品在销售方式和销售渠道上都与传统的分时度假产品有所区别。

3. 组建国内网络

在国外网络资源尚不能自由利用的情况下,组建国内度假地网络,充分利用我国现有的度假资源就成为解决问题的一条出路。我国地域面积广阔,资源类型丰富,以国内不同资源类型的旅游目的地为主体,完全可以构建起配套成型的度假网络体系,满足旅游者多样性的度假需求。有些网络公司采取吸收度假村和饭店加盟而非独立开发房产的方式,充分利用现有资源,通过建立双方都能接受的合作机制,迅速形成国内网络,形成共赢的局面。[①]

4. 保障顾客权益

经营者要在产品设计的灵活性与顾客权益的保障性之间求得平衡。在产品灵活性增大的情况下,消费者住宿权益的保障必然受到一定影响。目前我国居民的休假时间集中,居民出游时间也相对集中,在产品设计中一定要找出保障消费者权益的体系和制度,以避免旺季消费者因住宿权益不能保证,形成对产品的负面印象。

5. 强化品牌形象

市场上各种住宿折扣卡等替代性产品的存在和诸多公司进入分时度假领域,对分时度假产品的推广形成了一定的竞争压力。要想在激烈竞争的市场上占有一席一地,鲜明的品牌形象必不可少,它不但能够推动产品的销售,还能增强产品开发者与各方面合作者谈判的要价能力,进而为推出更实惠的产品留出空间。

6. 重视技术支持

国际分时度假网络交换公司成功的主要原因,就是它们都建立起了较强的技术网络支持体系。要在我国发展国内度假网络产品,计算机网络支持系统必不可少。技术支持也是为消费者提供优质服务的重要保障。许多分时度假企业都在网上建立了自己的网站,并且这为他们带来了较好的宣传效果。IBM公司为华夏之旅分时度假网络公司设计了实现电子商务的完整解决方案,华夏之旅公司正在为分时度假的网络交换、客户服务、会员管理、数据库营销等建设一个优良的平台。华夏之旅公司自称只是利用网络技术,借助了电子商务所固有的低运行成本、高效率的特点,是"水泥+鼠标"的新型企业,除此以外,一些分时度假酒店和公司也在网上建立了自己的网页,如三亚南山假

---

① 王婉飞.分时度假在中国本土化面临的问题与对策[J].商业经济与管理,2003(10):60—63.

日度假村等。

（三）分时度假产品适应中国市场的其他配套设施

1. 宣传度假概念

国外发展分时度假产品的一个先决条件是休闲度假的盛行，在我国发展分时度假，这一条件也不可或缺。但是，就目前的情况而言，我国度假消费的观念还远未普及，渐露雏形的度假产品也多限于周末的城郊短期度假或单位为职工在疗养所、培训中心所安排的福利疗养等。从我国居民的收入水平来看，已经有一批中高收入者具备了外出度假的经济实力，要把这种需求转化为现实需求，除了消费者的自然成长外，还需要包括分时度假业者在内的度假产品经营者加大度假概念的宣传力度，向大众灌输休闲度假的观念，并且积极利用现有资源，开发出有效需求广阔的度假旅游产品，形成度假旅游消费的核心群体。

2. 利用现有房产

利用现有房产有两层含义。一是通过利用现有饭店的空置房间，对其进行改造，开发分时度假产品。由于我国近年来饭店客房的出租率不断下降，所以，饭店利用闲置资源发展分时度假产品，成本低，风险小。二是利用空置的积压商品房。我国在房地产热中兴建的大量房产处于积压状态，若能将其中的一部分加以充分利用，发展为分时度假产品，可以为这批房产的解套开通一个渠道。在这样的环境下，开发分时度假产品的成本也相应下降。分时度假在提高现有酒店出租率和解决闲置房地产方面的功能，也是政府部门对分时度假业感兴趣的主要原因。所以，除了可以降低成本之外，利用现有房产还有着积极的政治和社会意义。

3. 直接向点数制方向发展

国外的分时度假产品经过数十年的发展，逐步形成了点数制俱乐部等最大限度地满足旅游者灵活性需求的组织方式。我国分时度假业可以利用后发优势，回避漫长的变革过程，直接向点数制的最终方向发展，缩小与国际先进水平的距离。点数制的选择，也会有利于分时度假产品的销售与经营。已经开展以周为单位销售的公司，可尝试将部分产品转化为点数制产品，然后建立老产品与新的点数制产品接轨的经营模式，使老顾客在自愿选择的条件下转化为点数制俱乐部的会员。

4. 将度假产品纳入国家促销计划

随着度假产品的发展，我国的旅游部门也应逐步加大对度假产品的促销力度。我国于20世纪90年代已经组建立12个国家级旅游度假区，全国各地的省市级度假区也有了迅速的发展。但在国际市场上，我国仍未树立起已拥有丰富的旅游产品配套体系的形象。将度假产品纳入国家促销计划加以广泛宣传，使我国的度假产品在国际市场形成一定影响，也将有利于我国分时度假产品的国际化销售。

5. 建立城市度假配套体系

由于我国的多数饭店都位于中心城市，所以目前由饭店改造的分时度假产品多位于大中城市的市区，这与国际流行的度假地的概念有所区别。为了推动城市度假房产的发展，应该积极配合国际上城市度假风气盛行的趋势，推行城市度假的概念。但要推动城市度假消费，就需要建立起与之配套的购物、娱乐、餐饮等综合服务体系，进而推进其迅速发展。

6.建立分时度假行业协会

分时度假企业在中国的风起云涌,使国内的分时度假行业出现了技术参差不齐、规模大小不一的情况。在国家的分时度假立法还未出台的情况下,经营者急需联合起来建立一个自己的行业协会,以便合理调整资源配置,减少重复建设,建立专业分工,促进行业联盟,配合国家立法,促进分时度假行业在中国良性发展。

7.面向国际市场

对于已经加入国际分时度假交换系统的度假村来说,在国内市场销售状况不佳时,可以通过将产品面向国际市场销售,求得变通的生存发展道路。据调查,现在国际市场上到中国来度假的需求在不断增长,我国的部分度假地也完全达到了国际水平,若能通过国际销售公司将这批产品销售到周边的日本、东南亚等市场,甚至延伸到欧美市场,将对我国分时度假产业的发展产生较大的促进和推动作用。当然,受企业自身条件和国际化经营难度加大的制约,企业可以首先尝试在中国香港、澳门等地委托中资公司开展销售业务,然后再制定下一步的发展规划。

中国的分时度假企业还有很多不足,如:对分时度假业的国际发展了解不多;重概念炒作而没有致力于中国本土化经营模式设计;企业间缺乏真诚合作精神,各自为战;缺乏分时度假行业的专业人才等等。分时度假正在本土化的道路上奋力前进,各种变革仍在进行当中。在今后的几年中,国内分时度假企业将会不断分化,相信经过市场的大浪淘沙,会逐步形成有一定影响力的分时度假经营者,以及最终在市场上生存的分时度假企业,有旅游业背景、实力雄厚的能提供优质服务的分时度假企业,或者是有独特概念,为市场所接受的、专业化分工的分时度假企业。分时度假会逐步适应我国旅游市场,成为旅游领域中的一个亮点。

三、分时度假产品的一般投资模式

(一)分时度假产品开发

1.选址

根据分时度假地周边主要活动内容的区别,可将其划分为海滨、城市、山地、主题公园等多种类型。开发分时度假地的首要决策,就涉及选址问题。由于分时度假产品属于重复消费的度假产品,所以其选址比一般的饭店还要重要。开发商需要根据主要目标市场的情况确定分时度假地的位置,以便为分时度假地未来的发展打好基础。例如,有些开发商选址于邻近目的地度假游乐设施的地方建设目的地型度假地,其选址主要考虑周边的度假环境。有些选择邻近客源市场的社区,建设社区型分时度假房产,他们通过向周边的住户提供娱乐设施而吸引客源,如一些在大城市中的度假地。

2.面积

分时度假房产中一般包含各种大小面积的房间组合,以增加消费者的选择余地。最普遍的是单间卧室套房和双卧室套房,二者适用于家庭度假。为了增加灵活性,许多度假地引入可分割式住宿单元,就是将由两套邻近的住宿单元组成的大套房当作一件产品来销售,两套合并后是一个大套间,分割后可以当作两套独立的单元。全球统计表明,标准间模式、单间卧室套房、双卧室套房(或三卧室套房)的比例是3∶3∶3均分。

3. 内部装修

分时度假产品在内部装修时与一般酒店有显著的区别,因为其功能与酒店有很大差异。主要的区别体现在房间色调、内部陈设和装修主题上。

从房间色调来说,分时度假产品主要用于满足消费者的度假休闲需求,所以分时度假房产一般需要有专门针对目标市场的特征鲜明的色泽,是否由有经验的设计师设计、装饰的房间的主色调都会影响到产品的销售。

从内部陈设来说,多数情况要按照家庭的标准来设计分时度假单元。房中要有厨房、卧室、餐厅、卫生间和客厅等等。分时度假房产是类似家庭又比普通家庭更为雍容华贵的度假住宿设施,是一个忙碌工作后离开惯常的环境来放松的地方。

从装修主题来说,国外许多成功的分时度假房产设计中,都带有一个特定的主题,通过这一主题,形成产品自身特色,在顾客中建立起品牌形象。所以分时度假房产的装修成本一般要高于普通的饭店客房。

(二)分时度假产品融资方式

开发商需要融资开发建设分时度假产品,购买者需要通过金融安排支付款项。分时度假产品的开发商必须为开发建设分时度假地和消费者购买产品做好金融安排。分时度假融资的过程十分复杂,受到各种法律法规的多重约束,并且随各地市场情况而有所差异。融资有多种方式,一般包括以下几项内容:

首批融资——筹集开发项目的前期准备资金。

买地融资——筹集用来购买建设房产的土地资金。这种方式的融资是较为普遍的形式,即投资者只负责向开发商提供购买土地的费用,这些资金将随以下各种因素的变化而改变:土地的市场价格、开发进展程度、可进入性情况。

开发融资——为建设分时度假房产的基础工程融资。开发融资与买地融资常联系在一起,有时开发融资作为买地融资的一个部分。开发商在开发时往往先从整块土地上划出一小块进行开发,再逐步实施其整体工程。

建设融资——筹集建设分时度假房产的资金。建设融资一般用来建设分时度假房产及附属设施,并且经常会从建设融资中拿出一部分来归还买地融资和开发融资。除了对于所有硬件设施的贷款之外,开发商往往希望将装修和市场营销等方面的投资也包括在建设融资内。但出资人出于资金安全的考虑,在多数情况下不会接受这样的请求。建设融资一般不超过硬件投资的75%—80%,并且需要用建成后的房产作为抵押再加上其他的保证条件。

消费者贷款——为了让消费者在首付一定比例的款项后,用分期付款的方式购买房产而向消费者提供的贷款。

平衡贷款——用来平衡建设费用和消费者分期付款之间的收支差额而提供的贷款。

一般在开展项目融资以前,开发商需详细地计算每月中需要的资金数量、种类和来源情况。在测算时需要考虑的因素有:启动费用、销售进展情况、销售成本、消费贷款偿还等。

开发商与贷款人之间的还款及房产交割程序安排将会影响到分时度假产品的销售过程。通常是开发商通过销售产品的收入来逐步还清贷款。债权人会像对待其他房产一样对待分时度假产品,他们通常只向房产中的一部分住宿单元提供贷款,等这些住宿单元销售到一定程度足以偿还贷款后才将产权交付开发商。开发商只有在某个单元售出20—30个单位产品后才能完全掌握对房产的控制权。所以,开发商在销售产品时首先集中出售某些住宿单元,以便早日还清贷款。

（三）分时度假产品的典型运作模式

1. 联盟模式

在这种模式下,酒店或度假村直接加入国际交换网络,交换公司、酒店、销售代理商三个独立的利益体联盟,交换公司根据客户需求进行交换,酒店为购买者提供具体的时权服务,销售代理商销售酒店分时度假产品。这一模式的缺点是,三个利益体三权分立,各方较为松散,约束力不够,联盟容易分化,价值产出不稳定。

2. 企业自主开发,自主管理模式

在这一模式下,开发商开发(兼并、收购)酒店、度假村,建立交换网络,并对酒店、交换网络运营全权管理,享有运营、收益分配等多种权利,这样有利于保障服务质量。同时快速建立全球交换和服务网络,将其分时度假产品销售给顾客。

3. 连锁酒店自建交换网络模式

这种模式是目前国外分时度假产品发展最好的模式,运用这种模式的酒店为连锁酒店,拥有充足的优质房源,酒店遍布全球,有便利的交通条件,有些靠近著名旅游区,具有景点优势。在这一模式下,酒店拥有内部交换网络和外部交换网络双重销售渠道,内部网络是指酒店自建的全球销售网络,外部网络是指RCI、II等国际交换网络。

第二节 产权式酒店项目投资及策略

一、产权式酒店概述

（一）产权式酒店的定义

产权式酒店作为一种全球化的旅游投资工具,是中产阶级兴起后的产物。"产权式酒店"在欧美经过数十年的发展,已经成为一种被社会广泛接受的房产投资品种。1993年,产权式酒店的概念及经营模式开始进入中国市场,到现在已经发展了20多年,随着我国经济和旅游市场的高速发展,国民的投资需求也在不停地增加,在这种环境下,产权式酒店的发展获得了长远的发展,并呈现不断增长的趋势。产权式酒店是近些年兴起的一种比较新型的投资模式,已经在全国内引发了新型的投资热潮,现在各地都开始开发大量的不同类型的产权式酒店,尤其是在三亚,该模式迅速发展,层出不穷,给三亚旅游经济的发展带来了新的气象。

产权式酒店,即业主在购买酒店的全部产权后通过委托经营公司租赁获取一定回报的置业模式。产权式酒店不仅是买断时段而且是买断产权,酒店将每间客房分割成独立产权出售给投资者,可以算作一种投资行为。通常投资者并不在酒店居住,而是将客房委托给酒店经营以获取投资回报,同时还可获得酒店赠送的一定期限的免费入住权。产权式酒店具有以下特征：

（1）地域特征：具有强势景观资源或者位于经济活跃区域，交通易达；

（2）客户定位：城市的高收入阶层，以投资客为主；

（3）经营特点：产权完全归属业主，具有专业的第三方管理，开发商可保留酒店配套等的产权而获得长期收益，管理方经营，不保证业主的收益。

（二）产权式酒店的类型

国际通用的产权式酒店，大致有三种类型：时权酒店、养老型酒店、有限自用投资型酒店。

1. 时权酒店

时权酒店是将酒店的每个单位分为一定的时间份（如：一年51周），出售每一个时间份的一定年限的使用权。消费者拥有一定年限内在该酒店每年一定时间（或一周）的居住权。同时还享有转让、馈赠、继承等系列权益，以及对酒店其他服务设施的优惠使用权。在我国，自2001年4月底首家时权酒店在深圳大梅沙雅兰酒店投入使用以来，时权酒店纷纷在中国各大城市落户，甚至在一些发达的中小城市也可见到这种时权酒店的身影。这种时权酒店作为一种兼顾投资与休闲的全新投资形式，解决了中国房地产的空置率，开辟了投资的新渠道，从而受到旅游业以及房地产业的欢迎。

2. 养老型酒店

养老型酒店是指投资人（往往是最终消费者）在退休前购买退休养老度假村的某一个单位，委托管理公司经营管理直至退休后自用。委托管理期间，投资人将获取一定的投资回报。一般情况下该度假村在产权人去世后由管理公司回购，再出售，收益归其家人所有。养老型酒店集合了酒店、养老院、医院、房地产、会馆等多种业态中的功能，在长期为住户提供优质居住环境的基础上，配套医疗保健、文化娱乐、温泉康体、物业管理、投资理财等全方位服务，可以一站式、高水准地满足中老年人养生养老的需求。2012年11月28日，国内知名酒店集团九华山庄在九华国际会展中心大酒店举行了媒体发布会，正式对外推出了中国首家养老型酒店——九华国际养生公馆。

3. 有限自用投资型酒店

有限自用投资型酒店是指将酒店的每一个单位分别出售给投资人，同时投资人委托酒店管理公司或分时度假网络管理，获取一定的投资回报。有限自用投资型酒店将每间客房分割成独立的产权，可谓是降低了房地产商的投资压力，与传统酒店相比，具有以下特点：

（1）兼具居住度假与投资两种功能；

（2）委托酒店管理公司统一经营，可长期在酒店自由居住或安排其客人使用；

（3）酒店式管理；

（4）有较高的投资回报率；

（5）享受免费入住权、酒店消费卡等五星级酒店拥有的全部服务。

（三）中国产权式酒店的主要特征

1. 地域特征

产权酒店的坐落位置集中在山岳海滨度假地和大城市附近。以北京的产权酒店市场为例,销售者多以海滨作为卖点,如秦皇岛维多利亚海湾、大连海昌新城、威海启明海景家园等来自沿海城市的一批项目。此后,又有海南银谷苑、黄金海岸花园、三亚海景温泉大酒店、三亚月川高尚社区等数个海景项目推出。此外,北海、武夷山、杭州临安、厦门、福州等地,也纷纷出现各种形式的产权酒店。

2. 消费群体集中

产权酒店的消费者集中在城市的高收入阶层。大批有"闲钱"的高收入阶层是产权酒店瞄准的目标客户。假日住宅项目所吸引的人群大致可分为四种:

二次置业的投资者,去往秦皇岛看维多利亚海湾的客户大多数是车房兼备的"富裕家庭",他们买房主要是为了投资,此外在旅游目的地留一方之地,也便于度假使用。

相当一部分年轻客户是为父母买房,有不少老年人对大都市生活不是很习惯,有一定经济基础的客户将产权酒店定做老人的养老之地。正是基于这一点,一些度假俱乐部还在原有的酒店式住宅构架当中,专门辟出地方兴建老年住宅。

集团购房,产权酒店有时出现整层被一家公司买断的情况。这些公司出于会议、职工度假考虑,投资买房,一劳永逸,避免每年支付一大笔住宿费用。

3. 卖点集中

(1)低房价的诱惑。购买产权酒店的消费者家有闲钱,但并不代表他们不关心资金的使用效率。异地购买产权酒店一般在价位上更有优势,所以香港人会涌入深圳去买房,西安人跑到咸阳买房。

(2)假日经济带动高品质的生活需求。很多海景产权酒店在当地并不畅销,因为海滨城市的人对海景已经司空见惯了。假日旅游的启动,带动了社会高收入层对高品质居住的需求,引导了海景产权酒店这一消费的时尚。

(3)投资意识的增强。遍植于买房人头脑中的投资意识为产权酒店提供了土壤。人们认识到房产除了住宅的功能之外,还是进行投资的重要手段。土地资源的不可再生性,是决定房屋升值的决定因素,而海景资源的有限性,为海景产权酒店描上双重投资色彩。以海南为例,政府已出台文件,800米海岸线内不再审批任何住宅项目,这就令早立项的一批海景产权酒店成为投资潜力巨大的候选项目。

(四)产权式酒店与分时度假产品的区别

1. 是否具有产权或产权是否分割

分时度假房产的销售分为有产权和无产权两种,越来越多的国家和地区把分时度假纳入旅游产品的范畴,因此淡化产权的概念而突出其使用权。相反,产权酒店突出产权概念。规范操作的产权酒店,每位业主拥有固定房产的所有权,作为主人,每年享受若干天的住宿权利,并将其余时间的住宿权委托酒店管理方对外出租。

2. 共享方式

标准的分时度假产品中,购买了周单位时段的消费者在共享房产当中处于平等的地位,每位顾客按照自己所购买的时间享有房产的使用权。不同消费者之间除共同使用一套房产外,没有其他的联系。但产权酒店的安排当中,某个消费者购买了房间的使用权,并按照购买时的安排自主选择使用时间。在空闲时间内,其他顾客可以通过酒店预订入住,但实际上是租用了原购买者委托饭店经营的房间,所以共享的方式上存在较大差异。

3. 其他差异

由于以上差异,分时度假产品和产权式酒店之间具有一系列的不同点,比如销售价格,标准的分时度假产品由于顾客只拥有每年使用1周的权利,所以价格相对较低,国内产品价格在2万元人民币以上,国际平均水平为800美元。而产权酒店购买了单间客房的所有权,国内一般需要10万元人民币以上。付款方式上,分时度假产品要求一次性付清全款,而产权酒店多联合金融部门提供购房贷款,首付一笔费用后,按年或月分别付清余款。

二、中国产权式酒店的发展现状及应对策略

(一)中国产权式酒店的发展现状

产权式酒店自从传入中国以后,首先诞生于海南三亚,随后北京、上海、广州、深圳、海南、青岛、北海、桂林、珠海、昆明等地均开始出现各种形式的产权式酒店,经过一段时间的发展,呈现出旺盛的势头。但是我国产权式酒店的发展并非一帆风顺的,从我国当代产权式酒店的发展现状来看,可以具体归纳为以下几个方面。

1. 同质化现象严重

同质化严重是当前产权式酒店发展的一个突出问题,从目前产权式酒店的发展情况来看,不同的产权式酒店在经营定位、投资人群、管理服务等方面都没有太大的差别。同质化严重的情况下,产权式酒店就能很难以自身所特有优势吸引投资者,也难以获得客户的青睐。不少产权式酒店在客户服务、餐饮住宿、娱乐消费等方面基本没有太大的区别,同质化的发展策略很容易导致产权式酒店陷入恶性竞争之中,不仅仅是产权式酒店的销售价格会大打折扣,同时酒店的发展潜力也会受到影响,这得给整个行业带来负面影响。

2. 经营管理不够科学

产权式酒店需要科学的经营管理,这样才能够给投资者带来良好的收益,但是从产权式酒店的发展现状来看,很多产权式酒店的经营管理不是很科学,这直接影响到了酒店的入住率等。酒店不能获得良好的收益,自然也就不能够给投资者提供较理想的收益。产权式酒店经营管理方面的不科学主要集中在成本管理、品牌管理、营销管理等方面,目前我国酒店行业已经出现了供求失衡的情况,供大于求使得产权式酒店的经营压力剧增。很多产权式酒店并没有聘请专业的酒店管理企业进行经营,经营管理水平比较低,成本居高不下,酒店品牌没有知名度以及美誉度,在营销方面更是比较落后,做不到利用好新媒体进行营销,从而影响到了营销效果。

3. 利益相关者权益难以维护

产权式酒店作为一种新的投资理财方式,一经推出颇受欢迎,但是在我国产权式酒店的发展中,也出现了很多的纠纷、诉讼,究其原因,在于利益相关方的权益没有得到较好的维护。产权式酒店的利益相关方比较多,包括了投资者、经营者、开发商等等,稍有不慎就会打破利益相关者的利益平衡,从而带来一系列的负面问题。目前我国产权式酒店的发展,在利益相关者的权益维护方面做得并不够好,相关法律规定比较模糊,这使得投资者权益受损的情况屡屡发生,严重地打击了人们投资产权式酒店的热情,影响到了投资者对于产权式酒店的信心。

（二）中国产权式酒店的发展策略

针对目前产权式酒店发展现状，当务之急就是做好引导规范工作，确保产权式酒店能够形成比较好的市场声誉，吸引到更多的投资者，为这一产业的蓬勃发展注入更多的活力。

1. 打造差异化发展路径

产权式酒店需要走差异化的发展道路，从产权酒店的规划设计到建设营造，再到日常经营服务，都需要尽量做到差异化。对于投资者来说，差异化意味着人无我有，这可以较好地激发投资者的投资热情。同时在服务方面，通过差异化的经营策略，可以让产权式酒店从与其他类型的酒店的激烈竞争中脱颖而出。

2. 注重经营管理水平提升

产权式酒店一定要注重经营管理水平的提升，在当前酒店行业竞争不断加剧的情况下，产权式酒店必须注意修炼内功，重点做好成本管理、品牌管理、营销管理等几项工作，这样才能够确保酒店在竞争中立于不败之地，从而给投资者带来源源不断的收益。在成本管理方面，关键是要树立全面控制、全员参与的基本理念，重点是在采购、经营方面，做到节约成本，将经营成本控制在合理的范围之内，最大限度地提升酒店的盈利水平。在品牌管理方面，关键就是要注意酒店品牌的建设，通过各种途径进行品牌宣传，提升酒店品牌的知名度以及美誉度，让酒店能够获得品牌溢价，通过良好服务吸引更多的客户。在营销管理方面，重点是要以服务营销为着力点，通过提供个性化、高品质的服务，来提升客户的居住体验，带来入住率的大幅度提升。

3. 协调处理好利益相关者的利益

产权式酒店发展的关键就是要理顺利益相关者利益，避免出现伤害投资者权益的事情，利益相关者应具有契约精神，根据契约规定来承担各自的责任，并享有各自的权益。对于相关管理部门来说，一定要完善法律法规，加强对产权式酒店的发展规范，切实维护好各方的利益，从而树立起投资者的投资信心，推动产权式酒店更好地发展。

三、产权式酒店的一般投资模式
（一）产权式酒店的总体运作模式

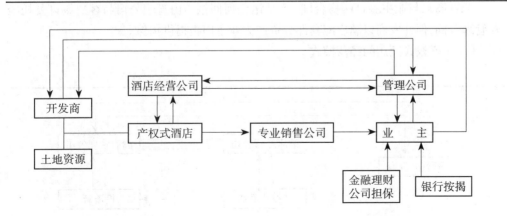

图 8-1

产权式酒店的总体运作模式

产权式酒店的总体运作流程如下：

（1）开发商开发出酒店，委托营销代理公司将酒店的客房部分出售给业主，从而获取开发收益。

（2）开发商委托管理公司管理酒店配套部分的资产，并以酒店配套部分的资产为业主回报提供担保。

（3）管理公司接受开发商的委托，并建立一套经营、权属、投资回报管理体系；接受业主物业资产委托管理，并定期兑现业主权益或进行权属管理等；委托酒店经营公司（或顾问公司）经营管理产权式酒店。

（4）酒店经营公司接受管理公司委托经营管理，引进先进的理念经营管理产权式酒店，实现投资者的稳定回报。

（5）业主将酒店客房委托给管理公司进行管理和经营，并定期从管理公司处获得回报。

（6）银行为业主提供按揭，保险公司为业主提供担保。

（二）产权式酒店的开发模式

图 8-2

产权式酒店的开发模式

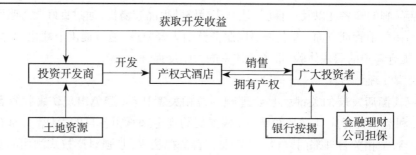

产权式酒店的开发模式如下：

（1）开发商开发产权式酒店，并将其中客房部分以分零的形式销售给各小业主，从而直接获取开发收益。

（2）开发商仍然拥有酒店其他部分的所有权。

（3）各业主拥有所购客房的产权。

开发商只与业主签订购房合同，不承诺任何回报。由管理公司与客户签订委托经营管理合同，但开发商以酒店配套部分资产为业主回报提供担保。

（三）产权式酒店的经营模式

图 8-3

产权式酒店的经营模式

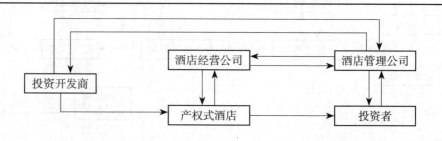

产权式酒店的经营模式流程如下:

(1)开发商开发出酒店,委托营销代理公司将酒店客房部分出售给业主,从而获取开发收益。

(2)开发商委托管理公司管理酒店配套部分的资产,并以酒店配套部分的资产为业主回报提供担保。

(3)管理公司接受开发商的委托,并建立一套经营、权属、投资回报管理体系;接受业主物业资产委托管理,并定期兑现业主权益或进行权属管理等;委托酒店经营公司(或顾问公司)经营管理产权式酒店。

(4)酒店经营公司接受管理公司委托经营顾问管理,引进先进的理念经营管理产权式酒店,实现投资者的稳定回报。

(5)业主将酒店客房委托给管理公司进行管理和经营,并定期从管理公司处获得回报。

一般来说,产权式酒店的经营模式分为以下四类。

表8-1

产权式酒店的经营模式分类

模式	产权	管理者	业主收益		业主入住权利	开发商权益
			按揭期间	按揭到期后		
模式一	产权完全归属业主	发展商委托的第三方专业酒店管理机构	月收益用于支付月供款,无分红	根据经营状况,每月收取净收益	每月可入住若干天,入住不影响收益	参与酒店利润分配
模式二			月收益用于抵充供楼款,获得浮动分红	根据经营状况,每月收取净收益+浮动分红	每月可入住若干天,入住不影响收益	参与酒店利润分配
模式三			自付供楼款,获得酒店支付的月收益+浮动分红	根据经营状况,每月收取净收益+浮动分红	每月可入住若干天,入住影响收益	参与酒店利润分配
模式四			业主自付供楼款,获得承诺的固定收益+浮动分红	获得承诺的固定收益+浮动分红	每月可入住若干天,入住不影响收益	参与酒店利润分配,承担保证业主月固定收益的义务

注:上述模式一、模式二、模式三风险由业主承担,业主可能出现损失;模式四主要风险由开发商承担。

四、案例解读——三亚湾红树林度假酒店

(一)项目概况

项目类型:酒店建筑综合体

总建筑面积:68万平方米

投资商：金典集团，金典集团于2004年开创了全国连锁经营、可交换入住的"全生活度假酒店"自有品牌——红树林系列度假酒店，布局三亚、青岛、大理、从化、无锡等中国最稀缺旅游资源城市。

设计单位：美国5+design设计公司

项目介绍：三亚湾红树林度假酒店位于海南腾鳌新区三亚湾河东路与凤凰路交汇处，由于离海边较远，三亚湾红树林酒店致力于打造另类的各项主题，以"国际旅游岛上的拉斯维加斯"为特色打造五大板块，与三亚其他度假式酒店相区别，寻求自己的独特发展道路。该项目占地面积约27万平方米，总建筑面积68万平方米。酒店以"威尼斯人"、"云顶"、"米高梅"、"贝欧齐拉"等世界级"目的地酒店"为标准，是中国推出的第一座巨无霸式五星级酒店，也是中国第一座全生活概念度假酒店，是融度假、水上休闲、巅峰娱乐、全球美食购物体验、商务、超级会议会展等功能于一体的综合体建筑群。其硬件配置远远超过五星级标准：5 000多间客房相当于12座五星级酒店、2座澳门威尼斯人酒店，还有造浪泳池、丛林漂流、火山水乐园、71个自营餐厅、150个品牌店，以及13个电影外景、50个影厅、3个特效摄影棚等在内的电影工坊，2万平方米的今日艺术汇以及能同时容纳7 000人开会、5 000人宴会的中国最大的国际会议会展中心；近千米长人工运河，1.2公里长东南亚风情河畔商街；汇聚500余间店铺食肆的世界美食港；世界顶级"迪拜水上乐园"原版再现；迷幻海底餐厅；5万平方米国际电影节主题会展中心；承载戛纳梦想的国际电影节标准颁奖影厅；1 200座的露天演出广场、结婚礼堂。三亚湾红树林度假酒店是集度假、艺术、电影、餐饮、时尚、购物、会议会展于一身的多元化产物。

（二）盈利模式

盈利模式分析：通过销售产权和分时度假卡进行赢利。

第一阶段：产权酒店的销售

通过对酒店房间产权进行销售，回笼大量资金。三亚湾红树林销售均价为30 000元/平方米。

第二阶段：分时度假卡的销售

向顾客销售分时度假卡，度假卡未来可在所有的红树林酒店使用，通过销售度假卡，再次回笼大量资金。

表 8-2

三亚湾红树林度假酒店分时度假卡

卡类别	售价（元）	年　限	度假天数
会员卡	85 750	35年	7天/年
金　卡	171 500	35年	14天/年
翡翠卡	257 250	35年	21天/年
钻石卡	343 000	35年	28天/年

（三）客户权益

（1）产权客户权益：

独立房产权：酒店每间客房都拥有独立的商品房产权，可出售、可抵押。

免费居住权：投资人每年拥有30天免费居住权，并可任意选择全国各地红树林酒店与加盟酒店使用，任意选择标准间或总统套房等房型入住，任意选择淡季或元旦、春节等旺季时间入住。

股东房价权：当每年免费居住天数使用完后，投资人在全国任何红树林系列酒店订房均自动享受业主房价待遇。

酒店利润分红权：三亚红树林度假酒店实行第三方独立财务制度，年终投资人按所投资客房的分红指数自动享有利润分红权。自酒店运营第二年起，每月分红，酒店当月可分配利润的50%，其余利润年终分配。

代订团队房的提佣权：由投资人订的会议等团队用房均自动享受团体价待遇，业主还将获得用房收入的5%作为佣金回报。

（2）分时度假卡客户权益：

全国换住权：每年可享有在全国十多个度假城市的任意一间红树林五星级酒店免费入住7天的权利。

会员房价权：红树林度假卡免费天数使用完后，会员在全国红树林度假酒店订房，享受会员入住价。

团体订房奖金权：会员会议或团队订房，享受会员价，并可获得3%订房奖金。

转让更名、馈赠权：红树林度假卡可以转让、更名、馈赠，度假卡持续增值，轻松增值收益。

第三节　异地康养型项目投资展望

一、异地康养型项目在我国发展的环境

异地康养型项目是将房地产开发与养老、康养服务等进行有机结合的复合开发模式。这种模式是将房地产开发与创造消费者生活方式密切结合，将房地产业和养老产业、现代服务业、农业等相关产业进行整合，从而将某种具有号召力又具有贴近性的生活方式完整地镶嵌到房地产的规划、开发、运营和服务的整个流程之中，为消费者创造出充分体现生活感受和文化价值的复合人居生活。我国现已步入老龄化迅速发展的阶段，此阶段对传统养老模式构成冲击，老人自我养老意识增强，家庭的养老压力巨大。异地康养型的项目呈现出朝养老地产方向发展的趋势，以满足巨大的市场需求。

（一）老龄化问题突出

我国人口老龄化水平已超过国际公认的标志线水平。2000年，我国已经达到国际上一般认为的7%的老龄化标志线。截至2012年底，我国60周岁以上老年人口已达1.94亿，2020年预计将达到2.43亿，2025年将突破3亿。我国人口老龄化具有增长速度加快、数量增大、高龄化更加显著、农村老龄问题突出、城乡和地区之间老龄化程度差异扩大等特点。这进而导致养老保障问题更加突出，劳动年龄人口对老年人赡养负担加

重,社区照料服务需求迅速增加,解决老龄问题的社会压力显著加大。①

(二)养老观念的转变

老年人生活观念在发生转变。随着中国知识型老年群体的增长,老年人的自主意识和自主关注逐渐增强。部分城镇老年人在儿女成家立业后,拒绝为其儿女承担任何的家庭照顾服务,他们有较强的独立生活的需求,包括教育学习、休闲娱乐、旅游度假等。他们渴望在进入老年后有时间外出旅游、与老友相聚、参与更多的老年群体活动等,他们已经不再受传统养老方式的约束。与此同时,我国整体经济发展水平不断提升,国民收入水平不断得到提高,部分老年人的支付能力也有所提高。

(三)政策支持

2006年以来,我国连续出台了一系列的政策,支持养老产业发展。尤其是《中共中央、国务院关于加强老龄工作的决定》、《中国老龄事业发展"十二五"规划》、《社会养老服务体系建设规划(2011—2015年)》、《国务院关于加快发展养老服务业的若干意见》(国发〔2013〕35号),使养老产业进入黄金发展浪潮,而国务院印发的《关于促进健康服务业发展的若干意见》则进一步助推了这一发展浪潮。与此同时,湖北、云南、广东等地也出台了一系列政策,以加快养老产业的发展。我们可以预见:养老产业将成为新兴的朝阳产业。

二、异地康养型项目一般投资策略
(一)异地康养型项目投资模式
1. 康疗型养老地产

表8-3 康疗型养老地产的投资模式

项目		特点	功能体系
产品特色	用地性质	一般为非居住用地,且土地通过划拨、协议等方式取得	居住功能 康体养生功能 医疗护理功能 学习交流功能 休闲娱乐功能
	区位环境	依山傍水,生态资源良好	
	功能体系	通过与专业医疗机构、康复疗养机构合作,提供全方位的健康体验、老年特色疾病的照料看护、病愈的康复疗养等专业健康管理服务,并辅以满足交流、学习、娱乐需求的活动中心	
针对客户		对年龄有一定限制,主要针对身体状况欠佳和对保健养生格外关注的老年人	
运营主体		以开发商为开发主体,政府、专业医疗机构协助	
运营方式		出租及会员制,由于受用地性质的限制,一方面依托自身养生、休闲等配套设施接待养生体验度假,另一方面将提供医疗看护服务的老年公寓实行会员制入住,客房需缴纳会员费加管理费,但无产权	

① 姜睿,苏舟.中国养老地产发展模式与策略研究[J].现代经济探讨,2012(10):38—42.

2. 异地养老地产

项　目		特　　点	功能体系	
产品特色	用地性质	居住用地,通过市场出让方式取得	居住功能 休闲度假功能 投资功能	**表8-4** 异地养老地产 的投资模式
	区位环境	强调山海等强势生态资源及宜居的气候条件		
	功能体系	以海南冬季养老基地、北京滨海低区的夏季避暑养老和云南四季适宜养老养生基地为主,通过异地购房方式,使老年人可进行异地旅游和养老,灵活性强		
针对客户		针对有一定经济实力的健康活跃长者,喜欢参加社会活动,与外界保持良好的联系		
运营主体		开发商		
运营方式		直接销售		

3. 乡村休闲养老地产

项　目		特　　点	功能体系	
产品特色	用地性质	集体土地,仅有使用权,无所有权	居住功能 农村文化体验 绿色农家膳食 瓜果采摘	**表8-5** 乡村休闲养老 地产的投资 模式
	区位环境	拥有田园景观等乡村原生态资源		
	功能体系	结合农业经营活动、农村文化及农家风情生活,借鉴分时度假模式,将农业休闲旅游和生态养老相复合,提供养老居住、瓜果采摘、绿色农家餐饮等功能,基本无其他配套设施		
针对客户		针对城市中高收入的活跃长者,其渴望田园生活,希望回归自然		
运营主体		以开发商为主,社会机构协助		
运营方式		出租或销售使用权:在乡村景区周边利用农村闲置资源建设度假物业,并将该物业一定年限的使用权销售给城市养老客户		

4. 立体化养老地产

项　目		特　　点	功能体系	
产品特色	用地性质	居住用地	居住功能 医疗护理功能 康体养生功能 文化交流功能 休闲娱乐功能 亲子功能 精神实现功能	**表8-6** 立体化养老地 产的投资模式
	区位环境	生态环境良好		
	功能体系	将休闲旅游和生态养老相结合,提供养老居住、康体养生、文化交流、休闲娱乐等功能		

项　目	特　　　点	功能体系
针对客户	针对城市中高收入的老年客户	
运营主体	以开发商为主,社会机构协助	
运营方式	居住形式灵活多样,租售并举,有居家式、租住式、安养式、度假式等	

（二）异地康养型项目在我国的赢利模式

1. 长期持有

在养老地产物业持有运营阶段,目前养老地产项目主要经营形式是采取会员制发售,会员购买居住权,其他如护理费用另算,这使专业化服务管理显得更加重要,它是决定养老养生社区可持续性发展的关键因素。

持有运营也是很多开发商的想法:养老养生社区将来是只租不售,并不是建房子卖给老年人,因为养老养生社区就像发了一张长期"债券",而保险资金目前正缺少10年或更长时间的投资产品。

2. 出售

"出售物业"模式的养老地产建设和住宅的管理服务是分开的。开发商完成上一期的销售任务即可转入下一期项目的开发,投资回收期比较短,风险相对小。这种"出售"经营盈利模式的养老地产,可以建在普通商品房旁边,使得购买老年住宅的父母和购买普通商品房的子女能够互相照顾,在住宅产品的设计上应符合老年人的使用习惯,具有老年住宅产品的使用价值。但"出售"模式与普通商品房的经营方式并无不同,并没有将老年住宅与老龄人口所享受到的社会福利结合起来。因此它并不能纳入真正的"养老地产"范畴。

3. 出售与长期持有相结合

"出售"与"持有"相结合的经营盈利模式则与美国老年地产的商业运营模式有些类似,它将住宅销售与物业配套服务相结合,打造成功能比较完整的养老养生社区。其中,开发商的利润不仅来源于住宅的销售,也来源于配套的物业管理服务(例如医疗、娱乐和护理服务)带来的增值效应。居住在这样的养老养生社区,老人能够便捷地享受到医疗设施和娱乐设施,与同龄人交流而不至孤独。有条件的社区甚至可以邀请当地诗画名家,满足老人的文化艺术需求。

但是此种模式下的住宅开发,会面临更多的复杂情况和更大的投资风险。它需要的资金规模比较大,投资回收期比较长,大约是10至15年。开发商除了要面对销售的压力,对配套的物业经营管理也担有风险。

养老地产的开发不能像住宅产品以销售为获取利润的主要渠道,物业服务多为维护开发品牌服务,利润极少。养老地产开发需要社区的可持续性,盈利模式就需要产品销售和物业经营服务二者并重。大型综合性养老地产项目的成功建设与后期运营,亦为项目立体开发提供了支撑,包括住宅、购物中心、酒店、度假旅游、医院、康体娱乐等。故养老地产的开发,特别是大盘项目切入养老住宅,需要建立综合性的盈利模式,即"居家养老住宅销售+养老住宅持有经营+综合性商业租售运营",形成一个完整的产业体系。

	优　　点	缺　　点	
销售	较快回笼资金,提高资金周转,实现滚动开发	必须取得土地的使用权,享受到政府的土地优惠政策的可能性比较小。不能得到养老地产升值的剩余和通过运营获得的长期稳定收益	**表8-7** 不同赢利模式的优缺点比较
持有	能够通过使用配套用地、行政划拨用地等灵活的手段在不取得土地所有权的情况下实现运营,降低土地成本。结合物业、医疗、康体锻炼等多种服务实现稳定的收入	要求具有充裕的现金、资金占用量大、回笼较慢	
销售+持有	除了上述两种模式的优点之外,还可以通过在土地方面采取灵活策略,如经营性物业可以不取得土地所有权或通过其他性质的土地降低成本,而需要出售的住宅则通过招拍挂取得土地使用权,这样既可以实现资金的快速回笼,又可以享受到土地升值的利益	也需要一定量的运营资金	

三、案例解读——北京东方太阳城

(一)项目概况

开发商:中国希格玛有限公司,成立于1986年,隶属于中国科学院。

区位:坐落于有"东方莱茵河"之美誉的北京市顺义区潮白河畔约467万平方米林地中。水系方面,社区整体坐落于高尔夫球场之上,共有近34万平方米湖水分布其间,水域比例达到3%—5%。绿化方面,周边有10万株林木环抱,社区绿化率高达80%。每个区域都有自己独特的树木、灌木及地被植物,形成区域之间的天然视觉屏障,风景随四季交织呈现。空气方面,社区空气中负氧离子平均含量高达2 000个/立方米,居住环境已达到疗养级别。

规模:规划面积近234万平方米,总建筑面积70万平方米,共可入住2万余人。

功能:以会议展览为经营主业,集休闲度假、康体健身、美食购物、影视拍摄等多种功能于一体。

定位:"世界级的高尚退休社区"、"全新退休生活的领跑者"。

物业类型:独栋别墅、连体别墅、点式公寓、板式公寓和连廊式公寓,面积为78—716平方米不等。

各期情况:

一期——欧式风格,塑造田园式社区。

建筑类型：连体别墅、点式公寓、板式公寓和连廊式公寓四种。

户型面积：单元面积从70—230平方米不等。

配套设施：与中日友好医院合作的医疗服务中心、邮政代办中心、超市、餐厅等社区基础配套已经投入使用，设有乒乓球俱乐部、太极拳俱乐部、棋牌俱乐部、钓鱼俱乐部。

二期——欧式风格，创造和谐的生态社区。

建筑类型：公寓、连体别墅、独栋别墅、四合院，公寓首层设私家花园。

规划特点："万亩森林、千坪庭院、独栋别墅"的富春园独栋别墅和四合院，有10万株50年原生森林、75万平方米绿地。独栋别墅设400—2 400平方米不等的超大私家花园，满足住户对私属生活的珍视、对私密空间的原创动力。

三期——欧式风格，延续前两期惬意、高尚的生活品质。

规划特点：南北通透，6层北侧相应退台，并提供超大露台；每单元一梯两户；板式公寓包含一至三居室；点式公寓均为四居室，沿社区湖布置楼座。

（二）配套设施

项目总建筑面积为70万平方米，其中针对老年人的需求，配套公建近5万平方米。

主体配套建筑概况。规划面积达5万平方米的配套建筑群位于社区中央，主要以社区中心、康体中心、度假酒店、商业中心和酒店公寓等四大功能区为主，集文化、娱乐、商业、医疗、康体、度假休闲等多种功能于一身。

太阳城社区医院。面积1.6万平方米，医护人员由北京市老年病研究中心选派，设施和医疗水平高于国家二级医院标准。医院对每位业主每年进行一次免费体检，并存入个人健康档案，专业医师为业主量身定制保健方案。紧急呼叫系统将医院同各家各户及公共场所每一角落连接起来。此外，医院与北京红十字会紧急救援中心合作，在太阳城内设立急救站。

生活通信配套。道路无障碍设计铺设防滑钢砖，公寓住宅楼全部配置能容纳担架的医用电梯，社区内建有先进的弱电管理中心，配有紧急援助呼叫系统、生活服务系统、信息传递系统（与宽带光纤衔接），在社区绿化带内还建有带编码的公共卫生间，并在其内安装有安全呼叫设施与社区智能化安全系统连接。

大型康体中心。康体中心接近8 000平方米，室内外的游泳池、跑道、各种健身器材、网球场、舞蹈房、温泉，均针对老年人特别设计。

社区农庄。在社区内开辟可以耕作的农庄，每块地管理费低廉，一年中可以在地块中耕作，很多老年人非常喜欢这种农家乐的感觉。

老年大学。开办北京市第一家社区内申办的老年大学，开设多种课程，如芭蕾、陶艺、书法、雕刻等，部分课程由社区中的老年人担当教师。

开敞空间。通透大气的视觉走廊、开敞绿地与文化广场和多个小型户外活动场地、湖滨健身步道与儿童乐园。

（三）目标客群

养老一族。其中有退休教授、干部等，总体层次较高，项目定位的老年人都是生活可以自理的活跃的老年人。

准养老一族。很多四五十岁的人在退休前在此为自己买养老的住宅，而他们的父母多在六七十岁左右，因此房子买来可以先给父母住，等自己退休后再搬过来住。

养老族亲属。很多人在市区都有住宅，周末来这里陪父母，部分客群与父母住在同一小区，方便照料。

地缘性客户。本项目离机场较近，机场的工作人员和飞行员会在此买房。

（四）规划设计

整体规划：带状排布，借景最大化。社区傍水而建，周边为约467万平方米的绿化隔离带。三期组团呈带状平铺，保证了每个组团与景观最大的接触面积。

组团设计，功能独立：由于项目各期均体量较大，周期较长，采用组团式设计，功能景观内部配套，互不依赖。

老年社区特色规划：组团内引入大量景观，追求极致。目标客户成长在新中国成立初期的艰苦年代，艰辛的童年使他们对养老环境有更高追求。在整体景观之外，每个组团内单独布置了大量水系。规划依据绿化，这在低密度项目中非常少见。

组团对外闭合、对内开放：老年人需要更多的安全感，因此组团均以组团中央景观为核心围合布置，与组团外空间有效隔绝。老年人渴望交流，因此在内部布置大量开敞交流空间。

户型设计：老年人渴望交流，有些别墅设了双客厅；中国传统观念为子女与父母同住，因此开发了大户型多卧室；老人需要照顾，因此有些户型设计了保姆间。

环境设计：大型会所成为老年人相互交流的主要空间；园林设计强调可交互性，在园林区里都开辟了小型平台作为随机性的交流空间。

活动设计：组织精彩纷呈的社区文化、休闲、娱乐活动，例如举办过3届国际风筝节，举行了3次新年音乐会，社区运动会、游园会、文艺汇演、各种展览、讲座、培训、交流活动数不胜数。社区组织的俱乐部有乒乓球俱乐部、太极拳俱乐部、棋牌俱乐部、钓鱼俱乐部。业主自发组织的俱乐部有音乐沙龙、民族舞俱乐部、太极拳俱乐部、乒乓球俱乐部、健身俱乐部。因此每个老人都能找到自己喜爱的活动。

装修设计：东方太阳城项目整体定位为"退休后的释意居所"，配套及装修强调老年人生活的便捷性。

（五）市场运作

借鉴国外老年住宅的先进经验提出"第三养老模式"，即家庭养老与社会养老相结合，其运作思路为：老年家庭以按揭或付清房款的方式买房，一经交付即叫入住，开发商从次年起，逐年向业主回购部分产权，以解决老年家庭的养老金、医疗保健费。如果业主较早过世，而开发商还没完全回购产权，子女可继承住宅的部分产权；如果业主身体健康长寿，而开发商已经全部购回了产权，开发商承诺业主可无限期免费居住下去。

思考题：

1. 分时度假产品有哪些类型？其在中国的发展需要注意哪些问题？

2. 分时度假产品与产权式酒店在经营模式上有什么异同点？

3. 异地康养型项目未来有哪些发展方向？

参考文献:

[1] 刘赵平.分时度假·产权酒店:饭店业和房地产业的创新发展之路[M].北京:中国旅游出版社,2002.

[2] 杨立娟,等.新经济新生活:分时度假在中国[M].北京:机械工业出版社,2003.

[3] 中国房地产业协会商业地产专业委员会,EJU易居(中国)控股有限公司.中国旅游地产发展报告2014—2015[M].北京:中国建筑工业出版社,2015.

[4] 北京百年建筑文化交流中心.旅游地产[M].哈尔滨:黑龙江科学技术出版社,2005.

[5] 姜若愚,刘奕文,杨子江.养老地产开发运营模式[M].昆明:云南大学出版社,2014.

[6] 佳图文化.养老地产规划及设计[M].广州:华南理工大学出版社,2013.

内容提要

- 房车旅游及自驾车营地概述
- 房车营地项目的投资环境
- 房车营地项目的投资模式
- 低空游览项目的发展概况
- 低空游览项目的投资环境
- 低空游览项目的投资策略
- 水上旅游项目的发展现状及展望

第一节 房车自驾车营地项目投资与策略

房车旅游是以房车为载体的旅游活动,在欧美许多国家及地区已经有了近百年的发展历史。在我国,房车旅游自20世纪90年代才进入国民的视线。近年来,随着旅游业的迅速发展以及国民休闲意识的增强,旅游者越来越追求个性化、休闲化的旅游方式,房车旅游也日益受到旅游者的青睐。基于旅游产业的升级、汽车产业的转型、互联网产业的深化,未来十年被看作是汽车露营地休闲产业爆发的十年。2015中国汽车文化产业峰会上,与会专家指出,汽车露营旅游已经成为极具发展前景的旅游新业态,预计中国的露营地和房车文化将会出现井喷式发展。

一、房车旅游及自驾车营地的概况

房车,英文全称Recreational Vehicle,简称RV,其雏形源于吉卜赛人的大篷车。参考《汽车和挂车类型的术语和定义》(GB/T 3730.1–2001),房车是指至少具有座椅和桌子、睡具(可由座椅转换而来)、炊事设施和储藏设施的一种专用汽车。它是房与车功能的结合体,车上配备基本的生活设施用品,真正集"衣、食、住、行"于一身。一般的房车可容纳3～8人一起外出。

(一)房车旅游及其基本要素

1.房车旅游

房车旅游是随汽车的普及和公路交通的发展而诞生的一种休闲旅行方式,指以房车和房车营地为物质载体进行的自给自足的户外旅游活动,强调在旅游者体验户外生活、满足社交需要的同时,保持与定居生活相同的熟悉性和舒适性。为了方便研究,通常也将房车旅游定义为:旅游者以房车为工具,以自由灵活、亲近自然、放松身心为目的,离开常住地到房车营地或旅游景区开展休闲、度假、娱乐等游憩活动的一种新型旅游方式。

2.房车旅游系统

和其他旅游产品形式一样,房车旅游也具备一个完整的系统,其中主要构成包括房车制造商、房车经营商、营地运营商、旅游者、旅行社、政府部门。

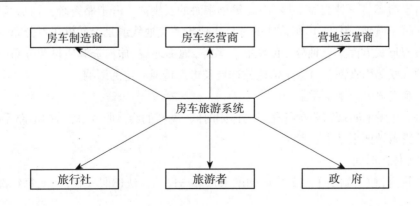

图9-1

房车旅游系统

房车制造商主要分为两大类：一类为自主设计生产，主要是欧美国家或地区一些技术非常成熟的房车生产企业；另一类则为技术改装，我国的房车生产商大多属于这一类。

房车经营商主要从事房车的销售、租赁、维修等工作。目前，由于我国房车旅游仍处于起步阶段，所以房车销售客户群体大多是房车营地。

营地运营商主要负责房车营地日常的运营事宜，包括组织接待旅游团体、房车租赁、房车维修、安全管理等，是房车旅游系统中十分重要的环节。

旅行社通过设计房车旅游路线，将分散的房车营地组织成完整的网络体系作为旅游产品出售给旅游者，而旅游者就是房车营地的主体，实现房车旅游活动。

政府则通过制定法律政策，为房车旅游发展提供安全的宏观环境，同时对房车营地的开发运营活动进行监督，避免发生开发商破坏环境及非法利用土地的现象。

3. 房车旅游的特征

由于房车旅游在我国是一种新型的旅游休闲方式，并且房车同时具备"房"与"车"两种功能，因此在房车旅游的发展过程中呈现出一些独特的属性，主要表现为个性化、扩大旅游空间以及露营地呈点轴分布三个方面。

（1）个性化

旅游者的消费需求日趋个性化，而房车旅游能使旅游者摆脱日常生活的固定轨迹，打破旅游活动的固定模式。在房车旅游的过程中，其个性化主要体现在以下几个方面：首先，旅游者能够根据自己的偏好设计房车内部的空间布局，打造一个满意的生活起居环境；其次，旅游者可以自己设计旅游路线，只要交通条件允许，旅游者可以去任何自己想去的地方；最后，旅游者可以自主安排出发时间以及人数，可以体验亲子游，也能安排组团形式。

（2）扩大旅游空间

汽车工业和交通道路的发展增强了旅游者自主出游的可能性，同时也使得旅游者不断延伸旅游距离，长途自驾也已经成为重要的旅游体验方式之一。随着旅游业的发展，旅游吸引物的范围也不断扩大，交通道路两旁的植被设计和沿途的优美景观丰富了旅游者的旅游体验。在偏远尚未开发的地区，由于房车本身具备了提供食宿的功能，因此基础设施的缺乏也得到了弥补，可供旅游者选择的旅游目的地也越来越多样化。

（3）露营地呈点轴分布

由于房车是一种交通工具，因此房车旅游的实现离不开道路系统。而房车则需要停靠在房车营地，因此，房车营地的选址主要沿着交通线或是交通枢纽点分布，并且在地理表现形式方面呈点轴分布的状态。另外，地形地貌、旅游资源质量及分布、旅游目的地的气候等因素都会对房车营地的选址及形态造成一定的影响。

4. 房车旅游的基本要素

房车旅游的实现需要具备充足的休闲时间、宽裕的经济收入、完善的道路系统以及规范的露营地四个基本要素。

（1）休闲时间

在我国，政府制定了相关休假制度来保障居民的合法休假权利，每人每年都有124

天左右的休假时间,几乎占了全年的1/3。充足的休假时间为居民外出旅游及休闲活动在时间上提供了可能性。在周末,人们可以选择租赁房车进行短途的露营活动;在小长假,人们就可以利用房车进行长途旅游,体验更加精彩的户外活动。

（2）经济收入

休闲旅游观念深入人心离不开收入水平和消费水平的不断提高。据2017年国民经济和社会发展统计公报的资料数据显示:我国城镇居民全年人均可支配收入为36 396元,比上年增长8.3%;农村居民人均可支配收入为13 432元,比上年增长8.6%。居民的经济条件越来越好,这为房车旅游的发展提供了可靠的物质基础。

（3）道路系统

近年来,我国交通事业蒸蒸日上。2017年交通运输行业发展统计公报的数据显示,年末全国公路总里程为477.35万公里,比上年增加7.82万公里。公路密度为49.72公里/百平方公里,增加0.81公里/百平方公里。公路养护里程为467.46万公里,占公路总里程的97.9%。年末全国四级及以上等级公路里程为433.86万公里,比上年增加11.31万公里,占公路总里程的90.9%。二级及以上等级公路里程为62.22万公里,增加2.28万公里,占公路总里程的13.0%。高速公路里程为13.65万公里,增加0.65万公里;高速公路车道里程为60.44万公里,增加2.90万公里。国家高速公路为10.23万公里,增加0.39万公里。年末全国通公路的乡(镇)占全国乡(镇)总数的99.99%,其中通硬化路面的乡(镇)占全国乡(镇)总数的99.39%,通公路的建制村占全国建制村总数的99.98%,通硬化路面的建制村占全国建制村总数的98.35%。全国公路网络横贯东西并直通南北,使得城市之间以及城乡之间的距离大大缩短了。同时,GPS系统及各类导航APP的应用也为自驾提供了便利条件。

（4）露营地

房车旅游的发展离不开露营。一般来说,房车露营地最基本的功能就是为房车提供停靠补给。当然,为了保证旅游者在露营地的生活质量,露营地也必须配备各种各样的生活设施。在一个完整的房车露营地,主要有生活区、商务区、休闲娱乐区等。旅游者可以在露营地给房车补充物资,最常见的有生活必需品、纯净水、充电以及排污。在欧美的一些国家和地区,房车营地的规划建设和运营管理已经十分成熟,而我国在这一方面仍然还处于探索阶段。

（二）房车自驾车营地的概念

房车营地是专为房车使用者修建、提供车辆补给和休息的场地。房车营地有不同的分类标准,在功能装备上可分为停靠式房车营地与常规式房车营地。

停靠式房车营地设施简单,一般只为房车冲水充电,提供基本的日常生活用品。人们通常把其当作旅途的补给点,最多会在这里短暂休养两三天。常规式房车营地规模大,设施齐全,能满足吃住行游购娱各方面的要求,可以说是度假区。里面有满足日常生活需求的宾馆、餐馆、酒吧、超市、邮局、诊所,也有用于休闲娱乐的篮球场、足球场、网球场、游泳池、高尔夫球场、游乐园等。据其地理位置可分为山地营地、海岛营地、湖畔营地、海滨营地、森林营地、乡村营地。

尽管房车露营在欧美已是流行的度假生活方式,但在中国主要还是高收入阶层的消费，"自驾车+房车宿营"式自驾旅游产品备受青睐，露营地将私家车和固定宿营房车相结合，除了主体房车宿营区外，还设有简单的自助补给设施。

国内相关研究中对露营地的名称使用没有统一规范，出现"旅游营地"、"汽车露营地"和"自驾车旅游营地"等概念，主要观点是自驾车旅游营地也是汽车营地，依托交通干线、自然风景或旅游景区开设，专门服务于自驾车旅游者，房车营地隶属于自驾车露营地范畴。[①]近期，国务院、住建部、国土资源部和国家旅游局等部门，在发布各类《意见》中，基本统一使用了"自驾车房车营地"这一名称。

（三）欧美房车自驾车营地特点

第一，服务设施齐全，露营活动多样。露营地不仅仅是一个单纯的停留地点，同时还应该是一个休闲活动场所。因此，各种露营设施以及活动设施必须齐全。以德国的ALFSEE房车露营地为例，ALFSEE将整个房车营地大致划分为营地管理中心、露营区、娱乐区、儿童娱乐中心、水上娱乐中心等。营地管理中心又细分为商务中心、餐厅、小超市、租赁中心。露营区分为游客自带帐篷的单独露营区和公园提供出租的舒适型露营区。露营区里都配有公共卫生间、淋浴房、洗衣房等。

第二，实施标准化运作。对于房车露营地设施和服务质量的评价，欧美地区主要是按照分级评定。美国根据交通、停车场、自然环境、娱乐场所状况、正常环境容量等因素，将露营地划分为五个级别。法国是从营地容量、供水设施、道路状况、照明状况、娱乐设施规格等方面将露营地划分为四个星级。丹麦从建筑物、场地、设施三个方面将露营地划分为五个星级。不同的等级标准可以为露营者在进行露营决策时，提供不同的参考，这样就大大提高了露营出游效率。

第三，盈利方式多样化。房车露营地的首要任务是提供营位，包括露营营位、房车营位，营位费用是实现营地运营的基本条件。营位的出租，其实相当于景区收取门票，这部分收入是露营地主要的也是最稳定的收入来源。由于露营地远离闹区，拥有大面积的闲置空间，欧美地区的露营地主要开展两大类业务。一类是游乐项目，例如篝火晚会、BBQ、潜水、攀岩、垂钓等；另一类是出租场地，收取租金，例如举办户外用品展，承办企业的会议以及个人婚礼等活动。另外，房车销售也是一种主要的收入来源，房车露营地是销售房车的最好平台，露营地与房车经销商合作，通过中间差价来增加收入。

二、房车营地项目的投资环境及存在的问题

（一）房车营地项目投资环境

1.政策环境

露营旅游作为一种新兴的旅游业态，契合了当前我国大力发展休闲度假旅游的现实要求，迎合了当前我国迅猛发展的自驾游及自助游市场需求，也符合了各地政府对于传统旅游创新发展的政务要求。可以说在国家相关政策的大力支持下，在可预见的未来，自驾车露营地产业将成为新的消费增长点，也将成为大众化休闲旅游方式之一，并

---

① 参见杨旭.中国自驾车旅游营地特征与服务体系探析［D］.北京：北京第二外国语学院旅游管理学院，2009.

将实现从生活方式到社会产业的完美进化。

作为自驾车旅游的升级形式,房车旅游集自由、灵活、方便、舒适和相对经济于一体,引起市场的关注和追捧。2009年12月颁布的《国务院关于加快发展旅游业的意见》明确把旅游房车等纳入国家鼓励类产业目录,提出要大力培育休闲、露营等各类户外活动产品。2011年,《中国旅游业"十二五"发展规划纲要》也提出要积极鼓励发展自驾车旅游,加快完善自驾车营地、房车宿营地等与休闲旅游新需求相适应的设施和服务。房车旅游得到了全国各级旅游管理部门和旅游企业的重视,也引起了学术界的日益关注。2016年11月,国家旅游局会同发改委、工信部、公安部、交通部等十一部委联合印发《关于促进自驾车旅居车旅游发展的若干意见》,提出到2020年建成各类自驾车旅居车营地2 000个,初步构建起自驾车旅居车旅游产业体系。这是国家首次在时间节点和数量规模上对自驾车房车营地建设给出政策指示。2016年初,国务院总理李克强在《政府工作报告》中指出,"要加强旅游交通、景区景点、自驾车营地等设施建设,规范旅游市场秩序,迎接正在兴起的大众旅游时代。"随着个性化旅游发展,自驾已经成为出游的主要方式,庞大的自驾游规模和日益兴起的房车旅游需要完善的产业链对应。

2. 资源条件

营地自身良好的资源条件无疑是其开发建设的一大优势。我国各大景区附近尚有许多风景优美的地区未被开发,这为房车营地投资提供了极大的空间。在风景名胜区附近开发建设房车营地,使房车营地成为其一大功能区,既使得风景名胜区能够吸引更多的客源,更具备市场竞争力,同时也体现出房车营地具有独特的自然风光和人文环境。

3. 市场环境

对房车营地的投资而言,最大的机遇就是自驾旅游时代的来临。近年来,随着旅游业的不断发展,休闲观念也逐渐深入人心。在2013年全国自驾旅游发展峰会上,国家旅游局发布《中国自驾游发展报告》,报告显示,2012年全国共有14.2亿人次选择自驾方式出游,占全国全年旅游人数的48%。一方面,在携程"说走就走"的广告语助推下,大量旅游者开始选择自驾出行,这不仅因为旅游者可以自主选择出发时间,也因为能自主安排旅游路线。另一方面,由于偏好不同,旅游者有不同的旅游需求,越来越多的消费者开始追求个性化和定制化的旅游产品。而房车旅游既满足旅游者自主选择时间和路线的个性化需求,同时也是现下休闲旅游的主要方式之一,作为房车旅游载体的露营地,面临着巨大的投资机遇。

(二)房车营地投资存在的问题

1. 相关政策法规不完善

虽然房车营地的投资发展仍然处于成长期,具有很大的可进入性,但是,也正是因为房车旅游处于刚刚萌芽的状态,相关的政策法规仍然存在很大的问题。一方面,房车行驶的驾照要求就很大程度上制约了房车旅游的发展。大部分房车行驶要求中型客车B1及以上驾照,而我国居民普遍都只持有小型汽车C1的行驶证。这样的行驶要求难免会使得旅游者放弃驾驶房车出游,也减少了房车营地的收益。另一方面,我国房车营地属于旅游开发规划用地的范畴,并不具有土地产权,不能进行任何交易或者转让。这也很大程度上限制了房车营地的土地合理利用和功能开发,进而会影响房车营地的投资计划和运营收益。

2. 高速公路服务区的发展带来的威胁

由于我国道路逐渐发展,高速公路的里程也在急剧上升。虽然高速公路的发展能够促进房车旅游的发展,但是高速公路服务区的升级却给房车营地带来了一定的威胁。高速公路服务区大多设有厕所、便利店、停车位及加油站等基本补给设施,因此能够从一定程度上替代房车营地,同时,高速公路服务区也不需要支付车位租赁费用。此外,高速公路服务区的设施设备和服务也在不断升级,在未来很有可能成为房车营地的一大威胁。[①]

三、房车营地项目的投资模式

(一)房车营地投资现状

根据《中国露营地产业发展报告》显示,截至2015年12月,我国露营地总量为415个,其中建成255个、在建76个、规划84个。全国六大区域露营地数量分别为:华东121个、华北104个、西南78个、中南58个、东北29个、西北25个。其中华东区域因经济及基础设施等利好条件优于其他区域,以及市场消费及大众休闲需求等促进了露营地建设,因而露营地数量排名第一。在散客化和大众自驾游的趋势下,自驾车房车营地为游客提供了亲近自然、放松自我和社会交往的休闲空间,成为促使居民消费的新经济增长点。尽管中国与欧美发达国家相比,仍存在较大差距,但目前国内营地建设如火如荼,已成为培育消费和带动投资的新潮领域。

表 9-1

我国露营地建设情况分布表(截至2015年12月)

区　域	总　量	建　成	在　建	规　划
全　国	415	255	76	84
东　北	29	18	5	6
华　北	104	78	16	10
华　东	121	68	28	25
华　中	29	22	5	2
华　南	29	18	5	6
西　北	25	15	4	6
西　南	78	36	13	29

数据来源:《中国露营地产业发展报告》

房车营地的投资主体主要是政府与企业。政府主要负责营地的建设投资,而企业则负责营地的运营与管理。房车营地投资主要运用的是BOT模式,BOT是"build-operate-transfer"的缩写,意思是"建设—经营—转让",是私营企业参与社会基础设施

---

① 参见杨晚秋.探讨中国房车旅游发展存在的问题及对策[J].当代旅游,2013(4):13.

建设，为公众提供社会公共服务的一种方式。具体而言，是指政府与私营企业签订合同，将房车营地的建设项目交由该企业设计、筹资以及建设运营。在协议期间，企业可以通过运营房车营地来收取一定的使用费和服务费，回收投资并获得一定的收益。然而，协议期满后，房车营地的所有权将无偿移交给当地政府。对于房车营地而言，BOT模式最大的优点就是有利于提高项目的运作效率，并提前满足社会与公众需求。一方面，这种由政府提供土地，企业负责建设的模式，能够通过控制造价降低投资风险。另一方面，采用BOT投资模式，可以使一些政府目前无力投资建设的房车营地的基础建设提前建成，并发挥作用。

（二）房车营地投资可行性报告

可行性研究报告是确定营地建设是否需要进行投资以及如何投资的依据，是房车营地投资建设程序的重要组成部分。可行性研究报告首先对要建的营地项目进行系统的分析，判断营地建设方案是否可行，是否值得投资，然后反复比较修改，最终拟定最佳的建设方案，避免因方案多变而导致人力物力浪费的现象。

一般来说，营地项目的可行性研究报告主要由八个方面的内容组成：

（1）项目背景：主要包括项目投资的宏观环境、基础条件分析以及项目发展前景。

（2）市场调查和分析：主要包括目标客户和市场的需求分析、目标客户的消费水平分析及目标客户的个性分析。

（3）项目概念：包括房车营地的概念、国内外房车营地的发展现状及房车营地的类型等。

（4）项目发展战略与策略：包含发展战略、发展策略及区域分布等内容。

（5）规划原则与运营理念：主要阐述营地功能划分的原则及营地的运营理念。

（6）组织架构与运作模式：明确组织架构、运作模式、阶段运营目标及方针。

（7）财务收益与投资分析：主要包括营地运营的财务分析及项目建设周期与进度。

（8）可持续发展与环保：阐述可持续发展概念与营地环境保护措施。

（三）房车营地投资定位

房车营地投资定位主要有景区拉动型、营地景区配套型、休闲娱乐设施带动型和房车小镇型这四种类型。

首先，景区拉动型主要是景区依托优势资源，开拓游览空间，可将空闲场地开发成营地，丰富活动内容，提升景区利用率，组织露营等休闲活动，从而刺激游客消费。其次，较景区拉动型房车营地而言，景区配套型更强调营地的重要性。可以依托当前一些知名度不高的景区建设营地，使营地发展成为景区配套产品，两者互为支撑。再次，休闲娱乐设施带动型是指依托主题公园、跑马场、高尔夫球场、度假村等休闲娱乐设施建设房车营地，这一类型的房车营地主要通过休闲娱乐设施的宣传来提升营地知名度，带动营地发展。最后，房车小镇型是指依托风景优美的乡村小镇，以房车为载体，规划建设营地、休闲娱乐等功能区，配备餐馆、商业、卫生、管理等配套设施的房车营地，这类房车营地也是集旅游、休闲、度假为一体的主题功能区。

（四）房车营地盈利模式

房车营地在投资建设完成后进行运营，会收到一定的利润和回报。主要包括主营模式和衍生模式两大类的盈利模式。

主营模式主要是指房车营地通过营位租赁、房车租赁、营位销售、房车会员销售、餐饮、娱乐、会员发展度假屋等主打产品来获得营业收入。根据顾客的个性需求,提供定制化的服务,以提高产品质量和顾客的满意度,最终实现营地的盈利。

衍生模式则主要包括物业增值模式、产权出让盈利模式、管理输出盈利模式以及产业集群盈利模式。物业增值模式是指将房车营地作为一种物业类型,长期地保值升值的一种投资盈利方式。产权出让盈利模式是指营地或者度假村的投资经营者将营地的营位或者客房分割成一定的单元,将每个单元出让给不同的客户,从而获取经济效益的盈利模式。管理输出盈利模式是指通过将单体营地运营企业向管理集团发展而实现管理输出的模式。产业集群盈利模式是指在营地发展到一定阶段后,将其所在地的相互之间具有密切联系的企业和其他机构合作组成有机体,进而形成旅游产业集群,并获得规模效益的模式。

在我国,由于房车营地的投资发展尚在起步阶段,我国大部分房车营地的盈利模式都只停留在主营模式,而国外发展良好的营地都已经能够通过衍生模式获得良好的经济效益和品牌效益。

四、案例解读——北京国际汽车露营公园

(一)项目定位

北京国际汽车露营公园是目前中国为数不多的几个设施完备的汽车露营休闲地之一,是离北京市区最近的度假旅行与文化娱乐活动为一体的综合性休闲旅游场所,是集休闲会所和青少年科普教育等功能于一身的房车露营地旅游主题公园。公园以自由休闲式的服务和标准化的管理,诠释了低碳、环保、节能等新兴理念,使游人获得前所未有的特色新体验。公园不仅是北京首个国际汽车露营公园,还获得了欧洲四星级高端标准认证。同时,依托公园搭建起的世界露营产业高端论坛和培训基地,也为北京市发展特色休闲与文化旅游做出了贡献。

(二)项目选址与意义

北京国际汽车露营公园位于北京市丰台区南苑村,距市中心天安门直线距离12千米。南苑地区自古以来便是北京城的休闲场所,因其多积水洼地,生态环境良好,距离皇城较近,元明清三代均在此地设置皇家苑囿,主要用于满足皇家狩猎和季节性休闲娱乐活动。南苑地区在保持北京地区的水土、防风、固沙、涵养水源以及保护区域动植物等方面发挥着不可替代的生态功能。南苑地区水文气象等良好条件,蕴含着巨大的农业潜力,因此随着封建社会统治制度不断瓦解,农业开垦活动逐渐增加,原生态的自然景观遭到破坏。南苑地区土地功能的置换在清末民初迅速完成,少量保留下来的水草湿地,在提倡生态的今天看来显得弥足珍贵。时至今日,在北京快速的城市化发展中,南苑地区成为城市发展规划中的重点建设区域,但南苑的农村改革更重视新型产业的培育和发展,这给露营公园带来了机会。同时,不论是从历史上来看,还是从城市发展的需求上来看,在南苑这样一个交通和环境等条件都十分适合的地区开发休闲旅游场所都是十分有意义的。

（三）项目布局结构与功能分区

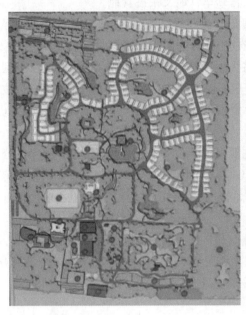

图9-2

北京国际汽车
露营公园
布局图

1 公园平面图　　　　　　　2 公园功能分区图

　　公园整体布局呈中心辐射、环状结构,功能分区主要分为营地区、公共服务区、综合休闲区、中心景观区(图9-2)。营地区包括移动木屋营地、房车营地、自驾车营地及帐篷营地。其中移动木屋营位200个,适合家庭休闲旅游度假使用;房车营位100个,包括自驾房车和拖挂房车等种类的房车的营位;自驾车营位100个,适合开私家车来旅游时泊车使用;帐篷营地位于良好的林地环境内,游人可自带帐篷,也可租用公园提供的帐篷和吊床。

　　公共服务区,位于公园主入口处,含综合活动中心、超市、会所等。公共服务区是露营公园与其他度假村形成最大区别的地方,包括了公共的厨房、洗衣房、淋浴间及卫生间等。

　　综合休闲区,一个集休闲、游乐、科普为一体的娱乐区域。包括与体育运动相关的跑马场、阳光泳池、四季滑冰场等;以娱乐体验为主的儿童淘金山、沙滩游乐场、儿童驾等;以休闲养生为主的观鸟疗养园、光脚步道、开心农场及露天温泉等。

　　中心景观区,中央景观区位于园区的中央区域,主要以水景为主,是全园的景观焦点,水中设置小岛,岛上设滨水茶室,在景观区可环视整个公园,视野开阔景色优美。

（四）交通组织与营地设计

1.交通组织

　　公园内交通组织有序,车行道为环状设置,可通达各个区域,除固定的露营泊车位和移动木屋营位自带停车位外,还设有集中的停车场。同时,公园提供电瓶车,以便游人在园内出行。公园的交通组织既方便游人到达公园各处,也有利于人车分流,确保游人安全。

2. 营地设计

营地设计是露营公园的重点,要满足各类型房车和游人对营地的基本需求。公园的营地主要分为移动木屋营地、房车营地、自驾车营地及帐篷营地。

(1)移动木屋营地设计。移动木屋房车可长期固定于园内,每个营位均自带绿地和自驾车位。营位布置方式根据房车数量的不同分为四类。

(2)房车营地设计。房车营地分别将大型拖挂式房车、大型自行式房车及小型房车的营位布置在公园现有的林地间,为房车提供绝佳的环境和停车场地。每个营位配备排水与电力,提供房车必需的补给。营位布置方式包括斜入式营位(60个)、旁入式营位(40个)。

(3)自驾车营地设计。自驾车营地主要提供给自驾车旅游度假的游人,营位分布于林间,按车型大小分为家用旅行车营位(30个)、小型私家车营位(40个)及团体营位(4个,每个营位包含5—10个停车位)。营位的布置方式包括斜入式营位(单独露营和成对露营)和垂直式营位(团体露营)。

(4)帐篷营地设计。帐篷营地位于林地和自然条件良好的水系及湿地环境中,露营者可根据喜好自行选择行营地点;帐篷营地配备水电等基础设施,并设有管理用房,提供登记、租赁、露营知识普及教育、紧急医疗救助等服务。

(五)生态与节能设计

在宣传生态优先、低碳生活的今天,能真正做到零污染的建设项目几乎是没有的,但露营公园在规划和建设时秉承生态意识,尽可能从多方面贯彻环保理念。

1. 铺装设计

在园中可直观发现,整个公园都没有柏油马路,全部车行路以石子铺就,人行道以透水砖铺就,这样做的目的在于防止土地硬化与收集雨水。

2. 林地平衡

公园原本处于混植林地中,以杨树、柳树和槐树为主,在设计和建设过程中,尽可能地保留原有林地,充分利用林下空间和林间空地进行建设。公园还进行部分树种更换与树种增植,局部进行精致植物配植,使整个园区的植物疏密有度,自然环境舒适,成为距北京市最近的天然氧吧。

3. 循环水处理系统

公园的雨水收集系统和循环水处理系统也是值得一提的节能设计。水源由公园西北水源口溢水后自然跌水引入全园各区,形成循环水系。水系兼顾泄洪、灌溉、消防及景观用水等功能。水系中包括了人工和生物水处理系统,达到高度循环利用。另外,园区内产生的各类污水均经过一定处理后排入公园的中水站进行污水循环转换,得到的中水用于园内的部分景观用水及灌溉用水。同时,公园还利用污水源进行发电,解决园内部分用电,充分体现了资源利用的生态性、节能性和科技性。

4. 能源利用

公园在能源利用方面也下了很大功夫。园内长期固定的房车均采用木质结构,并使用环保材料,例如以稻草压制的板材作为隔墙;在房车侧墙安装太阳能板,供应房车内的照明及厨卫热水用电。房车还采用了独立的地源热泵技术,用以解决房车的供暖及制冷。

地源热泵系统是利用土壤和湖泊中蕴含的巨大能量,将其作为冷热源,进行能量转换和循环再生,实现对建筑物的供暖及制冷,以避免燃烧任何能源物质而产生废气等污染。

5. 自助旅游模式

公园的休闲旅游模式也是相对低碳的,大部分公共服务和活动都是自助性质的,自助旅游本身就是一种减少资源消耗的旅游模式。

（六）特色休闲娱乐项目

公园除具有露营地的功能外,还设有多种休闲娱乐项目,使公园更具特色。园内主要有一些固定的休闲娱乐场所和不定期举办的各类休闲活动项目。

1. 休闲娱乐场所

园内已建成的固定休闲娱乐场所主要有观鸟养生园、光脚步道、鹿苑和淘金山等。观鸟疗养是一种新兴的休闲体验,观鸟旅游在国外已十分普遍,公园的观鸟养生园正是一处可以让游人观赏各鸟类、听鸟鸣、体验这种新的养生方式的场所。光脚步道是公园的一个创新设计,树林里蜿蜒着2.7千米长的光脚步道,步道面层由60多种不同的材料铺成,包括浅水道、沙坑、鹅卵石、冷杉树枝、橡树果、植物种子等等,可以让脚部体验不同质感的地面和不同感受的按摩,从而获得身与心的休闲疗养体验。鹿苑内有南苑地区保留的麋鹿养殖、公园增加的梅花鹿养殖以及新建的鹿舍和科研站。生活在城市中的孩子们可以在这里体验与动物交朋友的乐趣,激发孩子热爱自然的情感,还可以认养梅花鹿,建立对生命成长的认识。淘金山是国内首家自主开发设计的锻炼小游客动手能力的亲子娱乐项目。小游客领取道具后通过在淘金水槽中不断过筛来收集到各式金属,再经过称量和提纯等工序,最终将其锤炼成具有纪念意义的金属币。此项目不仅锻炼了小游客的动手能力,也营造了良好的亲子互动氛围。

2. 休闲活动项目

公园内不定期举办各种休闲活动项目,有户外厨艺大赛、啤酒杯马球季、露营摄影大赛、露天音乐节、主题新颖的儿童夏令营以及各种节庆时期的户外活动或比赛等。可以说是周周有活动,月月有主题,季季有特色,丰富多彩。

近年来,中国的休闲旅游需求不断上升,但相应的休闲旅游地和休闲旅游产品不足,急功近利的旅游地开发和建设导致旅游产品千篇一律,毫无特色可言,因此,中国的休闲旅游产业必须重视特色的开发。北京国际汽车露营公园抓住了中国发展休闲旅游的机遇,并在房车营地旅游这一在国内较为新颖的领域有所建树,同时注重特色休闲旅游项目的研发。园区整体规划设计体现了生态低碳、节能环保,无疑是现在中国城郊休闲旅游项目中的榜样案例。希望对公园开发建设模式与设计细节的研究,可以对今后中国的休闲旅游市场,尤其是在大城市日益增长的短途休闲旅游需求背景下,提供一个引导和思考。

第二节　低空游览项目投资及策略

伴随着我国低空空域管制的逐步开放,通用航空产业正以前所未有的速度呈现出井喷式增长态势。将通用航空与旅游开发有机结合起来,实现通用航空产业链的快速延伸与扩张,既是全社会共同关注的热门话题,又是旅游产业一个崭新的投资方向。

一、低空游览项目概述

(一)低空旅游概念

低空空域是指不影响民用航空运输航线(一般6 000 m以上)的空间范围,是通用航空活动的主要区域,也是培育通用航空产业的空间载体,还是国家重要的战略资源。根据美国的划分方法,高度在3 000米以下为低空空域,世界上许多国家基本认同这一标准。

在我国,国务院和中央军委于2010年11月颁布了《关于深化我国低空空域管理改革的意见》,《意见》提出按照"管制空域、监视空域和报告空域"分类划设低空空域,并对三类低空空域的使用和管理进行了明确规定。2014年6月,为进一步推动我国低空空域改革,提高空域资源使用效率,相关部门发布了《低空空域使用管理规定》(征求意见稿),指出"低空空域原则上是指全国范围内真高1 000 m(含)以下的区域,山区和高原地区可根据实际需要,经批准后适当调整高度范围"。这就说明,一直由我国军方掌控的空域资源,将随低空空域逐步开放而得到更加科学合理的利用。不过,民航局人士表示,从国际经验看,若要大力发展通用航空,就必须推进3 000 m以下低空开放,划分自由有序的低伞飞行区域。

在低空空域开放的宏观背景下,通用航空迅速向其他产业渗透和扩张。低空旅游就是通用航空与旅游产业相结合的产物,是通航产业链在旅游领域延伸的必然结果[①]。低空旅游也称通用航空旅游,是在低空空域范围内利用民用航空器从事公共航空运输之外的商务、观光、休闲、娱乐等形式的旅游活动。低空旅游开发是在低空开放的基础上,以通用航空器具和通用机场(包括起降点)建设为载体,以旅游景区景点为主要吸引物,以满足游客空中审美体验为根本目的的旅游开发活动。

(二)低空旅游相关的项目

因低空旅游项目涉及的范围非常广,以4个项目为主,分别是热气球旅游观光、双人动力伞观光旅游、动力三角翼观光旅游、低空跳伞等。

1. 热气球旅游观光

热气球运动有着悠久的历史,在国外十分盛行,但热气球运动来到中国还只是近几年的事情,热气球观光旅游,使各地游客有了云中漫步、饱览美景和体验飞行乐趣的机会,因而热气球空中游览定将成为旅游、休闲市场的最新热点。热气球飞行有两种体验方式:系留飞和自由飞。系留飞是在飞行基地进行原地升降,是热气球飞行的初级体验;自由飞是在空旷场地起飞,随风在空中飘飞。无论是系留飞还是自由飞,都属于"勇敢者的游戏",都会带来刺激的空中体验。目前,在河北木兰围场的坝上草原、江苏苏州的摩天轮乐园、云南腾冲、海南三亚以及河南平顶山等地,热气球观光都作为长期的旅游项目存在。但中国将乘坐热气球作为长期旅游观光项目的景区并不多,多数以

---

① 参见刘又堂.低空开放背景下我国低空旅游发展前景分析[J].桂林航天工业学院学报,2015(3):326—329.

航校或飞行俱乐部等为主。

2. 双人动力伞观光旅游

动力伞是目前世界上载人飞行器种类中安全系数最高的一种,也是航空运动领域中最受欢迎的一种轻型动力飞行器。动力伞特点是:短距离起飞和着陆,良好的超低空飞行性能,操作使用简单、易学,结构简单,便于快速装配和车载运输。动力伞采用开放式座舱,便于观光、照相、摄影和携带设备,飞行安全性好,对起降场地的条件要求较低,可以在沙滩、操场、公路等地起降。

3. 动力三角翼观光旅游

动力三角翼的优势主要体现在以下方面:动力三角翼飞行速度慢、高度低,宜观光、航拍等作业;体积小、占地少,不需专业机场、机库;开放式座舱,全景式飞行;机翼可折叠,易转场运输;起降距离短,不需专用跑道;整机价格低廉。

4. 低空跳伞

属于极限运动中的滑翔项目,其危险性比高空跳伞还要高。打开伞包的时间只有5秒钟,运动员很难在空中调整姿势和动作。作为极限运动的一种,低空跳伞运动确实有其与众不同的精彩之处,在叠伞方式、开伞程序以及降落伞器材等方面都和传统的高空(飞机)跳伞不同,概括起来就是"准、正、稳"。高空跳伞运动员是身背主伞和备份伞两副伞,而低空跳伞只有一副伞,没有备用的选择余地,开伞时只能一次成功。由于距离地面高度低,运动员没有用修正棒调整方向的时间,因此在开伞的一瞬间就要端正地朝向瞄准的固定物。一名低空跳伞者在进行起跳前,至少有三点需要考虑:首先,起跳点的角度是不是可以保证他一路坠下而不会在半空中被挂住;其次,起跳时风速和风向是不是合适;最后,选择什么时间打开降落伞。当跳伞者一跃而起后,他将以每小时80公里的速度坠落,这意味着他将在6秒钟的时间里下落150米,所以留给跳伞运动员的时间相当有限。

(三)低空游览项目

中国拥有庞大的国土面积和低空空域,地质条件和地表形态千差万别,旅游资源种类和数量相当庞大,因此将通用航空与旅游开发结合起来,具有得天独厚的特殊优势。同时,经过改革开放四十多年的快速发展,我国居民收入水平普遍提高,消费能力大大增强,旅游需求持续上升,市场容量不断扩大。因此,加快低空旅游开发,提供高端旅游服务,能够更好地满足人们多样化、个性化的旅游需求,发展前景非常看好。

从一定程度上讲,旅游活动的本质属性就是寻求体验差异。人们踏上旅途的激情,就是出于对另类自然和文化的好奇。旅游企业提供产品与服务,就在于如何让消费者获得愉快的经历,留下美好的体验。因此,喜欢猎奇、寻求变化成为旅游消费心理中越来越显著的特征,彰显个性、体现自我也是每一位游客所抱有的期望,低空游览能够满足广大游客的这些心理需求。首先,低空旅游活动是在低空中完成的,虽然时间相对短暂,但是过程特别刺激,这就能够极大地增强旅游体验效果;其次,低空旅游属于一种高端旅游消费形式,开发成本和消费价格相对较高,各种保障条件和配套措施比较完善,能够给消费者提供优质服务和高级享受,从而获得较高的自我满足感;最后,在低空旅游活动中,消费者主动参与性比较强,他们在空中进行观光游览的时候,可能不再被动地接受导游的解说词,而是通过发挥自己的主观能动性来获得心灵愉悦和审美体验。因此,加快低空旅游开发,能够满足旅游者诸多方面的心理需求,在很大程度上迎合如今我国游客的消费心理。

低空旅游项目主要是指以直升机观光为代表的项目。目前,在低空旅游产品开发方面,尽管有些企业敢于先闯先试,大胆创新实践,但都缺乏科学理论指导,开发行为低劣无序。通过对全国部分低空旅游项目的调查了解,可知现在最常见的低空旅游产品包括低空观光游、低空探险游、低空商务游、低空主题游、低空体验游等几种形式,真正面向大众游客的就是低空观光游。它不仅要以通航机场(包括起降点)建设、通用航空器具开发等硬件设施为基础,而且必须建立健全完善配套的服务保障体系。因此,就低空游览项目投资而言,实质上是一个综合的系统工程。为此,有必要对低空游览项目开发进行探讨。

二、低空旅游项目的投资环境及存在的问题

(一)低空旅游投资的政策环境

国务院、中央军委于2010年对深化我国低空空域管理改革作出明确部署,指出"在现行航路内、高度4 000米(含)以下按监视空域管理办法为通用航空飞行提供空中交通服务",这是我国低空领域逐步放开的强大信号。《中国民用航空发展第十二个五年规划(2011年至2015年)》指出修订通用航空市场准入等规章,推动改进通用航空运行审批程序,做好低空空域管理改革配套工作。2014年,《低空空域管理使用规定》的初稿处于征求意见并修改完善的阶段,低空空域的不断开放使得上下游产业链开始积极覆盖广阔的通航产业。

2016年,体育总局、国家发展改革委、交通运输部等九部委联合印发的《航空运动产业发展规划》为低空旅游产业的发展提出了更为具体的量化目标,规划提出"2020年,建立航空飞行营地2 000个、各类航空运动俱乐部1 000家、参与航空运动消费人群达到2 000万人,整体产业经济规模达到2 000亿元"的目标,该目标将带来史无前例的就业市场、发展空间及消费需求。

2016年12月,国务院在《"十三五"旅游业发展规划》中明确提出加快培育低空旅游。"在加快培育低空旅游方面,要结合低空空域开放试点,选择一批符合条件的景区、城镇开展航空体验、航空运动等多种形式的低空旅游。开发连接旅游景区、运动基地、特色小镇的低空旅游线路。提高航油、通信、导航、气象等保障能力。出台低空旅游管理办法,强化安全监管。支持低空旅游通用航空装备自主研制,建设低空旅游产业园。"

另外,产品业态逐渐完善。从2014年国务院颁发《关于促进旅游业改革发展的若干意见》,低空旅游作为新兴旅游产品,首次被纳为国家重点支持的旅游产品,到航空飞行营地概念的提出,以及2016年国务院办公厅发布的《关于加快发展健身休闲产业的指导意见》提出布局"200公里航空体育飞行圈",再到2017年交通运输部、国家旅游局等六部委联合印发的《关于促进交通运输与旅游融合发展的若干意见》提出要"积极开展通用航空旅游试点,鼓励重点旅游城市及符合条件的旅游区开辟低空旅游航线。推动通用机场建设,建设低空旅游产业园、通航旅游小镇与飞行营地",由此可知,低空旅游产品体系在不断完善,旅游产品建设更加具有实操性。

我国已迈开了我国低空空域管理改革的重要一步,低空领域的更加自由化以及审批程序的更加简易化给各地发展低空旅游提供了政策保障和操作的便易性。虽然我国对低空领域采取开放性政策,但低空飞行作业依然需要向航空管制部门进行申请,若需经过多个飞行管制区,还需向多个管制区的航空管制部门申请。而呈零星分布的监视空域或报告空域致使通航飞机只能在孤立的小范围空域内飞行,或需要经历较长时间、较多部门的审批程序,这不仅会造成空中拥挤,而且无法突出通用航空快速便捷的交通优势。我国低空飞行的试行空域采取试点制,试点以外地区的空域都属于管制空域。所以政策上的管制仍大幅地限制了低空旅游项目的发展,低空项目尚未全面开展。

(二)低空游览项目存在的问题

1. 低空旅游产业市场准入门槛偏高

低空旅游产业市场准入门槛之高,令许多投资人有些望而却步。此外,还有一个更令人不愿接受的业界普遍共识——单纯依靠低空旅游项目支撑的通航公司实现盈利的可能性微乎其微,加之大众对通用航空,尤其是低空旅游的认知度不足,很少有人愿意主动投入这部分消费。因而迄今为止,通航人士对于低空旅游经济发展的期待与热情始终在高涨与低落间饱受煎熬。

2. 国内很多人的消费理念不认可

我国低空旅游正处于初始阶段,发展空间很大。2016—2021年旅游行业深度分析及"十三五"发展规划指导报告显示:截至2011年,我国仅有注册通航飞行器1 154架,而美国2008年就达到23万架;我国的通航机场仅399处,而美国多达19 000处;我国通航旅游飞行占比不足1%,目前全世界平均水平是50%左右。国外低空旅游发展成熟的地区(城市)有很多共同的特点:一是通航基础比较发达,航空文化深厚;二是有可依托的特定景观;三是游客的消费能力比较强。国内很多人的消费理念可能也不太认可低空游,因此现在只有很多重视消费体验的年轻人参与到低空旅游中。

3. 基础设施不足,保障能力有限

即使放开低空领域的呼声已经存在近30年,但政策和基础设施建设相对滞后的事实毕竟也依旧客观存在着。数据显示,仅2016年5月份,中国内地就有9家通航企业共引进了18架新飞机,然而这样的规模似乎显得不那么"刺激"。截至2015年年底,中国的近300家通用航空企业基本都是中小企业,平均每家企业雇员不足50人、机队规模不足7架。还不得不提的是,国内多家直升机旅游公司在涉足行业之初,经营得有声有色,但在苦撑一时之后,就黯然退出了。

4. 经营成本过高,盈利水平偏弱

成本方面:一是空中游览使用的航空器多为进口,购机成本和折旧费用较高;二是乘客一般在10人以内,最多不超过30人,乘客分摊飞行人员聘用成本比例高,这使得单座成本较高;三是机场及空管保障收费偏高,特别是在支线机场。盈利能力方面,鉴于市场尚未成熟,客流量较低,连续性较差,多数企业盈利水平惨淡。

(三)低空游览项目的发展对策

1. 加快硬件建设,提升软件水平

加快"硬件"建设。一是要注重通用机场布局规划。地方政府应加强引导,统筹考

虑景区机场在通用机场网络中的功能、定位,合理确定机场建设等级和规模,注重与其他交通方式的衔接,在旅游资源团状分布地区(京津冀、珠三角、长三角)应考虑景区间的机场共享、协同、联动,在旅游资源带状分布地区(西南、东北、两湖)还应兼顾机场在串联碎沿线旅游资源方面的作用;二是加快通用航空机场建设,同时推动通信、导航、空管、航油等配套设施建设,加强与军方协调力度,探索简化建设审批、提高空域使用效率的军民协同路径,推动通用机场建设项目尽快落地。

2. 坚持特色主导,兼顾区域互动

目前,中国低空旅游要做的是创新性营销产品与长远性培育市场。政府部门频繁出台促进低空开放的政策措施,将极大释放政策引领和促进的利好。一方面是坚持特色主导。一是立足现有旅游资源;二是充分挖掘当地文化内涵。另一方面是兼顾区域互动。一是合作共建树立旅游品牌;二是破除管理体制壁垒,实现景点景区内外一体化,以改善游客体验为核心,促进低空旅游与区域旅游的互动发展。

3. 注重资源协调,把握开发限度

注重资源协调。低空旅游立足于当地的土地、空域、旅游等资源。发展低空旅游,应注重与当地城市土地规划、民航及通用航空规划、旅游规划、空域专项规划等的统筹协调,避免规划原则与目标不一致,相互脱节,保证低空旅游发展与当地旅游规划的整体性与协调性。把握开发限度。低空旅游开展所依托的资源,多为不可再生的景观资源。因此,在开发过程中,要始终秉承可持续发展的理念,最大限度地保护自然生态环境与景观完整,保障低空旅游健康可持续发展。

4. 拓宽投资渠道,提升消费水平

拓宽投资渠道。一是用好财政补贴政策,充分利用民航局、地方政府的投资补贴政策;二是降低低空旅游的成本,进一步扩大市场,增强竞争优势。提升消费水平。一是培育航空消费文化,空中游览、飞行体验等低空飞行旅游通用航空领域已经具备大量潜在的大众化消费群体,这为开拓旅游消费市场打下了基础;二是完善低空旅游市场供给结构,完善低空旅游服务功能,提高基础设施、接待设施建设的规模和档次,丰富低空旅游活动内容,开发滞留性旅游产品,大力发展低空旅游俱乐部、低空休闲旅游。综上所述,只有立足我国低空旅游发展的实际状况,采取切实可行的措施,才能为丰富我国的旅游业态、完善旅游产业链、提升旅游发展品质发挥积极推动作用。

三、低空旅游项目的一般投资策略

低空旅游项目在我国并不是近期才有的新兴产物,而是已经出现30多年的旅游产品。目前,我国低空旅游的经营模式可大致分为两种:一种是租机经营,但经营活动受制于机主,旅游淡季的承租压力大;另一种是购机经营,投入成本高,无法保证稳定客源,会影响持久经营。因此,经营模式比较单一,高投入、低利润、投资回报期长等因素造成低空旅游项目并未真正在我国发展起来,始终未形成长期经营的企业和固定的经营点。

(一)低空游览线路

在低空旅游开发的系列活动中,低空旅游线路设计极为重要,它不仅会对旅游消费者和通用航空企业产生直接影响，而且会给公共航空、军队管理增加一定难度。国务院和中央军委联合颁布的《关于深化我国低空空域管理改革的意见》就明确规定：空中禁区、空中危险区、国境线地带、全国重点防空目标区及其周围一定区域上空、飞行密集地区、机场管制地带等区域，原则上不划设监视空域和报告空域。因此，不同地区、企业必须进行深入调查研究，在分析各自条件的基础上，精心设计低空旅游线路，科学组织低空旅游活动，确保低空旅游健康有序发展。一般而言，一条设计合理的低空旅游线路，需要满足以下几个基本条件：一是重视广大游客的消费体验效果；二是考虑线路营运的客源市场容量；三是进行投入产出的成本效益分析；四是提供切实可行的安全保障措施；五是符合空域管制方面的相关规定；六是不能影响生态环境和居民正常生活。

（二）低空游览产品

以消费效果为例，由于低空游览具有方便快捷、新奇刺激、全景观赏、体验深刻等突出特点，能够带给旅游者特别强烈的视觉冲击和心理感受，消费效果是其他任何形式的旅游活动都无法相提并论的。因此，加快低空游览项目开发，可以使人们从平面化的"旅游"上升到立体化的"旅游"中，也使旅游活动的形式和内容更加多样化，从而大大丰富了旅游产品体系。

就低空游览项目而言，主要适用以下几种情况：一是自然环境特别复杂、游客进出极不方便的旅游区域，如广袤沙漠、极地风光、冰川地带、高山峡谷等；二是受地面交通限制、难以窥探吸引物全貌的旅游区域，如历史文化名城、现代都市风光、大型厂矿企业、生态农业示范园等；三是地域范围广阔、景点相对分散的旅游区域，如各类自然保护区、国家森林公园、滨海地区、大型湖泊、沿河流域等。

（三）安全管理

低空旅游的安全保障，既是影响低空旅游开发成败的一个决定性因素，又是具有一定技术难度的客观现实问题。人们常说安全大于天，没有安全作保障，开展低空旅游活动就等于一句空话。因此，通航企业必须加强与中国民航总局、中央军委空管委员会等部门的密切合作，共同开发现代化的空中管制系统。积极引进国外先进技术，推广使用ADS-B系统，重点解决低空旅游过程中飞行终端的空—空防撞问题。支持利用甚高频全向信标（VOR）导航台、无向信标（NDB）导航台、仪表着陆地面台（ILS）、测距地面台（DME）等为低空旅游活动提供航线航路和终端区的导航服务。借鉴发达国家空中交通管制的成功经验，建设塔台管制机场和飞行服务站（FSS），为低空旅游提供气象预报和飞行计划服务。在此基础上，抓紧修订我国民航飞行事故等级分类标准，明确通用航空事故的界定、调查和处理程序，严格监督检查措施，提高空中管制效率，确保低空旅游安全。

（四）人才培养

在当前我国低空开放的宏观背景下，伴随着通航产业链条的不断延伸与扩张，各种专业技术人才和服务管理人才变得十分紧缺，从而极大地制约着通用航空的快速发展。为此，在低空旅游开发过程中，必须高度重视专业人才的开发和培训工作，加快构建低空旅游人才培养体系。就现阶段而言，一方面需要加强通用航空技术人才培养，具体包括飞行员、教练员、维修人员、专业技师、地勤人员等与通航产业密切相关的各类人才，从飞行、机务、空管、维修等方面为低空旅游开发提供人力支持；另一方面需要加快低空旅游专业人才培养，主要涉及低空旅游项目布局、低空旅游产品开发、低空旅游线路设计、低空旅游安全保障等与旅游活动紧密相连的各类人才。这些人才专业技能的高低，将直接影响到低空旅游者的消费效果评价，对于是否能确保低空旅游活动质量至关重要。由此可见，专业技术人才培养是投资低空旅游项目面临的一项重要而又紧迫的艰巨任务。

第三节　水上旅游项目投资展望

在对陆地旅游资源开发相对不足的情况下，水上旅游产品开发将会成为我国最具潜力的新兴项目，水上旅游是人类追求高质量生活环境的一种审美体验活动。近年来，水上游项目既是沿海地区旅游开发的重点，也是内陆城市旅游项目开发的热点。

一、水上旅游项目概述

以水上休闲为主要特征的邮轮、游船、游艇（简称为"三游"）是现代旅游业标志性产业之一。这一产业近几年异军突起、持续发展，成为我国旅游业的新常态。目前，我国对水上旅游的具体界定尚未统一。2014年海南三亚市政府通过了《三亚市水上旅游管理办法》，《办法》明确提出，水上旅游企业经营的项目分为水上游览观光、摩托艇及水上飞机等，并根据不同类别明确项目准入条件。

水上游览观光等有明确的审批主管部门的项目，需满足国家有关法律规定的相关要求，而摩托艇项目的监管则主要属于海事部门的职责，包括登记备案、驾驶员培训、发证、考核等工作。而水上飞机、水上降落伞等项目，则依照《海南经济特区安全生产条例》的相关规定，以开展安全评价为水上旅游企业开业运营的准入条件。

（一）水上旅游项目的特色

水上旅游作为城市旅游的一个子系统，是一种倍受全球关注和追捧的新兴旅游形式，除具有城市旅游的特点外，还具有自身的特色。具体如下：

1. 旅游形式的开放性

积极的探新求异和消极的逃避现实是游人旅游的心理动机，人们外出消遣或度假旅游主要是为了满足这两种精神上的需要。对现代大众旅游来说，旅游者旅游的目的是满足自己的好奇心和求知欲，渴望到异国他乡体验与其日常居住和生活环境不同的乡土人情、自然风光、地方文化传统和习俗。尤其是随着教育的发展和信息技术的进步，人们愈加了解世界上的其他地区，这就更加使人们渴望亲自到那些地方旅行游览，而非单纯地依靠书报图片或他人介绍等间接手段。正是抓住了人们的这种心理需求，传统自然和人文景区都是设计成封闭的，以与外界的隔离来增加景区的神秘感和吸引力，旅游景区式的发展模式得以兴起并长盛不衰。城市水上旅游具有开放性的特点。但城市是一个特殊的旅游空间体，尤其是城市水系空间，大都是一种线形或者环形生活空间，与居民生活息息相关，不可能围合起来做文章，因此城市水上旅游景区是一个开放性的、没有围墙的景区，是城市最大的开放空间，直接面向市民和旅游者，不需要任何门票就可以沿河散步、观赏游览。

2. 文化性

水是生命的源泉,是万物生长的基础,人类对水有与生俱来的亲近感。水文化是人类不断与水打交道的历史,是反映城市地段中人与水打交道的过程中所产生的各种文化现象的总和,因此,是我国优秀历史文化宝库中的重要组成部分。城市水系与人类的生产、生活关系最密切,是最直接反映人类生产、生活的水文化。

水系是城市存在和发展的基本条件,是城市形成和发展过程中最关键的资源和环境载体,关系到城市的生存,制约着城市的发展,是一个城市历史文化的载体,是影响城市风格和美化城市环境的重要因素。在城市形成的过程中,人类针对水系开展了各种活动,既包括人们对水的治理、开发、利用、研究、配置、节约、管理、保护等创造物质财富的活动,也包括人们对水的认识、观赏、歌颂、宣传等创造精神财富的活动,因此,城市水文化既是水文化的重要组成部分,又是城市文化的重要组成部分。城市水文化内涵不仅包括各种治水方针政策、法律法规,还包括各种文化教育、科学技术、民间传说、神话故事、诗词歌赋等。城市水系空间在历史的发展过程中留下了众多的文化和物质遗产,如苏州的园林、古城、吴文化,绍兴的历史文化街区、名人文化、越文化、台门建筑,扬州的古都文化,公众的心理、行为、价值观念都与水有密切关系。因此城市水系的文化特征是城市水上旅游得以开展的关键,以城市水系空间而开展起来的旅游活动,离不开城市水系水岸空间环境的历史性。

3. 生态性

水是人类与自然联系的纽带,城市水上旅游的生态性体现在它是自然环境生态和社会文化生态的交融点。随着城市化持续加速,城市规模不断扩大,城市水系生态环境正在消失,破碎化的生态环境在城市生态系统随处可见,水系空间作为城市蓝色和绿色的生态环境廊道的功能正在褪去,由此导致的是城市水系被填埋或充当天然的排污管道,水体污染严重,水系岸线被低效益占用,水系生态环境急剧恶化。在这种形势下城市水系水岸空间环境也随之衰退,成为城市居民遗弃的空间和城市脏、烂、差的代名词,城市历史水系的历史街区特色正在消失,传统水岸生活氛围已渐行渐远,城市水系及水岸空间的社会文化环境遭到前所未有的破坏。城市水上旅游的发展能够带给外来旅游者精神上的愉快享受,同时所产生的效益能进一步带动城市水系自然生态修复的投入,把城外乡野生态系统引入城市,创造有吸引力的水岸生活环境,吸引市民回归水域及水岸空间,得以恢复传统街区活力,提升新的水街区的价值。城市水上旅游的发展最终将实现城市水系及水岸空间的自然和人文生态的和谐共生。

4. 社区性

城市水系及水岸空间的建筑、文化等景观是城市历史文化的见证。城市水上旅游所依托的并不是为了吸引旅游者而建造的景观,实际上是依托生活在城市水系水岸空间的居民世代延续下来的历史社会—生活空间才得以展开,主要体现在对物质要素(建筑、街道等)和生活方式的展示及对社会、文化内涵的挖掘与解读。历史社会—生活空间才是景点和旅游资源,社会文化内涵才是城市水上旅游的核心旅游吸引物。因此,历史社会—生活空间以及社会文化内涵等旅游资源的保持和维护是城市水上旅游可持续发展的基础。而这些旅游资源的保护根本不能脱离生活在社区的人,需要社区居民的主动参与,居民任何的消极态度和对抗立场都会导致旅游资源的破坏,何况社区居民本身就是地方性旅游产品的一部分,其态度和行为组成目的地的好客资源。离开了社区居民对于旅游业的理解和支持,游客是不会到一个没有特色并且不受欢迎的地方进行旅游的,没有社区社会—生活空间质量的保护与发展和社区居民的参与,城市水上旅游的发展将化为泡影。因此城市水上旅游具有典型社区旅游的特点。

5. 丰富性

这是由城市水系及水岸空间所处的地理环境所决定的。城市水体及水系空间位于城市内部,能够满足不同层次旅游者和城市内部市民的需求,以水和水岸空间为依托的城市水上旅游能够开展多种旅游活动,诸如水上和水岸空间的游览、食宿、购物、娱乐、健身、夜生活,以及业务洽谈、商务考察、学术交流、公务旅游,几乎集中了城市旅游的所有项目,较之其他的旅游形式如城市文化旅游、郊野旅游,城市水上旅游的构成更加复杂广泛。

6. 独特性

城市水上旅游具有独特性,也就是城市水上旅游在旅游吸引要素方面具有独特的一面。城市水上旅游是以城市的特有元素——水体为旅游载体,结合整个城市空间来开展旅游活动,是由这个城市的水系空间和文化的特点决定的。不同的地域环境和文化特色,城市的水系文化不同,水上旅游开展的内容和形式也是各不相同的。例如苏州、绍兴、扬州的江南水乡水上旅游,其个性在于江南水乡纵横交错的河湖水网,展现的是"小桥、流水、人家"这样一种水系文化特征,旅游活动更多的是强调地方文化特色的一种体验;上海、广州水上旅游更多的是展现大都市形象,水上旅游活动更多的是以观光、休闲为主,其水上旅游的个性在于展示其城市的日益现代化和国际化。此外,北方城市和南方城市,东部城市和西部城市,沿海、沿湖城市和内陆城市在水上旅游活动内容和形式上也分别存在差别。

7. 普遍性

作为现代城市旅游的一个重要组成部分,城市水上旅游活动存在于整个世界范围之内,在全世界很多拥有城市河湖水旅游资源的城市都或多或少地开展着,例如,柏林的水上旅游、威尼斯的水上旅游、位于波罗的海西岸的欧洲"北方威尼斯"斯德哥尔摩的水上旅游、澳大利亚昆士兰海滨水上旅游以及我国的上海、广州、绍兴、苏州、南京、扬州的水上旅游,这些水上旅游各具特色,相互联系,相互影响,相互促进。随着人民生活水平的提高,人们对环境的要求越来越高,亲近自然的愿望日趋迫切。水,尤其是城市规划区内部的水体景观将成为人们最欢迎的休闲载体之一。再加上经济水平的普遍提高,旅游活动已不再只是少数人的休闲、求知方式,而是趋向于不受地域、年龄、性别、阶层限制的普遍性的群众活动。普通大众已成为旅游活动的主体。

二、水上旅游项目的发展现状

(一)国际水上旅游项目发展现状

世界上凡是有名的城市往往都与滨水带相关,都有一条河流代表着它、培育着它。

滨水带对于人类有着一种内在的持久的吸引力，是人类选择聚居环境的首选地，这是人类世界对环境适应的理性或非理性的自然选择。国际性大都市都十分注重滨水带的建设和水上旅游开发，依托水景旅游来展现城市风貌。如巴黎塞纳河、伦敦泰晤士河，开发的水上旅游项目已经成为该城市的一道独特风景线，不仅产生了良好的经济效益，而且成为整个城市形象的有机组成部分。

世界著名的水城——威尼斯，每年接待的游客数量超过1 600万人次。在英国每年有600万游客游览泰晤士河，维也纳的多瑙河观光游览成为城市耀眼的名片。德国拥有近6 000公顷水域的柏林在业余体育运动和内陆水域旅游方面取得了令人瞩目的成绩。从2004年至2014年，在德国有大约700万人从事水上运动，每年的消费近28亿欧元，摩托艇及客船通过水闸的数量增长了40%。河上豪华艇、出租船屋及水上饭店均具有很大的增长潜力。而且柏林还有许多与水有关的项目正在计划当中，如带商店的水上加油站、水上游屋、水上出租车工程等。

塞纳河是法国巴黎的"母亲河"。2 000多年前的古代巴黎是塞纳河中西岱岛上的一个小渔村，公元前1世纪，罗马人在此定居并逐渐将其发展成城市，公元三四世纪命名为"巴黎"，从6世纪起，巴黎开始成为法国的王都，11至12世纪，巴黎就沿着塞纳河发展起来，从此历代国王大兴土木，相继建成教堂、博物馆、桥梁等各种建筑，不断向外扩张蔓延，才成就了今天的巴黎。1989年，巴黎市政府根据城市建设新规划，将市区12公里河段划分为A、B、C三区段，每段4公里。A段为旅游区，位于城市中心。该段河畔集中了巴黎历史悠久的文物古迹，如著名的卢浮宫、埃菲尔铁塔、巴黎圣母院等。B段为旅游、商业区，在这里既可以发展旅游业，两岸又有许多商业设施。原有的工厂在1996年全部迁往C段。C段为工业区，集中发展工业。目前，塞纳河水上旅游年接待游客达500万人次，约占巴黎年接待游客量的11%，创造的旅游收入占巴黎旅游总收入的11%。塞纳河水上旅游有以下几个特点：一是游览船全部由几家观光公司经营，政府给予扶持政策，实行严格的经营审批制度。二是政府租给观光公司能方便游客上下船的泊船位置和大面积的停车场地，规定使用期限，经营者向政府上缴租金。三是观光公司都是大集团下属的子公司，且大部分是上市公司，由于营运情况看好，投资者愿意购买这些公司的股票，因而有利于水上旅游客运业的发展，进一步促使投资主体的多元化和行业的社会化。

（二）国内水上旅游项目发展现状

我国东临太平洋，海岸线长达18 000公里，拥有5 000多个海岛，沿海重要港口城市有十几个，内陆有大小河流5 000多条，另有较大的天然湖泊900多个。在我国陆地资源日渐稀缺，对其开发已经到饱和状态的情况下，水系资源的开发必将成为旅游开发的一个新亮点，水上旅游将会发展成为中国最具潜力的新兴产业。全国各地每年的水上旅游人数节节攀升，也表明水上旅游已经成为人们时尚的休闲方式。

在国内，上海已经着力打造东方水都景观水系，到2020年，上海水上旅游客运人数将达到2 527万人，乘坐邮轮旅游的数量达150万人次，每1万人中有5.5人拥有自己的私人游艇。苏州确定构建"1-2-3-4-5"水上旅游空间格局。广州开始建设"环城水上游憩带"工程。杭州开通运营水上巴士。上海的"黄浦江水上游"、广州的"珠江夜游"、南京夫子庙的"桨声灯影"都已成为水上旅游首选品牌。[①]

我国水上旅游活动经历半个世纪的发展，无论是从事游船的企业数量及企业拥有的游船规模，还是接待的游客数量，都出现了不断扩大的趋势。而水上服务产品也逐渐丰富多样，根据市场需求，不断推陈出新。游客不仅可以夜游、昼游、快游、漫游，还可以在水上享用各具特色的餐饮服务。

但是总体而言，我国水上旅游的发展依然不够成熟，主要存在以下三方面的发展问题：

1. 发展不均衡

由于各地水上旅游发展历史长短不同，各地经济发展水平不一，旅游业发展整体水平不同，各地重视程度存在差异等原因，我国水上旅游发展表现出很大的不均衡性。

2. 管理不规范

水上旅游是跨部门、跨产业、跨区域的综合性产业，该特点决定了水上旅游行政管理的复杂性。各自为政，多头管理成为水上旅游发展的制约因素。

目前，上海水上旅游开发存在多部门横向管理难题，涉及水务局、旅游局、环境保护局、交通运输和港口局以及规划和国土资源管理局等多个部门。由于各部门之间相互独立，不存在隶属关系，导致各部门对水资源的管理往往从本部门的规划、目标与利益出发，部门间缺乏协调与配合，甚至存在政策相互冲突的情况，从而增加了水上旅游开发的制度成本。如上海水上旅游开发遇到最大难题之一就是缺乏水文资料与水文变化的及时信息，因而制约了上海滨海、沿江、沿河水上旅游的开发，导致该困境的原因则是水文监测部门与旅游开发部门间缺乏协调与配合。

3. 滨水配套设施建设滞后

城市水上旅游不是单个的水体旅游产品，它关系到城市水系、水岸带和滨水陆域的所有旅游资源的有效整合，因此水陆互动就显得尤为重要和必要了。重"水"轻"岸"、水陆互动不足直接会导致水上旅游产品单一、活动单调，影响水上旅游功能与价值的发挥。而水岸互动的一个前提条件就是要有足够的码头，形成水上旅游换乘码头体系，这对滨水配套设施的建设就提出了较高要求。世博会的举办推动了一批旅游码头的修建，然而这依然未能打破旅游码头不足的困境。岸上环境整治与配套设施的建设具有一定难度，在短时间内难以建成。如苏州河沿岸主要分布的是老厂房与城市旧区，置换老厂房业态与改造旧区不仅难度大，而且复杂，涉及居民安置、两岸业态重新规划与环境的综合整治，需要政府与多部门协同推进，在资金、政策、配套方面给予支持。

三、水上旅游项目投资展望
（一）产品开发特色化

凭借城市内河、滨海沿线、长江沿线等水域空间，依托丰富的江河湖海资源，上海开发出"浦江夜游"、"苏州河航线之旅"、"朱家角镇水上游览"、"枫径古镇水乡婚典"等具有特色的水上旅游产品，展现出上海的人文景观、时尚创意、民俗风情、灯光夜景等城

---

① 申军波，吴国清.上海水上旅游发展回顾与展望[J].旅游纵览：下半月，2014(9)：187—188.

市特色,并且通过举办各种游艇展、邮轮展等展览,丰富了上海"水文化"元素。水上旅游活动从单纯的观光游览发展到集观光、休闲娱乐、餐饮、会议、婚庆、公司庆典于一体,丰富了水上旅游活动的内涵。

随着水道整治工作和水岸美化工作的逐步开展,以及滨水配套设施建设的整体推进,合理布局和建设水岸旅游节点,形成水陆结合的旅游格局,加强游览观赏与娱乐体验的结合,形成特色化的上海水上旅游产品将成为上海水上旅游发展的一个方向。

（二）区域合作常态化

长三角区域河网密布,港口众多,长江下游沪苏浙三省市的港口数量占全国的44%,共有140个港口,占全国河港数量的1/4以上,有发展邮轮产业和水上旅游的载体基础。随着大运河申遗的成功和长三角区域一体化进程的加速,加强上海与大运河节点城市的市场合作与营销联合,定会迸发出强大的发展潜力。作为航运中心,上海可以超越行政羁绊,跨越行业界限,以大运河、长江为载体,依托历史文化名城、现代都市景观,与大运河城市形成联合,加速区域水上旅游一体化进程。利用长三角在旅游资源、交通、文化等方面的集群优势,借助"上海水上旅游发展论坛"平台,积极构建长三角区域水上旅游合作框架,制定长三角水上旅游联动发展战略,推动长三角水上旅游合作机制的不断协调与融合,促进长三角水上旅游合作趋向常态化。

（三）水上旅游体验度将逐步增强

旅游的本质在于体验,而水上旅游的发展现状则是"游客只能坐船,不能开船",缺少水上旅游项目的体验价值。"只坐船,不开船"的模式是由于水上旅游安全的强制规定:"游船只能由取得驾驶资质的船长驾驶"。目前,苏州河已具备租船自驾游的条件:丹巴路至外滩的21公里水路,现在不允许货船航行,只有客船航行,安全可控。上海已从美国进口了2艘小型游船,并且把这两艘电力游船的航速限制在每小时10公里以内,市民只要培训两三个小时就能熟练驾驶,即便对撞也不会出现倾覆的危险。因此,水上旅游体验度的增强将会扩大水上旅游发展的影响力。

（四）高端和大众化水上旅游并重发展

上海港目前已发展成为国内重要的邮轮母港之一,但在河轮旅游方面,长江上的河轮游基本上都集中在中上游,尤其是三峡一带,报价相对低很多,反映出高端邮轮游项目的缺失。随着大型邮轮旅游服务机构入驻上海,上海正在酝酿推出内河高端邮轮游,并在2016年春迎来上海港出发的长江高端邮轮处女航。但同时,随着国民经济消费水平的提高,大众旅游时代的到来,平民化水上旅游也将成为水上旅游发展趋势之一。

四、案例解读1——黄浦江水上旅游

（一）发展概况

黄浦江为上海母亲河,承载着上海走向世界的深厚底蕴,两岸分布着最具上海代表的外滩建筑群、陆家嘴金融贸易区等风光,是上海城市的象征,黄浦江两岸承载着上海历史,凝聚着城市文脉。

黄浦江水上旅游可以追溯到20世纪30年代,当时上海的权贵阶级和上流人士乘坐游船在黄浦江上纳凉休闲的活动便是黄浦江游览的雏形。20世纪50年代,黄浦江开始开设游船游览线路,由上海市敦伦公司独家经营,归国家管理;20世纪60年代至70年代,黄浦江水上旅游受"文化大革命"影响,停止运营;1979年,上海市轮渡公司将改造的游览船投入旅游,供游客乘船观光,黄浦江水上旅游再次开始,这标志着黄浦江水上旅游市场的正式形成;20世纪90年代至今,随着上海市旅游事业的发展,黄浦江游览独家经营的状况被打破,形成竞争局面,游船公司和数量不断变化。

1995年以前,黄浦江上只有黄浦江游览公司一家经营着水上游业务,而截至2011年底,黄浦江游览运营企业共有9家,游船36艘、客位12 307个。2010年世博年期间,黄浦江水上旅游市场共接待客流432万人次。目前黄浦江年接待游客量超过300万人次。随着中国旅游业的迅速发展,体验旅游方式的盛行,这一集休闲、观光、娱乐为一体的水上旅游方式将会受到越来越多人们的关注。经过30年的发展,黄浦江水上旅游业已成为国内水上旅游行业的主要代表。

表9-2	游 船 公 司	在黄浦江运营的游船数量
	上海浦江游览公司	10
	上海长江轮船公司	4
黄浦江游船公司及船只数量	上海强生水上旅游有限公司	4
	上海风采航运旅游有限公司	4
	上海盛融国际游船有限公司	1
	上海巴士旅游船务有限公司	4
	上海明珠水上娱乐发展有限公司	3
	上海名信游船有限公司	5
	上海寰岛轮船有限公司	1

(二)游线产品

目前黄浦江水上旅游的产品主要由四类构成:黄浦江游览观光产品;游船包租产品,包括以商务活动为主的公司客户和利用游船举行水上婚礼和私人派对的个人客户;利用公司自身优势开辟有附加值的经营项目的特色经营;公务接待和其他产品。四类产品中,观光游览项目占80%左右,为黄浦江水上旅游的主要盈利项目。除观光游览外,目前黄浦江的水上旅游项目还有文艺表演、餐饮服务、大型酒会和水上派对等。

目前黄浦江水上旅游的主要产品为"清江游",即游客仅坐船游览,观看两岸风景,不包括餐饮和娱乐表演服务。"清江游"面对的是大众旅游消费群体,基本可以满足绝大部分游客的旅游需求,对于小部分有餐饮、娱乐、会议等其他需求的游客,游船公司也会有相应的产品提供。

"清江游"目前有两条航线,分别为:

常规航线:码头—杨浦大桥方向—环球金融中心—金茂大厦—香格里拉大酒店—

上海国际会议中心—南浦大桥方向—东方明珠—上海湾国际客运中心—外白渡桥—上海人民英雄纪念碑—和平饭店—海关大楼—上海浦东发展银行—外滩天文台—等等景点—返回码头

世博航线：码头—世博水域—环球金融中心—金茂大厦—香格里拉大酒店—上海国际会议中心—东方明珠—上海湾国际客运中心—外白渡桥—上海人民英雄纪念碑—和平饭店—海关大楼—上海浦东发展银行—外滩天文台—南浦大桥—卢浦大桥—等等景点—返回码头

船只名称	所属公司	船只简介	
全球通		黄浦江上为数不多的大型游轮之一	**表 9-3**
浦江游览5		3层	
工行号		4层,造型独特	**公共平台运营游船介绍**
浦江游览6	上海浦江游览公司	——	
中国联通		黄浦江上特色游船之一	
浦江游览12		内饰全木结构,超大落地玻璃窗	
永诚保险		玻璃幕墙式大视野船窗	
中国人寿	上海巴士旅游船务有限公司	黄浦江上具有顶级配置的游船	
金灿灿		出自国外知名设计师之手的船体灯光	
船长2号		外形独特,被冠以"蓝色妖姬"的称号	
船长3号	上海长江轮船公司	远远望去犹如黄浦江面上的一座"太空堡垒"	
船长5号		设施完善	
五粮液号		识辨度高	
名信1	上海名信游船有限公司	二层船舱为全透明的钢化玻璃,可以360度观赏浦江两岸的风景	
名信5		全新豪华游轮	

除了"清江游"外,黄浦江水上旅游还开设了特色航班,提供公司年会、年夜饭、船餐、游轮婚礼、新品发布、商务会议、商务宴请等包船服务。船舶规模分为游艇(12人左右)、100—200人游船、300—400人游船和400人以上游船,包船费用按小时计,每小时7 000—40 000元不等。9家船公司中只有5家公司推出了特色航班,为鼓励船公司开发更多特色游船业务,浦江游船开展星级评定。

表9-4	游 船 名 称	载客量	包船价格	容纳桌数	自助餐人数
特色航班船只 介绍	翡翠公主号	400人	35 000元/小时	20桌	180人
	船长3号/5号	600人	35 000元/小时	31桌	300人
	浦江游览1号	1 000人	40 000元/小时	50桌	650人
	永诚保险号	415人	30 000元/小时	20桌	200人
	全球通号	400人	22 000元/小时	28桌	250人
	东方明珠号	400人	30 000元/小时	22桌	220人
	中国联通号	450人	30 000元/小时	23桌	250人
	中国人寿号	450人	30 000元/小时	30桌	300人
	莱悦9号游艇	10人	9 000元/小时	不可桌餐	无自助餐
	伦达之星	10人	9 000元/小时	不可桌餐	无自助餐
	希仕德徕(SEASTELLA)63	10人	8 900元/小时	不可桌餐	无自助餐
	希仕德徕(SEASTELLA)53	10人	6 900元/小时	不可桌餐	无自助餐
	百雀羚号	350人	25 000元/小时	20桌	150人
	蓝黛公主号	300人	25 000元/小时	8桌	70人
	尚德国盛号	150人	15 000元/小时	6桌	60人
	船长8号	300人	35 000元/小时	12桌	150人
	名人号	300人	15 000元/小时	20桌	150人
	船长2号	250人	15 000元/小时	12桌	150人

(三)运营管理

1. 游船码头运营

游船码头具有船舶服务功能(船舶调度、供水供电等)、游客集散服务功能(游客大厅、安检服务、售检票系统等)和码头岸基服务功能(VIP通道、码头活动场地等)。游船码头的性质分为两种:一是游船公司自营码头,这种码头为国家财产性质,如轮渡客运码头,其码头财产属性为国家;二是社会性质的码头,是根据政府土地使用规划而投资建设的,行使公共服务职能,由特定公司代为经营管理。

2. 游船公司运营

黄浦江游船属于上海市特许经营的范畴,游船公司大多为国有性质,由于游船本身造价高、入行门槛高、进入机制不完全,经营黄浦江游船的游船公司处于相对垄断的基础上。其经营模式可以分为以下几类:

(1)以船舶运营管理为主,不参与船舶产品的销售和设计,目标客户主要集中于团队游客,以满足旅行社团队业务的黄浦江观光游览需求为主。这种模式的游船产品单一,服务要求不高,营销体系功能简单,成本较低。

（2）以游船产品销售为主,运营管理交于第三方。这种经营模式的特点在于游船产品服务要求略高,船舶运营管理成本略高,营销成本较大。

（3）兼具船舶运营和船舶产品设计与销售的功能,这种公司的目标客户包括散客、团队和公司客户等,旨在满足不同客户的不同需求。这种经营模式的特点在于：游船产品设计能力较强,产品丰富；直接面向客户,服务要求高,自行负责船舶运营管理和营销体系；管理人员较多,管理成本较大。

课堂讨论：结合以上案例,探讨黄浦江旅游还有哪些提升的空间。

案例解读2——濠河

1. 项目概况

濠河风景区位于南通市崇川区内,占地3.23平方公里,依托南通市优越的区位优势,其旅游发展一直受到南通市政府的重视,在2012年,濠河风景区被评定为国家AAAAA级旅游景区。2016年12月,《南通市濠河风景名胜区条例》作为第一部地方立法即将开始实施。

2. 开发背景

濠河与其他城市河道一样,孕育了整座城市,但自20世纪六七十年代以来,随着城市人口的激增和工业的发展,濠河滨水区域被工厂、码头、仓库大量占据,一些小工厂作坊随意排放污水,使濠河的水质和沿河景观遭受到严重破坏,水质急剧恶化,影响了南通的市容市貌。1981年开始,南通市政府开始对濠河进行治理,拆除违法搭建,陆续兴建了11万多平方米的绿地及占地5 500平方米的景点。兴建了多出城市绿化景点、建筑,其中包括濠西书苑、市民广场、盆景园、濠东绿地等,回复和修复了历史遗迹,如伶工学社、城隍庙等。经过历年的环境整治、生态恢复和景观建设,1995年濠河风景区被江苏省政府列为江苏省第一批历史文化保护区,2002年荣获江苏省人居环境奖,2012年被评定为国家5A级旅游景区,逐步形成了目前的濠河景区。

3. 开发模式

（1）立足特色资源

作为目前国内保存较为完整的护城河之一,濠河拥有迂回曲折的水道,怡人的两岸风光,还拥有坐落张謇遗留下来的南通博物苑、濠南别业、濠阳小筑等现代遗迹,彰显了深厚的文化内涵,同时,景区的寺街、西南营片区完整保存了近代的小巷风貌,加上丰富的非物质文化遗产,组成了宝贵的文化旅游资源。将优美的自然风光、张謇遗留下来的近代人文景观、新兴城市建筑群以及小巷街区有机地结合起来,合理开发利用,与水上旅游形成互动,大大地提高了濠河景区水上旅游的竞争力。

（2）接待设施与服务

目前濠河景区内共设有9座码头,分别为城隍庙码头、怡园码头、博物苑码头、西寺码头、南公园码头、环西文化广场码头、盆景园码头、濠西书苑码头、游客中心码头。游客中心一个,坐落于审计博物馆东侧,总建筑面积18 000平方米,为游客提供购票、咨询、讲解、购物等服务,游船26条（11客和24客两种船型）,提供环濠河日游和夜游游船服务,并配有导游讲解。另开设有环濠河水上巴士,由3艘画舫和2艘欧式风格游船为游客提供环濠河可自由上下码头的水上交通服务。游客中心对面新建生态化停车场一个,新增车位230个,连同城山路映红楼、城隍庙、濠西书苑、环城西路、环西文化广场等五处小停车场,目前整个景区共有车位400个。濠河景区内共有16个公共厕所,2016年11月开始由濠河旅游园景建设公司对现有公厕进行了改造,并按照国家旅游景区厕所最高3A标准新建了一批公厕配备了供母婴、儿童、残疾人士使用的卫生设施。

案例解读3——塞纳河

1. 项目概况

塞纳河是法国巴黎的"母亲河",两岸遍布着巴黎圣母院、埃菲尔铁塔等著名建筑,不仅拥有迷人的自然风光,并且具有深厚的人文底蕴。目前塞纳河水上旅游产品主要围绕着巴黎城市旅游、水上游船观光、河上桥梁观景、河畔表演艺术以及水上餐饮娱乐等主题进行了开发。

2. 开发模式

（1）解说系统

塞纳河休闲旅游开发是1989年根据巴黎城市规划进行的。目前,塞纳河休闲旅游项目有6种:观光游、趣味游、教育游、午餐游、晚餐游、私人包租游。手持电子导游设备有13种语言选择,解说词有几个版本,都有文化背景的介绍。教育游针对不同年龄段孩子准备不同解说,还有儿童版解说词,充满乐趣和教育意义。

（2）开发理念

塞纳河休闲旅游开发突出的理念和特点如下。第一,文化底蕴的强大支持及有效的景观保护。塞纳河将巴黎最精华的旅游资源串联在一起,同时注重文化遗产的保护。完善的立法保护,详细的文化景观资源普查,有效的管理体制以及全民的保护参与都为其提供了卓有成效的保护。第二,水陆互动结合,游船节目丰富,河道突出"亲水"特点。塞纳河的旅游设计是开放性的,水陆联动突出,水、岸遍布休闲场所。其游船功能齐备,节目丰富,每经过一个典型景观,游船的解说系统都会配以相应的解说词和相关的文学、艺术作品,充分调动游客感官。第三,与巴黎城市悠闲浪漫气质协调一致。塞纳河是法国巴黎的代言人,处处散发出悠闲的氛围、艺术的气息以及浪漫的情韵。从功能上说,它集运输、旅游、娱乐、休闲于一身;从历史上看,它是巴黎的发源地,塞纳河留下了不同时期的印记,代表着巴黎的发展;从氛围角度,塞纳河充满了浪漫和闲适。这些都是巴黎典型的气质,这样的契合使塞纳河成了巴黎浪漫都市的典型代表,获得了巨大的增值效应。

（3）规划布局

在具体规划中,始终将保护城市历史景观放在首位,确立了"对塞纳河的保护与利用始终以力求避免古迹与现代生活脱节"的原则,沿线周边著名的历史建筑,如埃菲尔铁塔、人权广场、奥塞博物馆、卢浮宫、巴黎圣母院等,不仅得以完整的保存,而且给巴黎这个浪漫之都增加了浓厚的历史底蕴。其次是政府鼓励群众利用塞纳河沿岸的城市开放空间组织文化和商业活动。如今的塞纳河岸上的旧书摊、特色的法国餐馆、咖啡馆，都能给人带来意外的收获。随着市民休闲时间的普遍增加，著名的贝西公园和雪铁龙公园等大型公共设施都是沿河而建。再次，强调休闲、发展旅游。水上巴士已成为塞纳河吸引游客的一个亮点，参与性和休闲型的各种活动使旅游多样化。塞纳河水上旅游年接待旅客达500万人次，约占巴黎接待旅客总量的11%。

案例解读4——苏州河

1. 项目概况

苏州河原名吴淞江，上海的母亲河，源出太湖瓜泾口，在上海市外白渡桥附近汇入黄浦江，全长125公里，上海市区内53公里，历史上的苏州河有着东方莱茵河之美誉。苏州河是贯穿城市中心地区的最繁华地段，不仅将若干个城市功能结构组团串联在其两岸，而且与著名的外滩风貌区、南京路、人民广场等核心地区毗邻，是上海市民及中外游客频繁光顾的地区。

2. 开发背景

伴随着上海工业的发展、人口的聚集和城市的兴勃，苏州河慢慢失去了它的天光水色，在孕育了这座城市、这座城市的工业化的同时，苏州河自身也带来了日益严重的污染。20世纪80年代后，苏州河的黑臭日益严重，水环境质量恶化，由此拉开苏州河整治的序幕，20世纪90年代上海市政府提出"截流、治污、清淤、引清、绿化"的十字方针，第一步是到2000年，基本消除黑臭，第二步到2010年，市区段河中鱼虾再现，使苏州河及沿岸重新成为上海一道美丽的风景线。

3. 开发模式

（1）植根文化

在改造苏州河时，普陀区有着别的区无法比拟的自然和历史优势。普陀区政府提出了打造苏州河文化长廊的目标，要把苏州河建设成为文化记忆之河，文化创新之河，文化享受之河。具体做法有，打造河畔历史博物馆，如上海印钞博物馆、上海造币博物馆、火花博物馆、纺织博物馆等20余个博物馆，形成博物馆长廊；开发亲水岸线，完善岸线周围的灯光工程；桥梁文化建设，对已建成的桥梁进行改建，使之具有江南风俗、体现上海自身特色；文化艺术创造，大型文化娱乐"米高梅世界娱乐中心"、M50创意园区，以及每年举办端午节龙舟赛、苏州河文化艺术节、苏州河诗朗诵等；打造苏州河观光游览项目，开通水上旅游巴士，并不断进行完善。可以说普陀区在改造苏州河的同时，通过深度挖掘其文化、历史底蕴，是苏州河成为提升城市形象和竞争力的载体，成为上海市、特别是普陀区的一张闪亮的名片。

（2）规划设计

功能的融合：融合商务、旅游、休闲、居住、交通等多种功能，即河岸是空间上完全融合的功能叠加区。

价值的融合：体现了河岸社会、经济、文化、历史、生态和景观价值的共同实现。

时间的融合：以文化为灵魂，将历史的、现实的、未来的要素串联起来，无论是有形的建筑还是无形的文化，都在被融入苏州河后重新布局，没有隔断和突兀。

整体布局结构可概括为"一轴六区",即以苏州河为主线,串联两岸六大功能组团,分别为河口建筑文化区、苏河湾创意产业区、梦清园环保体验区、校园文化感知区、长风生态商务区、工业遗址文化区,其中商业区、居住区、绿化区镶嵌分布在各功能组团,形成"一线串珠,以线带面,蓝绿相融,水岸同步"的形象特征。

（3）景观布局

苏州河中心城区以沿岸建筑物和公共区域的景观为特征,沿河形成以下不同的景观功能分区:

近代海派建筑群（外白渡桥——山西路桥）:景观类型以近代历史保护建筑为主。该区域受租界文化影响,外滩公园和百老汇大厦、邮政大厦、联合礼拜堂、英国领事馆、俄国领事馆等欧式风格的建筑密集分布。

民族工业工厂建筑群（福建路桥——武宁路桥）:景观类型以历史遗留的民族工业工厂建筑为主要景观要素,现将老厂房改为文化创意基地,发展创意产业,如莫干山路M50文化产业区。此外,在西藏路桥、浙江路桥河段货栈、仓库聚集分布,包括中国银行、交通银行等银行仓库。

欧式学院建筑群（华政桥——强家角桥）:景观类型以高校欧式建筑为主。以始建于1879年的圣约翰大学旧址（现华东政法大学）、始建于1924年的大夏大学及光华大学旧址（现华东师范大学）为主要景观要素。华东政法大学校园内保存多栋欧式建筑,已列入市级建筑保护单位。

具有历史底蕴的桥梁:苏州河上前后共建桥30余座,内环线以内的中心城区现20余座。这些建造年代各异、风格不一、结构迥异的桥既解决了城市越江交通问题,也点缀沿岸景观、记录城市历史。外白渡桥、乍浦路桥、四川路桥等桥梁本身的观赏价值和历史价值使其成为城市历史文化景观的重要组成部分。

思考题:

1. 我国房车自驾车营地建设滞后于市场需求的原因有哪些?

2. 在天气不利的条件下如何提高低空游览产品的价值?

3. 水上旅游对生态环境造成了哪些威胁?该如何减少此类负面影响?

参考文献:

[1] 谢彦君.基础旅游学[M].2版.北京:中国旅游出版社,2004.

[2] 上海旅游局.房车旅游理论与实务[M].上海:上海科学技术文献出版社,2015.

[3] 赵广朝,王军,张伟,等.北京市A级旅游景区管理实务[M].北京:中国旅游出版社,2010.

[4] 全华,杨竹莘,赵磊.城市水域问题与休闲旅游利用国际经验[J].地域研究与开发,2011,30(6):98—100.

[5] 陆迪民.中外城市滨水区开发比较研究[J].求实,2010.

[6] 何新华.开发苏州河水上旅游[J].开发与建设,2003.

［7］张凯旋,王瑞,达良俊.上海苏州河滨水区更新规划研究［J］.规划与设计,2010.

［8］陈丹,任翔宇,杨凯,石恺柘.上海苏州河滨水空间的社会服务功能探讨［J］.世界地理研究,2016,25（1）: 152-156.

内容提要

- 体育旅游概述
- 体育旅游的投资现状
- 体育旅游的开发模式及前景
- 文化演艺旅游概述
- 文化演艺旅游的投资环境
- 文化演艺旅游的开发模式
- 研学旅游项目概述
- 研学旅游项目的政策环境
- 研学旅游项目的一般投资策略

第一节　专项体育旅游项目概况及前景

旅游产业是蓬勃发展的朝阳产业,体育产业亦极具增长潜力。体育与旅游关系密切,具有较强的互补性。体育与旅游的共荣共兴是现实的需要,二者之间的融合发展具有天然的优势。

一、体育旅游概述

(一)概念界定

从字面上理解,体育旅游应包含体育和旅游两种属性。按照传统旅游的属性,游客被某种吸引物吸引或出于某种目的而进行异地、非长时间的体验活动(包括娱乐目的、休闲度假、商务等),从这个角度上来看,与体育相关的内容应该是体育旅游的核心,它是对体育旅游者的吸引物,包括旅游者参与体育活动、观看体育比赛、进行拓展训练、体验体育文化、享受休闲度假等等,一系列的活动均是围绕"体育"这个内核展开的。

2016年12月,国家旅游局、国家体育总局共同印发《关于大力发展体育旅游的指导意见》,《意见》指出:体育旅游是旅游产业和体育产业深度融合的新兴产业形态,是以体育运动为核心,以现场观赛、参与体验及参观游览为主要形式,以满足健康娱乐、旅游休闲为目的,向大众提供相关产品和服务的一系列经济活动,涉及健身休闲、竞赛表演、装备制造、设施建设等业态。

(二)体育旅游的分类

1. 按体育旅游参与方式划分

(1)观赛游。旅游者前往异地观看某项体育赛事,如观看奥运会、世界杯、欧锦赛等,也可称作赛事旅游。

(2)参赛游。旅游者前往异地直接参与某项具体的体育活动,其出游的主要目的就是参加体育活动,包括户外旅游等。

2. 按体育旅游的时空特征划分

(1)周期性体育旅游。游客在特定的体育活动的吸引下,前往其举办地进行旅游,这类体育活动在举办时间上往往存在一定的周期性,在举办地的选择上则具有不固定的特点,如世界杯、奥运会等大型体育赛事。

(2)定点型体育旅游。游客前往某个固定旅游地参加或观看某项体育赛事。

(3)季节性体育旅游。这类体育活动的开展受季节影响非常明显,如户外冰雪运动,基本上都是在冬季才能开展,并且游客可以就近选择目的地。

3. 按体育活动场所划分

(1)陆地项目。包括山地项目、草原项目、沙漠项目、森林项目。

(2)水上项目。包括陆地水城和海上项目,主要依托水体资源开展体育旅游活动,这种类型的体育旅游者多在夏季或温热带进行活动。

(3)冰雪项目。以北方冬季的冰雪或人工冰雪场地为依托,开展体育旅游活动,包括滑雪、溜冰、冰帆、雪橇等。

（三）体育旅游的特点

旅游本身就是一个具有很强包容性的概念，随着社会发展、消费升级，旅游的边界变得更加模糊，容纳性更广，在这个背景下，旅游与体育的融合性更加深入，其囊括的范围也更大，对时间和空间的界限更趋虚化。但是由于核心吸引力的不同，体育旅游表现出不同于其他旅游活动的特点。体育是一种身体教育活动和社会文化活动，兼顾着教育与文化内容，相对来说是一种更为复杂的社会活动。在此核心特点的引导下，体育旅游有以下几个特征：

1. 群体差异性的界限更为明显

体育的教育性最基础的表现在于体育活动需要具备一定的知识和技能。相对其他的旅游活动来说，体育旅游有一定的"门槛"限制，比如某项体育活动的小白群体、学习者、资深爱好者等。传统的休闲度假旅游并无明显的此类群体界限，群体差异性特点会对体育旅游的产业结构产生影响。

2. 群体黏性相对更强

群体差异性导致了资深爱好者等部分群体对体育旅游的高黏性。除此之外，教育是一个重复性的活动，因此群体在持续的受"教育"过程中对体育活动的黏性也随之提高，由此带来体育旅游黏性的提高，可以认为，体育旅游是一个易于提升黏性的活动。

3. 价格敏感度更低

据相关调查，热爱体育旅游的受访者中，59.9%的人表示只要是自己喜欢的体育运动，无论是国内还是国外都会去参加，体育带来的高黏度使得这部分群体在体育旅游时对价格的敏感度较低，有点类似于粉丝经济。

二、体育旅游投资环境及发展存在的问题

（一）体育旅游的政策环境

体育和旅游都是绿色产业、环保产业和服务业，近几年国家发布了相关政策，加快了体育和旅游产业发展，促进了体育和旅游消费结构升级。

2014年10月，国务院出台《关于加快发展体育产业促进体育消费的若干意见》（国发〔2014〕46号），《意见》将体育产业定调为绿色产业、朝阳产业，46号文件取消了商业性和群众性体育赛事活动审批，允许通过市场机制引入社会资本承办赛事。此举为民营资本涌入此前的垄断市场打开了大门。

2015年3月，《中国足球改革发展总体方案》针对机制体制问题进行了部署，改变中国足球协会与体育总局足球运动管理中心"两块牌子、一套人马"的组织架构，按照政社分开、权责明确、依法自治的原则调整组建中国足球协会。

2015年11月22日，国务院办公厅发布《关于加快发展生活性服务业促进消费结构升级的指导意见》（国办发〔2015〕85号），《意见》明确指出：要积极推动体育运动、竞赛表演、健身休闲与旅游活动的融合发展；重点培育健身休闲、竞赛表演等体育服务业，促进康体结合，推动体育旅游、体育会展等相关业态融合发展。

2016年3月，李克强总理在博鳌亚洲论坛年会开幕式上发表主旨演讲，直接聚焦旅游经济，明确指出旅游产业不仅仅是服务业，而是已经覆盖了第一和第二产业，属于综

合性产业。在一项最有成长前景的行业调查中,旅游业以30.8%的占比位居排行榜的第八位。同时,2016年是博鳌亚洲论坛成立15年来首次建立以体育为主题的分论坛,具体探讨了中国体育产业能否迎来一个黄金十年。

2016年5月,国家体育总局公布了指导"十三五"时期体育改革发展的纲领性文件——《体育发展"十三五"规划》,全面部署了"十三五"时期的体育工作,提出要深化体育重点领域改革创新,促进群众体育(全民健身)、竞技体育、冬奥会筹办、体育产业、体育文化等重点领域的全面协调发展,将"以冬奥会为契机,大力普及冰雪运动项目,广泛开展丰富多样的全民健身活动,扩大体育产品和服务供给,促进体育消费……"作为"十三五"时期体育发展的重点任务和目标。《规划》的颁布,预示着我国体育产业发展已经进入快车道,冰雪运动户外产业将迎来春天,"旅游+体育"将迎来重大发展机遇,运动休闲将成为体育和旅游的消费吸引核心与收益点。

2016年12月,为深入贯彻落实《国务院办公厅关于加快发展健身休闲产业的指导意见》(国办发〔2016〕77号)和《国务院办公厅关于进一步扩大旅游文化体育健康养老教育培训等领域消费的意见》(国办发〔2016〕85号),国家旅游局、国家体育总局共同印发《关于大力发展体育旅游的指导意见》,部署体育旅游发展规划。

综上所述,体育旅游具有强大的政策支撑,国家正在大力鼓励发展体育旅游,引导体育产业与旅游产业进行深度融合,大力打造以满足健康娱乐、旅游休闲为目的体育旅游产品。大力发展体育旅游,对于丰富旅游产品体系、拓展旅游消费空间、推动全民健身和全民健康深度融合、推动体育产业提质增效、培育经济发展新动能和拓展经济发展新空间具有十分重要的意义。

(二)体育旅游的市场环境

数据显示,2015年,我国与体育相关的旅游和旅行市场每年的价值达1 180亿美元,国外一些发达国家体育旅游创造的价值占旅游总收入的25%。相比我国体育旅游只占旅游业年产值的5%来看,还存在五倍的差距。随着国家大力推动内需和经济的发展,以及我国人均GDP达到约8 016美元的水平,参考各国经济的发展历程,我国消费升级的趋势将陆续显现。

1. 体育产品丰富且呈多元化发展

我国体育旅游产品丰富且呈多元化发展的趋势,适合于做体育旅游的产品数量庞大,很多具有中国特色的项目逐渐丰富,包括赛事旅游、体育表演、运动体验、体育的一些实体景观(如鸟巢、水立方),以及体育旅游的聚集(如体育度假区、主题公园、露营地)等。

2. 中国体育旅游场景多样化

在许多OTA的平台上都可以找到观看性、欣赏性或参与性的体育旅游项目。在整个体育旅游结构模型里有世界顶级赛事观赛、粉丝经济、体育目的地的朝圣等等,参与性项目包括去跑一场国际知名马拉松赛事,同时还有目的地住宿、交通、餐饮等。

3. 中国体育旅游消费群体

中国体育旅游消费群体结构中,白领运动爱好者的消费能力是最强的,他们不一定代表未来的趋势,但却是现状。学生群体等年轻群体对体育、旅游或生活方式的消费受到个人资产配置影响。在整个人群当中,男性占62%,这跟运动人群的分布有关。20—

40岁占60%。这个数据在很多国家都有一定的代表性。但是40岁以上或50岁以上的人群占比相对要低于其他国家。

4. 中国体育旅游企业

国内体育旅游市场中规模和影响力较大的OTA和大型传统旅行社重点布局了例如奥运会、国家联赛等这种海外的大型体育赛事,而他们参与的方式基本以销售门票观赛为主、观光旅游行程为辅。创业企业则在更加细分的垂直领域里深耕,以体验有地域特点的体育户外项目为核心,具有灵活创新的优势和小团体多频次的体验效果。总的来讲,目前国内提供体育旅游服务的企业中,专注于观赛的项目更多,在体验的层面还有很多值得去挖掘的。

(三)体育旅游产业存在的问题

1. 体育旅游平台门票对接复杂

无论是参与体育项目还是观赏赛事,报名和门票预订是发起一段体育旅游行程的重要环节。国内参与的一些赛事相对较少存在沟通不畅的问题。海外的体育活动则普遍面临出境的痛点:信息的不对称。而大多门票对接问题也更多出现在与海外体育组委会的对接上。目前国内企业一般有两种做法:

一种是提供体育旅游服务的平台,直接与海外的赛事委员会对接,达成合作协议,通过对接后台报名端口、预先自购票、预留票等方式为国内参与者提供报名和购票服务,甚至有些企业可以代表组委会进行参赛选手的资质审核。但问题在于,如果平台是预先从组委会方面购买一定基数的赛事门票作为产品销售的话,平台则会承受相对较高的分销压力。

另一种形式相对传统,即平台作为代表,替参与者统一向海外赛事主办方提交报名或购票。

2. 预订周期较长,变数多

有些大型的体育赛事需要提前一年左右的时间申请报名参加,因为组委会需要完成较长时间的确认排期等工作。就目前的体育旅游产品而言,海外体育赛事的预订周期基本是提前一两个月,像马拉松等当下很火热的体育项目提前一年预订是很正常的现象。

当面临较长周期的体育旅游产品预订时,临时修改行程或因突发事件申请退票的概率也同比增高。虽然了解到,国内外各平台针对此类情况都有较完善的退改机制,但平台前期投入的沟通造成的损失却无法估量。

3. 运动型体育旅游信息化程度低

虽然像马拉松这样的长距离高强度的赛事逐渐火热,且参与人群热情较高,但国际上的相关专业赛事对于报名选手的资质有严格的要求,报名者需要向赛事组委会提供类似以往参赛的完赛证明、体检报告、赛事证书以及成绩单等信息。

目前除了田协的体育旅游服务平台以外,还未有一家企业将运动型体育旅游参与者的信息进行整合汇总。想象一下,如果参与者只需提供一个通用的ID号,所有平台或组委会便可自动查询到选手的过往参赛信息,那么预订效率将大大提升。

4. 体育旅游对经营者门槛高

体育旅游是体育与旅游交叉融合而产生的具有旅游和体育双重特点的新型产业,

对经营者提出了非常高的运营要求。

从用户层面看,体育旅游的特殊性使得参与项目的人群相对消费水平较高,对服务的重视程度也很高。行程的安排是否合理,是否通过社交等一系列连锁服务方式增强体验感,以及是否将体验的思维扎根于每一位运营者的理念中,是决定我国体育旅游能否长时间发展的根本因素。

体育旅游项目多数需要较长时间的筹备工作,如器材的准备、领队的配置等。在运营中,人数临时增减会对项目的开展产生影响,资源供给不足或资源浪费对经营者来说都是损失。

领队的风险评估与安全意识是否符合项目要求,关系着参与者体验过程中的基本诉求是否能得到保障。所以体育旅游除了要求经营者有非常强的组织能力之外,高标准、高协调能力也是保障用户体验非常重要的部分。

三、体育旅游一般开发模式及前景

（一）体育旅游产业链

体育旅游的规模化发展依赖于两个基本条件,即资源和需求两个终端,首先形成最基本的供需主干,以此为基础,再通过链接各相关环节、领域衍生出完整的产业链条。在资源终端,可依据产品的状态不同再继续细分,可转化资源首先转化成体育旅游产品需要的场景/场地设施、内容等初级产品形态,再整合"吃、住、行、游、购、娱"等其他相关基本要素资源,加工形成完整的体育旅游产品,加工完成的产品也是产业链条中的终极资源形态,是可直接提供给用户的最终产品。在需求终端,应完成量的积累,促使整个产业链条的形成,完成从量变到质变的转变。而在营销等环节则最终表现为提升整个产业链的效率。

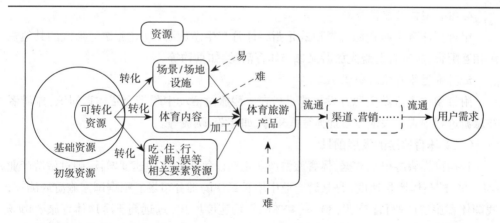

图 10-1

体育旅游
产业链

在体育旅游产业链条上的每个环节都可衍生出多种经济形态,也可与更多的领域或形态融合,形成规模化的体育旅游经济。但是就目前国内的发展现状来看,两个基本终端尚处于发展初级阶段。

在资源端,场景/场地设施的转化在有政策支持的情况下相对容易,依托于旅游业的发展,吃住行等其他基本要素资源已具有一定的形态和规模,而体育内容的打造以及最终整合加工过程却是很难的。目前国内的体育产业是以体育装备等制造业为主,体育IP能力较弱。

当需求达到一定规模,完成从量变到质变的转变,才能促使一个完整产业链条的产生及产业的生态化。而在体育旅游的需求端,目前的需求市场可能还需继续积累。据相关调查发现,参加过体育旅游的受访者仅占总受访者的8.4%,46.8%的受访者表示"没听说过体育旅游"。而2015年我国经常参加体育锻炼的人数接近4亿,户外运动爱好者已达1.3亿人,虽然目前的体育旅游需求端相对来说尚处于部分群体市场,但是基于体育活动参与者的增加,以及收入增长带来的经济基础、消费升级带来的动力,未来体育旅游市场还有很大的增长空间。

(二)体育旅游的开发模式

1. "旅游+体育"

"旅游+体育"的模式是指以旅游资源为依托开发体育旅游产品,即旅游性体育。比如长城、黄河、五岳等旅游资源,对应的体育旅游产品有登山、漂流、森林徒步等。

2. "体育+旅游"

"体育+旅游"的模式是指以体育资源为依托,开发体育旅游产品,即体育性旅游。如奥运会、世界杯足球赛等,人们往往为了亲眼见证这一盛会,而前往观看,同时在当地进行旅游消费。又比如,每年定期举办的NBA篮球赛、F1汽车赛、超级碗橄榄球赛、英超、温网等一系列赛事,也都吸引众多体育迷们前往观看,并在当地进行旅游消费。事实上,在欧美成熟的体育国家,拥有这样一句名言:"拥有一项赛事,就相当于拥有一个印钞机。"这句话充分证明了体育旅游赢利模式的成功。

3. 专项型体育旅游资源

专项型体育旅游资源开发模式是指以某一种体育旅游产品为开发目标,将体育旅游资源开发成唯一的旅游吸引物,旅游者是针对吸引物而来的,如滑雪旅游、高尔夫旅游等。

4. 组合型体育旅游资源

组合型体育旅游资源开发模式是指将体育与生态旅游、文化旅游等形式的其他资源相互配合,旅游者既观光旅游又参与体育活动,如垂钓等。

5. 附带型体育旅游资源

附带型体育旅游资源开发模式是指在一般旅游活动中附带介绍体育知识,旅游者在旅游过程中观看表演或参加体育娱乐等,如摔跤、跳板等。

(三)体育旅游的发展前景

根据世界旅游组织数据,体育旅游产业正在以每年14%的速度增长,超过旅游产业4%—5%的整体增长速度,是旅游产业中增长最快的细分市场。根据国家旅游局测算,我国体育旅游产业目前正以30%—40%的年均速度增长,远远高于全球体育旅游市场的平均增速。体育旅游领域投资增速近两年高达60%以上,体育旅游未来的成长空间是巨大的。

1. 体育与旅游加速融合

从产业结构来看,体育与旅游加速融合,形成更为广阔的行业外延,带来全新的市场投资机会。旅游行业由"吃、住、行、游、购、娱"六大要素构成,涵盖餐饮、酒店、交通、休闲等领域；体育行业则外延到赛事开发、赛事运营、体育器材、体育健身与休闲等领域。而"体育+旅游"模式的升级融合，使得体育旅游同时覆盖体育产业与旅游产业的核心衍生板块，从而形成更为广阔的行业外延。

2. 产城融合趋势加速

体育旅游新城镇融合的步伐加快，现阶段产城融合主要是三位一体的模式：城镇规划，新型城镇规划很多都是以运动、休闲、体育旅游小镇为核心的业态；体育旅游IP，引入一个比较好的独特的体育旅游IP；体育赛事IP，做一个城市赛事品牌。在三位一体的情况下，体育旅游将与欧美一些特色休闲小镇相融合。

名　　称	发　展　特　色
河南登封嵩皇体育小镇	联合体育、航空、户外、旅游的企业共同打造大众化、多元化、体验式的体育旅游小镇。聚焦赛车、航空体育运动、登山、乒乓球、拓展等多种运动项目为一体，融合观光、餐饮、住宿、会务、婚礼、养生等多种元素的户外体育运动主题公园
德清莫干山"裸心"体育小镇	将体育、健康、文化、旅游等有机结合，以探索运动、户外休闲、骑行文化等为特色，带动生产、生活、生态融合发展。建设部分重点项目：Discovery探索极限基地、久祺国际骑行营、莫干山山地车速降赛道、"象月湖"户外休闲体验基地
绍兴柯桥酷玩小镇	聚焦体育设施，柯岩"酷玩小镇"包括八大体育休闲类项目，如乔波滑雪馆、若航直升机场、天马赛车填，另外还将新建环鉴湖慢行道、鉴湖码头、酷玩乐园、综合体育场等，可满足大众康体休闲和专业高端运动的需要
海宁马拉松小镇	借助景区内全长约12公里的生态绿道，打造永久的马拉松项目，将体育与休闲结合起来促进当地发展。同时，计划引进房车营地、帐篷酒店、木屋酒店等旅游休闲、运动产业，用运动休闲来刺激当地的体育旅游产业发展
平湖九龙山航空运动小镇	小镇建设航空运动体验园、赛马马球赛车运动体验园、星海湾国际安养基地、海角城堡养老养生基地、九龙山阿平汉国际学校等一批支撑项目。坚持创新国内健康运动产业发展模式，构建以健康运动为龙头、以健康养生为主导、联动发展健康旅游、培育发展体育和禅修文化的综合产业体系
北京丰台足球小镇	小镇将着重发展足球产业，在建设中引入竞技体育和群众体育高度结合的智能场地技术，引入同步数据分析系统，开发专门的APP实现网上定场地、约赛，打造京城最大的足球社区，最终建成融合足球竞技、足球文化、足球科技等概念和要素的足球产业集群和足球产业链，打造中国第一个将城市发展和足球发展对接的创新发展平台
江苏青马车寨扬州基地	越野基地内设有：马术比赛场地、训练马场、越野场地（UTVSUV摩托车等）、水上皮划艇、射箭场地、真人CS场地、房车露营基地、森林拓展运动基地、篝火娱乐会场、集装箱活动营地（艺术客栈）等众多项目
银湖智慧体育产业基地	聚焦各种室内外新型智慧体育健身娱乐活动，游客可以体验打3D高尔夫、玩3D马球等各种VR/A体育体验项目，突出智慧体育产业特色

表10-1

国内八大体育旅游小镇

3. 特色赛事IP发展火热

优质内容的缺乏是未来影响体育旅游快速发展的重要因素,但是同样是创业者的机会,在IP打造和创新上,新型创业企业可以以户外运动为切入口,逐步形成小型IP,增加以体育内容为核心的消费场景,并以赛事IP产生的链接点为主,将旅游要素整合进体育内容中,形成完整的体育旅游产品。这部分创业的进入性壁垒会相对较高,要兼顾资源现状、需求现状、IP创新等因素,但是一旦建立,后续产生的辐射效应会很强,也能为企业建立较强的竞争壁垒。

四、案例解读——新西兰皇后镇

(一)项目概况

皇后镇(Queenstown)位于瓦卡蒂普湖(Lake Wakatipu)北岸,是一个被南阿尔卑斯山包围的美丽小镇,依山傍水,海拔高度为310米(1 202英尺),是新西兰最负盛名的旅游地之一,以"新西兰最著名的户外活动天堂"而得名,也是世界著名的"探险之都"。根据地理学家的研究,在距今15 000年前的冰河世纪,皇后镇是被冰河所覆盖的。皇后镇人口相当稀少,只有约2万人。皇后镇是新西兰地势最险峻美丽而又富刺激性的地区,旅游资源十分丰富,当地利用其独特的地势资源,开发探险、户外运动等体育活动,使体育运动成为皇后镇旅游的焦点,利用大量的体育活动带动当地的旅游发展,常年运营的活动与景点约220种之多,每年接待的游客量达到200万。

(二)开发模式——体育+旅游

1. 同一资源的不同价值开发

户外运动作为皇后镇旅游发展系统中的一个重要元素,是形成体育旅游共生体的基本条件。户外休闲运动多数带有探险性,有很大的挑战性和刺激性。皇后镇利用高山峡谷、急速湍流、绵延雪山等优越地势,开发激流泛舟、跳伞、滑雪、蹦极、喷射快艇、漂流、山地自行车等户外运动,为各地户外运动发烧友提供了良好的体验场地。

体育旅游中另外一个元素则是旅游,作为游客休闲度假的一种活动,多样性的旅游产品可以满足各类游客的需求。依托皇后镇四季分明的环境,以及悠久的历史文化,开发的休闲度假、节庆旅游、婚庆旅游、文化体验等深度旅游,同样吸引了大量的观光游客,成为皇后镇旅游发展中不可或缺的一部分。皇后镇将体育与旅游两个元素中最强的优势提炼,重点开发,让体育与旅游共生发展,互惠互利,彼此共生共存。

2. 产业内部和产业外部的信息、市场、服务等形成互动

皇后镇多变的地理景观适合于开发户外运动活动,以体育运动为主题,开发参与性强的旅游活动,将皇后镇静态的自然风光转变为动态的户外活动,使皇后镇体育旅游长盛不衰。户外运动对于自然场地的要求、挑战刺激性、群体性、装备安全性等特点吸引了广泛的运动群体,以这个群体为基底的旅游开发便具有更好的开发优势,对于旅游要素"吃住行游购娱"资源配备的要求也需要更加完善,两者之间相互依存,资源信息共用,更好地提升了体育与旅游的产品功能。

人流量的聚集,产生了各种活动,以冬季为主的嘉年华,为皇后镇的旅游增色添彩,而且提高了知名度。以冬之祭为主的活动是利用越来越多的冬季活动,开发冬季嘉年

华,吸引世界各地的游客及行业来到皇后镇,节庆活动的成功依托了体育活动的开发,同时反过来体育活动也促进了当地旅游的发展。其中,高端奢华旅游开始入驻,高旅游知名度以及完善的旅游服务配套设施,使得高端奢华游在良好的体育旅游共生环境中滋生。无与伦比的自然风光加上趣味无穷的休闲运动,使得皇后镇成为高端奢华旅游目的地。

不同产业和产品都具备其自身的物质、能量和信息,会带来不同的市场和商业价值,体育和旅游各自在产业内部和产业之间融合元素自身特性,彼此相互交流,共同推动区域经济的发展。稳定的体育旅游共生模式,让皇后镇体育资源与旅游资源相互依赖发展,并随着产品的逐渐开发成熟和知名度的提升,吸引各地游客前来,使皇后镇从最初的传统单一的旅游景点发展为休闲度假场所。

(三)运动项目

皇后镇有激流、峡湾、高山等惊险刺激的天然优良环境,在不破坏大自然的情况下,开发了许多惊险刺激的活动。上山、下海、飞天的体育活动应有尽有。

高空弹跳:皇后镇是高空弹跳的鼻祖,拥有高度不同、各式各样的高空弹跳可供选择。游客可从中获取绝对的冲击和难以忘怀的体验,当黑幕降临时,也可以选择夜间弹跳,纵身一跃在黑漆的峡谷中,刺激加倍。

激流泛舟:顺着急速奔流的清澈河流泛舟,为皇后镇最热门的活动之一。皇后镇拥有大大小小的水流湍急的河川,乘着小舟,顺着水势快速地冲下,沿途尽是独特的峡谷地形与原始茂密的美丽丛林,变化多端的水流如激流、湍流或急弯等,可以让游客感受大自然的脉动所带来的全新体验。

喷射快艇:新西兰是喷射快艇的发源地,而皇后镇更是将其发扬光大。乘上快艇,在激流中快速穿梭于高山峡谷间,给游客惊心动魄的体验。喷射快艇时速可高达80公里,但为了安全起见,时速都保持在72.5公里以下,以便能灵活地在转角处、窄峡湾、浅水滩畅快奔驰,每年有超过75 000名游客来此寻求刺激。

热气球:热气球体验相当安全,由经验丰富的人员全程协助飞行,救护体制也完备。坐上热气球,可以远眺皇后镇美丽的湖泊与雄壮的雪山胜峰。

雪上摩托车:骑着雪上摩托车就可驰骋在皇后镇山林之间,只需游客略有开车或骑乘摩托车经验,不需任何装备与技巧。

滑雪:作为冬季度假胜地,皇后镇拥有多个滑雪场地、迷人的滑雪文化与丰富多彩的冬季节日,因而吸引了无数游客前来这个充满活力的度假小镇打发寒冷的冬日时光。

冬季嘉年华:每年6月底至7月初皇后镇都会举行冬季嘉年华,最早可追溯至1975年,自那以后,皇后镇冬季嘉年华逐渐成为新西兰,甚至整个南半球最盛大的冬季庆典,为期10天,活动多达60余项,且内容丰富,范围广泛,包括体育、艺术、美食、葡萄酒以及与山峰有关的所有方面。是吸引世界各地游客前往的一大看点。

观景缆车:搭乘皇后镇的天际缆车(Skyline Gondola)是观赏皇后镇壮阔美景的最佳方法。缆车以海平面45度仰角的方式建成,搭上缆车后,以极快的速度离开地面,登上山顶后,可以远眺南阿尔卑斯山的雪景与湖面。

课堂讨论:新西兰皇后镇"体育+旅游"开发模式成功的经验对我国体育旅游有什

么借鉴意义？

第二节　文化演艺旅游项目投资及策略

一、文化演艺旅游概述

文化旅游有悠久的历史，它令游客沉浸在当地的生活氛围与习惯中，游客不仅可以拍到漂亮的照片，还能够收获独特的记忆与体验。对于目的地，文化旅游为本地人和游客之间提供真正的文化交流的机会，帮助当地社区更好地理解和发展当地文化，促进经济增长。

文化旅游的目的地，一类是生活文化区，即访问除本地之外的其他文化，例如前往国外。其他目的地包括历史遗迹、现代化的城市地区、城镇、博览会、节日庆典、主题公园和自然生态系统等等。文化景点和活动是强大的吸引旅游业的磁铁。

演艺可以分为三种形式：一是文艺演艺，目的是丰富人民群众精神世界，增强人民群众精神力量，满足人民群众精神需求；二是旅游演艺，指依托著名旅游景区景点，表现地域文化背景，注重体验性和参与性的形式多样的主题商业表演活动属于旅游"六要素"之一的"娱"，是将"旅游"与"演艺"相结合的新型产品，是把文化推向旅游市场的重要"媒介"，兼具旅游与文化的双重魅力；三是"演艺旅游"，主要是指由当地著名旅游演艺节目的文化影响力而带动的一种新型旅游业态，游客是"因演艺，而旅游"，演艺在旅游活动中占据主导地位。当前，全国旅游人数、演艺水平均已达到发展旅游演艺的基础条件。发展旅游演艺正当其时，潜力巨大。

旅游演艺又根据场所不同分为三大类：一是剧场旅游演出，指在剧场内针对旅游人群所打造的旅游演出产品，即展示当地文化特色的歌舞、戏剧、曲艺、杂技等演出形式为主的综合晚会，如北京红剧场的《功夫传奇》、上海马戏城的《ERA—时空之旅》等；二是实景旅游演出，其以旅游景点的山水实景为依托，将当地的民俗文化与著名的山水旅游景点紧密结合，如印象系列的《印象·刘三姐》、梅帅元山水系列的《中华泰山·封禅大典》；三是主题公园旅游演出，在主题公园内打造演出，是高附加值复合型旅游演艺产品，如深圳华侨城集团的大型舞台精品秀《金面王朝》以及宋城演艺打造的《宋城千古情》。

表10-2	演出名称	演 出 内 容
全国著名大型文化演艺活动	《大宋·东京梦华》	开封清明上河园出品的大型实景水上演出，首次投资1.35亿元人民币，演出时长70分钟，由700多名演员参与演出，这项演出是一卷关于北宋王朝鼎盛时期的印象画卷，是《清明上河图》和《东京梦华录》的历史再现。它运用《虞美人》、《醉东风》、《蝶恋花》、《满江红》等八首耳熟能详的经典宋词及其意境，勾勒出北宋都城东京的历史画面
	《印象·刘三姐》	大型桂林山水实景演出《印象·刘三姐》是锦绣漓江—刘三姐歌圩景区之核心工程，由桂林广维文华旅游文化产业有限公司投资建设，我国著名导演张艺谋出任总导演，国家一级编剧梅帅元任总策划、制作人，以及两位年轻导演——王潮歌、樊跃加盟，历时三年半努力制作而成。它集漓江山水风情、广西少数民族文化及中国精英艺术家创作之大成，是全世界第一部全新概念的"山水实景演出"

续　表

演出名称	演 出 内 容
《印象·大红袍》	演出由张艺谋、王潮歌、樊跃共同组成的"印象铁三角"领衔导演,是以双世遗产地——武夷山为地域背景,以武夷山茶文化为表现主题的大型实景演出。《印象·大红袍》山水实景演出的推出,打破了固有的"白天登山观景,九曲泛舟漂流"的传统旅游方式与审美方式,不仅首次展示了夜色中的武夷山之美,同时还创造了多个世界第一
《印象·西湖》	《印象·西湖》是由杭州市委市政府、浙江广播电视集团及浙江凯恩集团共同组建的"印象西湖文化发展有限公司"打造的一台大型山水实景演出。它是由著名导演张艺谋、王潮歌、樊跃组成的"铁三角"导演团队联手打造的山水实景演出
《长恨歌》	陕西旅游集团打造推出的中国首部大型实景历史舞剧《长恨歌》,以白居易传世名篇《长恨歌》为蓝本,充分发掘景区资源,采用高科技舞美灯光,将历史故事与实景演出相结合,重现1 300多年前华清宫里那段感人肺腑的李杨爱情故事。《长恨歌》,展现了"两情相悦"、"恃宠而娇"、"生离死别"、"仙境重逢"等四个层次十一幕情景,由300名专业演员组成强大阵容,以势造情,以舞诉情,在故事的原发地艺术地再现了这一动人的爱情故事
《印象·丽江》	原生态大型实景演出《印象·丽江》是继《印象·刘三姐》之后推出的又一部大型实景演出,总投资达2.5亿元,上篇为"雪山印象",下篇为"古城印象",由中国最具影响力的导演张艺谋携手王潮歌、樊跃共同执导,历时1年多时间,经上百次修改完成,演出剧场位于海拔3 050米的世上最高的实景演出场地——玉龙雪山景区甘海子,是目前唯一一部在白天进行的实景演出
《宋城千古情》	《宋城千古情》是杭州宋城旅游发展股份有限公司倾力打造的一台立体全景式大型歌舞,2009年获得国家五个一工程奖、舞蹈最高奖荷花奖。该剧以杭州的历史典故、神话传说为基点,融合世界歌舞、杂技艺术于一体,运用了现代高科技手段营造如梦似幻的意境,以出其不意的呈现方式演艺了良渚古人的艰辛、宋皇宫的辉煌、岳家军的惨烈,梁祝和白蛇许仙的千古绝唱,把丝绸、茶叶和烟雨江南表现得淋漓尽致,给人以强烈的视觉震撼
《报恩盛典》	大报恩寺遗址公园·博物馆剧场·实景演出《报恩盛典》,独占毗邻南京两大5A级景区的旅游资源优势,在南京城市地标与文化坐标的大报恩寺遗址公园内重建的琉璃宝塔前上演。由"山水盛典"在国家重点文物保护单位内,倾力打造了一场独一无二的实景演出盛宴。演出讲述大报恩寺的小沙弥,在大报恩寺塔上风铃的带领下,穿梭明朝、唐朝、古印度,与明成祖朱棣、玄奘法师、世尊释迦牟尼一同探索灯火的意义,共同寻找照亮心灵道路的明灯
《时空之旅》	多媒体梦幻剧《时空之旅》由上海时空之旅文化发展有限公司经营运作。《时空之旅》融杂技、舞蹈、戏剧、音乐和世界一流多媒体技术于一体,兼具中国元素和国际制作,打造全新舞台艺术样式,将原创音乐、现场演奏、电子投影、数字舞台、超大水幕、巨型镜墙融入其中,堪称"中国娱乐第一秀"
《中华泰山·封禅大典》	《中华泰山·封禅大典》演出规模宏大,气势磅礴,音画一体,500人的封禅演绎与泰山春夏秋冬的景观变化,合成了泰山辉煌的交响。演出的剧场建设在泰山东麓。主演区的基本形态像一个巨大的封禅台,在演出灯光的作用与周围山形林相背景的配合下,为观众呈现出典型的泰山自然环境与历史的意境

演出名称	演 出 内 容
《天门狐仙·新刘海砍樵》	天门狐仙全名《天门狐仙·新刘海砍樵》，是一部超震撼的山水实景演出、魔幻音乐剧。故事改编自神话传说《刘海砍樵》，讲述了一段感天动地的人狐之恋
《印象·武隆》	《印象·武隆》实景歌会由印象"铁三角"联手打造，张艺谋任艺术顾问，王潮歌、樊跃任总导演，100多位特色演员现场真情献唱，以濒临消失的"号子"为主要内容，让观众在70分钟的演出中亲身体验自然遗产壮美的自然景观和巴蜀大地独特的风土人情
《文成公主》	《文成公主》大型实景剧是由域上和美集团、拉萨市布达拉文旅集团斥巨资打造的。全剧以壮丽的场面、恢宏的气势、跌宕的情节震撼人心，以美妙的音乐、动人的故事、婉曲的情感扣人心弦，把中国实景剧带到了一个崭新的水平。作品深入汉藏历史文化、民族风俗、自然景观中发掘资源，以人工舞台结合自然山川，以高科技手段呈现非物质文化遗产，把戏剧、音乐、舞蹈和现代舞美手段熔为一炉，构成华美乐章
《云南映象》	全国首部大型原生态歌舞集《云南映象》(Dynamic Yunnan)，由我国著名舞蹈艺术家杨丽萍出任艺术总监和总编导并领衔主演倾情打造的艺术精品，成为继《五朵金花》《阿诗玛》之后，诞生在云南的又一经典力作。《云南映象》是一部融传统和现代于一体的舞台新作，将原生的原创乡土歌舞精髓和民族舞经典全新整合重构，展现了云南浓郁的民族风情
《道解·都江堰》	为深度诠释都江堰独有的文化特性，展现人与自然的和谐相处，提升都江堰地区旅游经济实力，四川都江堰丰年旅游文化有限公司在都江堰丰厚的文化基础上，在都江堰市市委、市政府领导的关心和帮助下，倾力打造出全国首座遗址实景演出——新版《道解·都江堰》

二、文化演艺旅游的发展现状

近年来，伴随着旅游演艺产品市场的持续升温和大发展，类似于传奇系列、印象系列等成功的旅游演艺产品已悄然带动旅游市场，成为旅游业引人注目的新亮点，得益于此，旅游演艺呈现欣欣向荣的发展态势。

根据道略文旅产业研究中心的数据显示：2013年全国旅游演艺实收票房达22.62亿元，演出观众共计2 789万人次；2014年全国旅游演艺实收票房为27.06亿元，演出观众共计3 591万人次，票房同比增长19.9%，观众同比增长28.8%；2015年全国旅游演艺实收票房为35.87亿元，演出观众共计4 746万人次，票房同比增长32.6%，观众同比增长32.2%；2016年全国旅游演出实际票房收入为43.03亿元，演出观众共计5 391万人次，票房同比增长20%，观众同比增长13.6%。我国目前的文化演艺旅游现状如下：

1. 主题公园旅游演出发展强劲

主题公园旅游演出迅速发展，占据票房收入的半壁江山。2016年主题公园类旅游演出剧目数量有25台，仅占总台数的10.6%，而票房收入却占到旅游演出总票房的46.4%；实景类演出剧目数量为62台，贡献票房29%；剧场表演类旅游演出剧目数量有149台，占总台数的63.1%，票房收入却只占到24.6%。

2. 剧场类旅游演出票房增长迅速

自2013年以来全国剧场类旅游演出票房保持较快增长,2013年票房收入为5.94亿元;2014年票房收入为6.87亿元,同比增长15.7%;2015年票房收入为8.43亿元,同比增长22.7%;2016年票房收入实现10.6亿元,同比增长22.9%,演出场次达到45 380场,观众数量为1 819万人次。2016年全国剧场类旅游演出剧目为149台,代表演出剧目主要有《张家界·魅力湘西》、《汉秀》、《ERA——时空之旅》、北京刘老根大舞台、灵玲国际马戏等。单台剧目平均票房为700万元,相较2015年同比增长9.4%,其中,2016年剧场类旅游演出中,76%的剧目票房低于平均票房,33%的剧目票房收入在200万元以下。

3. 实景类旅游演出票房增速趋缓

2013年以来,全国实景类旅游演出票房增长趋缓,2016年票房收入达到12.5亿元,演出16 015场,接待观众1 457万人次。2016年全国实景类旅游演出剧目共62台,代表演出剧目主要有《印象丽江》、《印象刘三姐》、《文成公主》、《印象大红袍》、《天门狐仙·新刘海砍樵》、《印象武隆》等。单台剧目的平均票房约为2 000万元,其中,76%的剧目票房低于平均票房,55%的剧目票房收入在1 000万元以下。

4. 地区差异较大,以热门旅游城市为主

2016年华东地区旅游演出票房收入为13.59亿元,票房占比31.6%,接近全国旅游演出票房的三分之一,西南、华南紧随其后,票房收入分别达到9.35亿元和8.83亿元,东北地区受季节因素影响,演出票房只占2.2%。

2016年旅游演出票房收入超过亿元的城市共有13个,分别为杭州、丽江、三亚、广州、阿坝州、北京、桂林、西安、厦门、珠海、张家界、上海、南平,票房收入总计29.84亿元,占总票房的69.3%。收入过亿城市以南方旅游城市为主,其中杭州是旅游演出票房收入最高的城市,票房收入为7.21亿元,占全国旅游演出总票房的16.8%。这些城市是旅游的热门地区,均有庞大的游客数量作支撑。

三、文化演艺旅游的一般开发模式

发展旅游演艺项目必须根据市场需求,开发多层次旅游演艺节目,既要有大手笔大制作,也要有低成本小精品,使旅游演艺成为旅游经济新的增长点。必须坚持政府引导、市场主导、企业运作的原则,着力把握好"文、演、势、市"四个环节,力争做到"策划、演出、营销、经营"四个"一流"。

(一)产品策划

我国历史悠久、文化厚重,自然风光优秀,为旅游演艺创作提供了取之不尽、用之不竭的题材。各地应尽量挖掘和选取具有地域文化特色的创作题材,邀请一流的文人奇才、剧作高手和策划团队进行策划创作。尤其是需要凸显当地的地域特色、鲜活的人物个性、生动的故事情节,以及脍炙人口的流行语言。

(二)演艺方式

发展旅游演艺,需要组织一流的实景舞台创作团队来设计和打造实景舞台演艺,以实现主题清晰、创意新颖、制作精良、全球视野的目标。在编排上,既要注重人文特色和地域文化,也要遵循舞台表演规律,尽可能"讲好中国故事";在内容上,兼顾"阳春白雪"和"下里巴人",既要坚持思想性、艺术性、高雅性,又要兼顾普通游客的需求,善接地气,讲老百姓听得懂的话,演老百姓看得懂的剧情,唱老百姓能传唱的歌,增强观赏性;在艺术表现手法上,兼顾歌舞、说唱、杂技、武术、魔术等多种艺术形式,使演出欢快、热闹、幽默,喜闻乐见;在技术上,充分运用声、光、电、景等手段,强化视觉冲击力和现场感染力,让游客在感受震撼场面的同时,充分融入情境表演,使之内涵丰富,回味无穷;在表演形式上,注重互动性与体验性,使节目有看头、有听头、有玩头。

(三)运营方式

树立市场意识,积极引进社会资本参与到旅游演艺项目中来。创新演艺企业经营方式,采取科学灵活的价格策略,加强星级服务管理,实行旺季抓服务质量,淡季走普惠路线,使游客看节目赏心、享受服务舒心、得实惠称心。加强与旅行社等营销平台的合作,实行长效合作、利益共享机制,确保观众群体稳定和饱满。同时,旅游演艺企业须进一步加强内部管理和成本控制,在演员雇佣、服饰道具的配备、各种设备的更新及其他服务外包等方面,精打细算,注重节约成本,使经营企业有效益,使演艺发展可持续,保持强大的生命力。

(四)营销渠道

引导、引领、吸引观众观看旅游演艺,关键在营销。需要着力做好四篇文章,即:新闻媒体的嘴、名人的笔、互联网的技术手段、百姓的口碑。应善于与新闻媒体的记者打交道,采取新闻报道、访谈、专题报道等形式,综合发挥好覆盖面广的优势报纸杂志、广播电视、网络新闻、手机媒体等进行宣传营销。积极邀请知名文化艺术专家开展座谈评论推介,并通过名人的鉴赏评论文章,使旅游演艺节目在社会上形成好的反响。通过微博、微信等互动性好、性价比高的互联网新技术手段进行创意营销,建立健全智慧营销网络。精心挑选一些易懂、易记、易流行的台词、歌词和广告词,通过特卖推介,强化游客参与,使之成为游客主动推介的演艺旅游精品,以达到回忆、回味、回头的效果。

四、案例解读——丽江大型文化演艺旅游项目

正是丽江民族文化旅游资源的丰富多彩,才使得大型旅游文化演艺项目得以不断发展。目前,丽江市推出了一系列运用现代创意理念、独具民俗元素和地方特色的大型旅游文化演艺项目,比如印象丽江、丽水金沙、彩云飞歌、花楼恋歌等。

(一)项目概述

《印象丽江》总投资达2.5亿元,上篇为"雪山印象",下篇为"古城印象",主创人员由《印象·刘三姐》的原班人马组成,以雪山为背景,汲取天地之灵气,融合自然之大成,以民俗文化为载体,用大手笔的写意,在世界上最高的演出场地(海拔3 100米),让生命的真实与心灵的震撼感染每一位游客。

《丽水金沙》共分四场,即"序"、"水"、"山"、"情",以舞蹈诗画的形式,荟萃了丽江奇山异水孕育的独特的滇西北高原民族文化气象、远古的纳西王国的文化宝藏,择取丽江各民族最具代表性的文化意象,全方位地展现了丽江独特而博大的民族文化和民族精神。

《彩云飞歌》分上下两篇,即"丽江情"、"云南风",是以丽江多元少数民族文化为

背景,以源远流长的纳西东巴文化为主线,串联纳西、白、普米、藏、傈僳、彝、苗等居住在丽江地区的少数民族,展现云南25个少数民族丰富多彩的地域文化意象,以舞蹈诗画、服装展示、说唱形式表现的大型民族歌舞演艺。

《花楼恋歌》是由丽江泸沽湖旅游景区管委会、丽江泸沽湖摩梭文化演艺有限公司、北京保利演出有限公司、云南红土情音乐艺术工作室历时3年,总投资超过1 000万元,集合国内多个知名创意团队打造的,用歌舞形式表现纳西族摩梭人走婚文化的一场歌舞演出,通过纪实性、原真性的表现手法,让观众对摩梭人的独特神秘文化遗存有一个直观真切的了解。

表 10-3

丽江大型文化演艺旅游项目一览表

项目名称	印象丽江	丽水金沙	彩云飞歌	花楼恋歌
投资额度	2.5亿元	800万元	—	1 000万元
艺术形式	实景演出	舞蹈诗画	民族歌舞	民族歌舞
导演	张艺谋等	周培武	—	
演出时间	9：00 11：00 14：00	15：00 17：00 19：00	19：30	19：30—21：00
演出场地	丽江玉龙雪山甘海子蓝月谷剧场	丽江(国际)民族文化交流中心	丽江彩云飞歌民族演艺文化中心	泸沽湖里格半岛花楼恋歌演艺大厅
主要内容	"雪山印象"、"古城印象",分为《古道马帮》、《对酒雪山》、《天上人间》、《打跳组歌》、《鼓舞祭天》、《祈福仪式》"六大部分	"序"、"水"、"山"、"情"	"丽江情"、"云南风",包括《迎宾舞》、《茶马古道》、《纳西歌王》;下篇"云南风",包括《民族歌舞》、《云南风情》、《玉龙歌手》	包括《指路经》、《摇篮曲》、《成丁礼》、《泸沽湖情思》、《毡帽舞》、《爬花楼》、《花楼恋歌》、《摩梭鼓舞》、《女儿国组合歌舞》等
门票价格	190元	200元	200元	220元
首演时间	2006.7.23	2002.5.1	2012.10.1	2011.7.1

(二)文化演艺项目比较分析

印象丽江、丽水金沙、彩云飞歌、花楼恋歌同样都是丽江大型旅游文化演艺项目,但在投资额度、艺术形式、导演、演出场地、演出时间、主要内容、门票价格、首演时间等方面各不相同,详见上表。

从上表不难看出以下几点:(1)从投资额度来看,印象丽江总投资2.5亿元,规模最大,花楼恋歌、丽水金沙次之,彩云飞歌最少,但动辄成百上千万元的投资对于旅游文化企业来说是一项大工程,稍有不慎即造成经济困难甚至企业破产。(2)从艺术形式来看,印象丽江是实景演出,花楼恋歌、彩云飞歌是民族歌舞,丽水金沙是舞蹈诗画,多样化的艺术形式可以更好地呈现艺术效果。(3)从导演来看,印象丽江的"印象铁三角"最大牌,丽水金沙的周培武导演也是云南省知名导演,花楼恋歌、彩云飞歌略嫌薄弱。尽管导演的品牌效应略有差异,但四者均可堪称经典之作。(4)从演出时间来看,在旺季,印象丽江、丽水金沙每天三场,在淡季会进行相应调整,花楼恋歌、彩云飞歌演出时间比较固定,每天晚上一场,这样可以在不同时间段满足海内外游客的不同娱乐需求。(5)从演出场地来看,印象丽江、花楼恋歌处于景区核心地带,更突出了自然美景和人文气息,丽水金沙、彩云飞歌位于市区中心,省去了舟车劳顿,便于游客晚间休息。(6)从主要内容来看,印象丽江、丽水金沙、彩云飞歌、花楼恋歌均以地方特色、民族文化为中心,尽管没有设计具体的故事情节,却真实地反映了少数民族的原生态生活和艺术上的升华。(7)从门票价格来看,基本上在200元左右,比较符合海内外游客的心理价位。(8)从首演时间来看,丽水金沙最早,印象丽江次之,花楼恋歌、彩云飞歌略晚,但都是进入21世纪以来的丽江大型旅游文化娱乐演艺项目。

(三)项目品牌建设

丽江拥有三项世界遗产:世界自然遗产——三江并流,世界文化遗产——丽江古城,世界非物质文化遗产——东巴文献古籍。这三项桂冠无疑吸引了众多的海内外游客,但也给丽江人民出了道难题:如何满足这么多游客的旅游文化需求呢?丽江大型旅游文化演艺项目之所以能得到海内外游客的青睐,其中有很多值得思考的地方。丽江大型旅游文化演艺项目在品牌建设方面应特别注重以下几个方面。

1. 独特性

从事旅游行业的人都知道,"人无我有"的独特性是发展旅游的最佳资源。以印象丽江、花楼恋歌为例:印象丽江拥有世界上最高的演出场地(海拔3 100米),总投资2.5亿元,总导演为张艺谋,采用实景演出的方式;花楼恋歌是摩梭母系大家庭的真实生活再现,摩梭人生活的泸沽湖地区堪称世界上唯一的女儿国。这种独特性与唯一性,在某种程度上来讲可以满足海内外游客的猎奇心理。

2. 差异化

尽管丽江大型旅游文化演艺项目有很多,但是却各不相同,不管是艺术形式还是主要内容,都不一样。以丽水金沙和彩云飞歌为例:丽水金沙分为"序"、"水"、"山"、"情"四个部分,由东巴教祭司以独特的方式讲述纳西族的历史、东巴文字,以柔情似水的傣族舞蹈带游客进入山水画卷,以民族风俗画的结构方式展示纳西族的"棒棒会"、花傈傈族的"赶猪调"、藏族的"织氆氇"等民族节庆活动,以泸沽湖畔摩梭人夜访晨归的阿夏走婚习俗、纳西族感人至深的殉情故事及心神向往的玉龙第三国表现丽江婚恋文化的无穷魅力;彩云飞歌分为"丽江情"、"民族风"上下两篇,以傈僳族、傣族、彝族、佤族、藏族等多民族的《迎宾舞》作为序幕,以茶马古道文化为背景,结合现代R&B说唱音乐谱写新版"云南十八怪",通过纳西歌王和文军演绎《纳西三部曲》、《丽江三部曲》,以白族歌舞《蝴蝶泉边》、傣族歌舞《雀舞》、纳西族摩梭人的《月亮湖》、《东巴谣》、《情定丽江》等民族舞蹈展示多彩丰富的云南文化,通过大型民族服饰展《七彩云南》展现少数民族服饰文化,以玉龙青年实力歌手——卓玛展示丽江本土民间音乐文化。

3.原生态

大家都知道,艺术来源于生活,却又高于生活。整体来讲,丽江大型旅游文化演艺项目特别注重原生态的表演。以印象丽江、花楼恋歌为例,印象丽江的全体演员都是非专业演员,他们来自云南16个村庄的10个少数民族,500多位黧黑皮肤的普通农民全部本色出演。花楼恋歌通过纪实性、原真性的表现手法,让观众对摩梭人的独特神秘文化遗存、奇风异俗有一个直观真切的了解,所有演员均为泸沽湖畔的原住摩梭人,采自摩梭人日常生活中使用的服装、农具、乐器作为演出道具。剧场与真实的泸沽湖衔接在一起,通过摩梭人原生态的音乐舞蹈,表现摩梭人的出生、成长、婚姻、劳动、祭祀等生命片段,重现其生老病死的整个过程。

4.民族化

民族的,也是世界的。整体来讲,丽江大型旅游文化演艺项目特别注重原生态的表演。以印象丽江、丽水金沙为例,印象丽江融入了大量纳西族的民族元素,服装和音乐都以民族音乐为主,特别是纳西古乐以其独特的师徒传承方式流传至今,是民族文化保存和交流的历史见证,是我国古代音乐的宝贵遗产,为其增色不少。丽水金沙以傣族舞蹈、纳西族棒棒会、彝族火把节、摩梭人走婚等为主要内容,通过大型民族歌舞晚会的形式展示云南特有的少数民族风情。

5.技术性

没有强大的技术支撑,丽江大型旅游文化演艺项目就不可能蓬勃发展起来。以彩云飞歌为例,它是中国唯一真正的全木质古建筑的音乐、歌舞盛典,拥有现云南省最大、最先进的LED显示屏并以此为舞台背景,炫目的舞台灯光、震撼的高保真音响效果、民族音乐原创团队,专业的演员团体,可以让海内外游客全方位体验云南少数民族文化。

综上所述,丽江大型旅游文化演艺项目在稳步、有序、健康地发展,采用了差异化、地方化、民族化的发展策略,打造了一批具有地方特色、国际影响力的品牌旅游文化演艺项目。

第三节 研学旅行项目概况及运行体系构建

一、研学旅行项目概述

(一)研学旅行的定义

"研学旅行"一词源于日本的"休学旅行",是游学的一种形式,目的是以学习知识、增长见识为主。"修学旅行"是日本学生最具特色的活动,起源于1946年,涉及范围从学习传统文化知识、参观国家公园、访问历史古迹,到涉及职业选择、自然体验、考察先进企业,甚至包括体验商人活动等等,涵盖了政治经济文化等各个领域。实施中,学校会依据学生的年龄不同而侧重有别,一般为期数天。其中小学生主要就近参观名胜景点或是集体泡温泉;初中生不光去名胜景点,而且把教科书中出现的国会议事堂、东京塔等列为参观景点;高中生则倾向把参观地点定位在自然体验或了解往日战争的悲惨历史上,修学旅行常去冲绳、广岛、长崎等地。另有不少学校尤其是私立学校,还会组织学生出国修学旅行,并将此作为特色写入招生简章。

作为现代旅游业诞生地的英国,一直以来就有崇尚研学旅行的风气,被称为"大陆游学"的the Grand Tour,实际就是研学旅行。早在17世纪,英国王室就有教师带领王子们周游列国的先例;到了18世纪,这种游学普及到英国上流阶层;到19世纪,倘若当时英国的青年学子,尤其是贵族子弟不曾有过海外研学旅行的经历,就会被人看不起。今天,很多英国家长会选择在暑假带着孩子一起旅行,有些没有家庭出游计划的学生也会参加学校组织的出游,在旅途中学习知识。

美国青少年参加假期活动主要是凭借兴趣爱好,研学旅行和夏令营、冬令营一样,为满足或培养孩子的兴趣爱好提供了多种多样的选择,是假期非常受学生欢迎的活动。美国霍奇基斯高中甚至曾组织10—12年级的学生去南极开展为期3周的探险之旅,让孩子们在考察南极半岛和周边岛屿,观察鲸鱼和磷虾群,拍摄帝王企鹅、海豹、冰山的同时,听取随行的南极科考专家讲解生态学和当地历史。

在欧美、日韩等地,研学旅行已成为青少年成长过程中不可缺少的一部分,一些国家甚至将其纳入本国教育法律和学习教学体系中。德国巴伐利亚州政府明确将研学旅行写入当地的教育法,对研学旅行的课程、方式和时间等作了明确规定。日本将研学旅行写入了国民教育大纲和学校教育法,规定包括特殊学校在内的所有学校必须开展修学旅行,并把研学活动安排到学校的正常教学计划中。

研学旅行:广义上,是指拥有学习和求知欲望的旅游者,离开常住地点,到异地进行探寻求职的旅游活动;狭义上,是指学校组织的,以青少年学生作为主体的具有获取知识、体验生活的校外集体活动。研学旅行可以令学生投入到真正的社会环境感受生活、丰富知识、拓宽视野,了解当地的自然人文景观、历史文化和风土民情,培养他们的个人认知能力和实践创新精神。研学旅行是一种集"游"与"学"于一体的旅游活动。[①]

(二)研学旅行的特点

1. 旅游目的双重性

研学旅行寓教于游、游学相伴的形式决定了其具有观光与学习的双重旅游目的,这是研学旅行区别于其他旅游形式的首要特征。与其他旅游形式的旅游目的源自旅游者主观意愿不同,研学旅行的旅游目的要对应课程教学目标,其教学目标还要体现班级、学校等群体的集中要求。

2. 旅游活动双功能

研学旅行目的的双重性决定了研学旅行活动游乐与教育的双功能,即学生在研学活动中不仅能获得旅游带来的新鲜、轻松和娱乐,还能获得知识的增长和完成相应的教学内容。因此,研学旅行行程要对应好课程内容。

3. 活动场所双栖息

与一般景区游览活动不同,研学旅行中的景区游览与课程学习密切相关。因此,选择寓学于游的景区对于开展"学"与"游"的有机结合十分关键。如湖北宜昌市一中接待的法国中学生游学团,他们的游学活动在校园和宜昌周边旅游景区交替进行,学生有

---

① 赵锐,关小凤,贾秋容.青少年研学旅游发展初探[J].旅游纵览:下半月,2015(10):29.

时在校园学习汉语,有时到旅游景区观赏美景、体验文化、锻炼汉语口语技能。如此,旅游景区不仅仅是观光游览胜地,也是提高汉语口语表达能力和交际能力的实景,从而成为语言实践的课堂。

4. 导游员双身份

研学旅行活动中的导游不同于一般意义上的导游,也不是一般意义上的教师,他们是"会上课的导游"、"懂讲解的老师"。他们陪护旅游活动的全过程,要求知识渊博,讲解流畅,热诚周到,兼有导游和教师的双重身份,具有讲解和教学的双素质。

(三)研学与游学的区别

研学与游学两种活动的目的都是相同的:走出校园,走出固有的生活方式,到国内或者国外,参观当地名校,入住当地学校或寄宿家庭,参观游览国外的主要城市和著名景点,在与平常不同的生活中拓宽视野、丰富知识,加深与自然和文化的亲近感,增加对集体生活方式和社会公共道德的体验,完成古人的"行万里路,读万卷书"的过程。它们的本质是文化的融合,是协助学员开阔视野,也是帮助学员培养国际观和树立坚韧的世界观的一种绝佳方式。但是即使它们的目标一致,在体验感、参与感与活动团体等形式上还是有较大区别。

1. 深度不同

游学的起源比较古老,游学精神溯源于孔子,孔子周游列国治学精神是现代游学的始源,并且其不仅在中国,在世界各国、各民族文明中,也不失为最传统的一种学习教育方式。现代教育意义上的游学,是20世纪随着世界和平潮流和全球化发展进程而产生,并逐渐成熟的一种国际性跨文化体验式教育模式。

研学是原先学校课外活动的一种变相延伸,由原先的由学校组织参观一些当地文化宫、博物馆,观看一些教育性电影,演变为根据区域特色、学生年龄特点和各学科教学内容需要,组织学生通过集体旅行、集中食宿的方式走出校园,在与平常不同的生活中拓宽视野、丰富知识,培养学生的自理能力、创新精神和实践能力。可以说研学是近现代教育理念改革的一种产物。

2. 活动内容不同

游学更加偏重于"兴趣",其个人兴趣性更强、自由度更高,而其中多以语言类、特色类居多。语言类游学就是以学习语言为主题,例如在游玩的过程中学习英语、日语、韩语、法语等。特色类指的是,到各国学习当地特色的技能,此类游学需要一定的专业性,例如到泰国学习泰式料理,到新西兰学习酿酒,到印度学习瑜伽等,所以其兴趣性更强。

研学更倾向于学校根据自身需求,组织学生参加一些有针对性的项目,因此其学习目标性更强,是课堂内容的向外延伸与实践,因此更具学习性质。

3. 组织形式不同

在组织形式上,游学更加广泛,其组成多为社会上自发组成的游学团体或者报名参加游学机构组织的游学团,人员更加分散,因而社交性更强。

研学多为学校组织,最少以班级为单位,因此人员大都相互了解,容易沟通,互动性更强,方便组织活动。

（四）研学旅行的构成要素和作用

论及研学旅行的要素，有必要先研究什么是旅游活动的要素。美国学者罗伯特·麦金托和夏希肯特·格波特认为，旅游活动是由游客、旅游企业、目的地政府和目的地居民在吸引和接待旅游及其游客的过程中产生的现象与关系之和。雷拍（Leiper）旅游系统模型则包括旅游者、旅游业、客源地、旅游通道和目的地五个要素。一般来讲，旅游活动的开展有三个要素，即旅游者、旅游吸引物和旅游产业，旅游者是旅游主体，旅游吸引物为旅游客体，旅游产业为前二者的中介。[①] 以研学旅行的目的、范围和特点等因素作为考量对象，本书将研学旅行活动分为四大要素，并对其在旅游活动中的地位和作用做简要分析。

1. 教育行政管理部门和学校

教育行政管理部门和学校既是研学旅行的保障方，又是研学旅行的决策和组织者。教育行政部门和学校必须为学生的修学旅行活动保驾护航，提供各类保障措施。一是组织保障，教育行政部门要建立工作领导机构，制定有关制度，不断总结推动，为学校开展研学旅行活动提供政策支持。学校要制定具体工作方案，建立研学旅行长效管理体系。二是课程保障，要制定研学旅行课程方案和标准，将研学旅行和课程改革相结合，突出课程性，开发自然类、历史类、地理类、科技类、人文类等研学旅行课程体系，将学生参加研学旅行活动结果纳入学分管理体系和综合素质评价。三是安全保障，学校要制定详细的安全应急预案，要对参与活动师生进行安全防范知识和技能培训，要选择有较高资质、较好社会信任度和较强风险管理能力的旅行社作为实施单位，力求做到防患于未然。

学校要制定科学严密的研学旅行操作流程。研学前要制订计划，精心策划，确定主题，与有关旅行社一起制订科学的研学旅行实施方案（含安全方案），并上报有关教育主管部门批准，还要通过多种方式宣传，告知家长。根据学生数量和活动需要，成立专门的工作小组，明确分工，细化方案和责任，周密做好有关准备工作。在研学中要严格执行计划，做好应急处理，对各类可能的问题科学研判，未雨绸缪，防患未然。研学后要加强后续管理，及时做好研学旅行的总结工作，转化研学成果。总结交流经验，不断完善学校研学旅行课程设计和方案制定，提升研学旅行活动科学化水平。

2. 中小学学生

我国的大中小学生占人口总数的20%，据统计，2014年全国义务教育阶段在校生为1.38亿人，高中阶段在校学生为4 170.65万人，如果研学旅行全面展开，那将是中国最大的游客群体。学生需要通过旅行体验活动获得知识和审美愉悦，提高人文素养，培养社会能力，他们是修学旅行产品存在的前提，因而提供旅游产品的旅游产业必须满足其要求。

3. 研学旅行活动基地

研学旅行必须依托活动基地才能实施，研学旅行活动基地是用以开展研学旅行的，需要由旅游目的地提供各类自然和人文旅游资源。研学旅行目的地需要提供能让学生

---

① 参见钟林凤,谭诤.研学旅行的价值与体系构建[J].教学与管理,2017(31):30—33.

认知,体验乡情、市情、省情、国情的旅游载体和平台。国务院2014年31号文件《关于促进旅游业改革发展的若干意见》提出,"支持各地依托自然和文化遗产资源、大型公共设施、知名院校、工矿企业、科研机构,建设一批研学旅行基地,逐步完善接待体系。"我国有的省市已经组建了研学旅行基地联盟,有的地区已经建立了专门的研学旅行基地,如上海东方绿洲"修学旅游中心"、临沂市青少年示范性综合实践基地、南京市学生阳光体育营地等。

有的旅游院校也在尝试将学校的教育资源转化为研学旅行的旅游资源,如浙江旅游职业学院就充分利用校园内的烹饪实训室、品酒实训室,开发西点DIY制作、美酒鉴赏活动;利用浙江旅游博物馆、遂园地方文化展示馆、智慧旅游体验中心等展示演示场馆开发旅游博览产品。苏州旅游与财经高等职业技术学校也在以3A级景区的标准,积极建设和打造研学旅行基地,目前已经编写《游学苏州·体验文化》丛书一套,共十册,内容涉及园林、建筑、宗教、民俗、工艺、茶艺、盆景等,可作为研学旅行的学习材料,学生可以在基地中体验和研习茶艺、书法、插花、烹饪等文化。

有的常规旅游景点也可以安排研学旅行活动,比如苏州的世界文化遗产留园就设计了认识和体验古典园林的活动项目,让学生寻找和描绘园林的花窗,根据冠云峰瘦皱漏透的特点,探究太湖石的成因,欣赏留园三宝之一的神奇鱼化石,想象当年地质变化·的情景等。研学旅行基地要利用自身的特色资源,根据不同学段和地区的学生的素质教育的需要,创设研学活动的情景,让学生动起来,不能仅仅只有游览观赏的资源。

4.提供研学旅行服务的旅行社

旅行社是联系参加研学旅行的学校学生与旅游目的地资源的中介。因为研学旅行服务对象是中小学学生,必须强调旅行社的专业性和安全性。

根据专业性要求,旅行社要有专门服务于研学旅行的部门和专职的研学旅行导游队伍,要有系列研学旅行产品并且不断完善,具有根据学校的需要定制研学旅行线路的能力。

基于安全性要求,在近三年内旅行社无重大质量投诉记录及安全责任事故;投保责任险保险额不低于60万元/人、旅游人身意外险保险额不低于25万元/人等。旅行社对旅行车辆、驾驶员、行车线路、住宿、餐饮要严格把关,杜绝安全隐患。

二、研学旅行的政策环境

为了中小学生的身心健康发展,国家大力支持研学旅行,近年来发布多项重要文件,要求为学生创造更丰富的研学旅程,创造更安全的研学环境。

2016年11月30日,国家教育部等11部门发布《关于推进中小学生研学旅行的意见》(教基一〔2016〕8号),该政策认证了研学旅行的重要性。《意见》提出中小学生研学旅行是由教育部门和学校有计划地组织安排,通过集体旅行、集中食宿方式开展的研究性学习和旅行体验相结合的校外教育活动,是学校教育和校外教育衔接的创新形式,是教育教学的重要内容,是综合实践育人的有效途径。

2016年12月19日,国家旅游局发布《研学旅行服务规范》(LB/T 054-2016),新规对服务提供方、人员配置、研学旅行产品、服务项目以及安全管理等几大类内容进行了详细规定。

2017年8月17日,国家教育部发布《中小学德育工作指南》(教基〔2017〕8号),《指南》主要明确学校组织开展研学旅行,以推进中小学生综合素质的提升为目标。在研学旅行实施过程中,校外机构应与学校通力协作,以达学校教育目标,这是尤为重要的。

2017年9月25日,国家教育部发布《中小学综合实践活动课程指导纲要》(教材〔2017〕4号),教材已纳入学校教育学分系统,确立综合实践活动是国家义务教育和普通高中课程方案规定的必修课程,与学科课程并列设置,是基础教育课程体系的重要组成部分。

2017年12月6日,国家教育部发布《教育部办公厅关于公布第一批全国中小学生研学实践教育基地、营地名单的通知》(教基厅函〔2017〕50号),正式官方公示了研学旅行示范基地。大致明确了中小学研学实践基地和营地应具备的基本条件,这对研学旅行及营地教育从业者有一定的参考意义。

三、研学旅行的一般投资策略

"研学旅行培养学生的文明素养和文化宽容精神,使学生能更好地认识和传承民族文化与历史传统,有利于青少年的爱国主义教育,奠定学生的优良品格,唤醒学生的民族自豪感。"在明确了研学旅行的价值意义之后,我们必须探寻研学旅行运行层面的方法和策略,明确研学旅行的运作程序和内在机理,才能更好地为学生的全面发展服务。

近年来,各地积极试点开展研学旅行,也取得了一些经验,但考虑到目前研学旅行实施的现状和各地区的教学实际,学校如何组织和策划研学旅行,还存在很多问题与挑战。因此,下文将进行研学旅行的策略构建,具体包括以下几个方面。

(一)选择研学基地

"研学旅行主题多样、极富文化特色是吸引学生和家长的重要一面,博物馆、遗址景点、历史街区、文化古都等都有丰富的文化积淀与历史典故。"研学旅行课程的选择要考虑很多因素,很可能会出现犹豫不决或者意见不统一的情况。研学旅行课程注重"生活世界"的价值,在"生活世界"中,表现学生的体验和交往,促进学生的生长和发展。因此,首先,国家相关部门要开发出系统的研学旅行课程,例如自然类、历史类、地理类、科技类等活动课程,突出地域特色,以便学生有更多的选择。其次,学校要根据老师的教学内容为学生做全面思考,并给予建设性意见。再次,学校可以通过具体的问卷调查的形式调查学生和老师对研学旅行基地的选择,并结合实际的教学内容,从而综合考虑多方面的因素,以便找到最适合又最符合大家意见的理想研学基地。

(二)确定研学旅行时间

国务院和教育部门明确规定了小学、初中、高中研学活动的时间范围,通过对《通知》的解读和学校实际情况的了解可知,研学旅行时间可以在学期中间安排,也可以在寒暑假安排。我们认为研学旅行可以在学期中期和寒暑假进行,有以下原因:第一,尽量错开旅游高峰期,不能影响学生的正常上课;第二,在学期中期进行有利于学生缓解紧张的学习压力,放松心情;第三,研学旅行是一项艰巨的任务,在实施前要做大量的准备工作,选在学期中期或者寒暑假,学校刚好可以有时间做好充足的准备。所以在学期中期或者寒暑假进行相对来说是比较合适的。

（三）进行内容策划

研学旅行要纳入中小学日常教育范畴,这意味着研学旅行将成为学生的一项必修课。这就要求学校应事先设计出一整套具体的课程实施方案,这个实施方案应包括课程目标、课程原则、课程内容、课程实施、课程评价与课程管理等方面。

在课程目标方面,为了保证研学效率,可以将校内外资源组织起来,科学指导研学旅行课程。比如安排上门的"组织人员"或者"协调人员",注重学生的创造性探索、体验和感受,使其在活动中形成自己主动发现问题和解决问题的能力,发展实践能力、创新能力。课程要能够引导学生养成与他人合作、乐观进取的良好品质,形成对自然、对社会的整体认识,树立社会责任感。课程的原则主要有开放性原则、整合性原则、体验性原则、生活性原则。研学旅行课程注重以活动为主要形式,强调学生的亲身体验,要求学生积极参与,在"观察"、"探究"、"体验"、"思考"、"想象"等一系列教学活动中发现和探索问题。课程内容可以细分为:了解社会状况、探究学科内容、研学科技应用、进行校外实践、加强文化熏陶、普及国防知识。教育内容设计丰富多样,教育方式注重体验,体验方式多种多样,且密切联系中国传统文化教育,注重学生的素质扩展。

（四）管理方式

"学校是学校教育的核心单元,学校管理是学校开展各项工作并得以高效运行的重要保障。"研学旅行是集体活动,学生数量较多,管理难度较大。所以必须借助老师和学生等力量,构建班级管理体制,确保研学旅行的高效进行。

第一,在学校、教师层面,建设"团队化"的高效管理模式。班级平常事务管理如学生的安全教育、学生的德育工作、学生具体情况等由班主任负责,同时设置专门的优秀老师来配合班主任的工作。学校要完善实施方案,制定研学旅行教师考核办法,实行教师负责制,设定合理的奖惩机制。相关老师要做好学生的纪律、出勤、作业等方面的管理工作,学校要对工作表现优秀的老师颁发荣誉证书,并且实施奖励。学校制定《学分认定办法》,对教师的学分完成情况进行学分管理。针对突发情况,要理清事情的缘由,如果负责人存在过错,则要承担相应的责任。学校要严格审查和监督课程资源,加强教师培训,组织各种形式的培训活动,比如"课程观摩"、"参与研讨"等形式,采取"请进来"、"走出去"等教学手段。

第二,在学生层面,引导学生学会独立自主,构建以学生服务为宗旨的"学生自律委员会"。"建立一个强有力的班委会是培养学生形成'自律'的前提,创建岗位责任制是学生自律的有力保障。"班里要选出一些核心班级助手,比如说班长、学习委员、团支书、体育委员等,责任要细化,例如哪些人负责维持纪律、哪些人负责后勤、哪些人负责监督,从而做到尽职尽责,配合研学旅行工作的开展。学校要求学生之间以小组形式进行,以6—8人为一个小组,便于管理学生之间要互相监督、互相交流、互相合作、互相帮助。该组织是学生在研学旅行过程中展开自我管理、自我教育、自我服务的重要形式。一方面有利于增强学生的责任意识和纪律意识,促进学生的自我管理和服务;另一方面,学生之间相互沟通、交流、约束,易形成民主、和谐的学习氛围。

思考题：

1. 结合课程所学和自身经历，你认为中国体育旅游目前面对的最大问题及发展的关键分别是什么？

2. 请结合课程所学，分析体育旅游与互联网行业合作创新的可能。

3. 结合自身的旅游经历，你认为文化演艺旅游的前景如何并说明原因。

4. 请结合课程所学，深入分析文化演艺旅游投资开发需要的区位条件。

5. 研学旅行的消费群体有何特征？

6. 请结合课程所学，设计一条研学旅行线路。

参考文献：

［1］体育旅游的开发模式［OL］. https://zhidao.baidu.com/question/ 563728 219891001124.html.

［2］2016年大热的体育旅游，应该怎么解读？［OL］. http://www.jiemian.com/ article/1047747.html.

［3］北海道体育旅游"闭环"源于合理规划［OL］. http://sports.sina.com.cn/others/ winter/2017-02-20/doc-ifyarrcf4830824.shtml.

［4］借力冬奥，冰雪体育旅游"热起来"［OL］. http://news.163.com/16/1021/02/ C3SBH9ER00014AED.html.

［5］专业竞技赛事［OL］. http://www.kchance.com/landingpage/Sport/sport2.asp#p5.

［6］从里约奥运看"旅游+体育"：旅游产业发展新风口［OL］. http://www.lwcj. com/w/147184978021050_2.html.

［7］海南国际马拉松拉动旅游内生需求体育+旅游产业双翼齐飞［OL］. http:// www.cntour2.com/viewnews/2017/02/27/aTMLvCUMPTZnfZGN39Nx0.shtml.

［8］http://www.kchance.com/landingpage/TourismPerformance/Performance3. sp#city.

［9］影视旅游专题研究［OL］. http://www.kchance.com/landingpage/MovieTourism/ index.asp.

内容提要

- 当前旅游投资的政策机理
- 旅游项目投资新兴的融资渠道
- 新时期旅游项目投资的新趋势和前景

第一节　旅游投资政策概况

一、旅游投资政策的概述

旅游政策是国家政权为了实现旅游发展的目的,根据旅游发展的社会经济条件和旅游发展的具体情况,所制定的一系列措施和办法。旅游政策需要具备可行性、全面性、协调性、灵活性、前瞻性。

旅游政策根据不同的分类标准可以分为不同的种类。按内容划分,旅游政策可分为基本旅游政策和具体旅游政策;按形式划分,旅游政策可分为直接旅游政策和间接旅游政策;按层次划分,旅游政策可分为全国性旅游政策、地域性具体旅游政策和社区性旅游政策;按指涉对象划分,旅游政策可分为一般性旅游政策、行动倾斜政策、区域倾斜政策、部门倾斜政策、行业倾斜政策、企业倾斜政策和项目倾斜政策等,它们从不同的角度对旅游业的整体发展提供政策的优惠倾斜。

旅游政策涉及的领域十分广泛,旅游政策一般由基础设施与公共服务类政策、专项旅游产品开发类政策、旅游用地类政策、资金支持类政策、技术开发与人才培养类政策构成。关于旅游厕所、停车场等基础设施与公共服务类的专项政策,具体如国家旅游局印发的《旅游厕所建设管理指南》、《全国旅游厕所建设管理三年行动计划(2018—2020)》;关于专项旅游产品开发类政策,有如农业部办公厅发布的《关于推动落实休闲农业和乡村旅游发展政策的通知》,国家旅游局、国家体育总局共同印发的《关于大力发展体育旅游的指导意见》;关于旅游用地类政策,具体如国土资源部联合住房城乡建设部、国家旅游局印发了《关于支持旅游业发展用地政策的意见》;关于资金支持类政策,如《国务院关于加快旅游业的意见》、《国务院办公厅关于进一步促进旅游投资和消费的若干意见》都提出了资金扶持的相关内容;关于技术开发与人才培养类政策,如《国务院关于促进旅游业改革发展的若干意见》突出了技术和人才开发计划。

二、旅游投资主要政策

随着我国旅游产业进程的发展,国家和地方相继出台了一系列的旅游政策,以指导和规范旅游业的发展,鼓励旅游投资。

旅　游　政　策	颁布部门	颁布时间
《关于办理临时来华外国人签证手续的规定的通知》	公安部	1956
《关于放宽外侨旅行限制的通知》	公安部	1957
《关于开展国外自费来华者接待工作和加强国际旅行社工作的通知》	国务院	1958
《关于国际自费旅行者交通优待办法》	国务院	1958
《关于颁发〈对外国人自费来华旅行游历的入境审批办法〉的联合通知》	公安部、外交部	1958

表 11-1

国家层面的旅游政策统计

旅　游　政　策	颁布部门	颁布时间
《关于开展华侨和港澳同胞旅行业务以增加国家外汇收入问题的通知》	中央华侨事务委员会、中国人民银行等八个部委联发	1963
《外国人入境出境过境居留旅行管理条例》	国务院	1964
《关于对外国旅行团（者）的收费暂行办法》	中国旅行游览事业管理局	1970
《关于加强地方旅游机构的报告》	外交部	1972
《国务院关于加强旅游工作的决定》	国务院	1981
《关于开创旅游工作新局面几个问题的报告》	国家旅游局	1984
《关于加强对国内旅游管理的通知》	国家旅游局	1984
《关于当前旅游体制改革几个问题的报告》	国家旅游局	1985
《关于积极发展国内旅游业的意见》	国家旅游局	1993
《全国年节及纪念日放假办法》	国务院	2000
《关于进一步做好假日旅游工作的若干意见》	国家旅游局、国家计委、国家经贸委等9部门联发	2000
《关于进一步加快旅游业发展的通知》	国务院	2001
《关于进一步加强全国导游队伍建设的若干意见》	国家旅游局	2006
《关于大力推进全国乡村旅游发展的通知》	国家旅游局、农业部	2007
《关于加快发展服务业的若干意见》	国务院	2007
《中共中央关于推进农村改革发展若干重大问题的决定》	中共中央	2008
《关于推进海南国际旅游岛建设发展的若干意见》	国务院	2009
《关于加快发展旅游业的意见》	国务院	2009
《国务院关于鼓励和引导民间投资健康发展的若干意见》	国务院	2010
《关于深化我国低空空域管理改革的意见》	国务院	2010
《关于金融支持旅游业加快发展的若干意见》	国务院	2012
《关于鼓励和引导民间资本投资旅游业的实施意见》	国家旅游局	2012
《中共中央关于全面深化改革若干重大问题的决定》	中共中央	2013
《国民旅游休闲纲要（2013—2020年）》	国家旅游局	2013
《中华人民共和国旅游法》	全国人大	2013

旅 游 政 策	颁布部门	颁布时间
《国务院关于促进健康服务业发展的若干意见》	国务院	2013
《关于促进旅游业改革发展的若干意见》	国务院	2014
《关于促进交通运输与旅游融合发展的若干意见》	交通运输部、国家旅游局等6部门联发	2014
《关于加快发展体育产业促进体育消费的若干意见》	国务院	2014
《关于做好2015年春节元宵节期间旅游安全工作的通知》	国务院	2015
《关于进一步促进旅游投资和消费的若干意见》	国务院	2015
《国家旅游局关于促进智慧旅游发展的指导意见》	国家旅游局	2015
《关于实施"旅游+互联网"行动计划的通知》	国家旅游局	2015
《关于支持旅游业发展用地政策的意见》	国土资源部、住房城乡建设部、国家旅游局联发	2015
《国务院关于支持沿边重点地区开发开放若干政策措施的意见》	国务院	2015
《关于推进农村一二三产业融合发展的指导意见》	国务院	2015
《关于积极开发农业多种功能大力促进休闲农业发展的通知》	农业部等11部门联发	2015
《关于促进中医药健康旅游发展的指导意见》	国家旅游局、国家中医药管理局联发	2015
《关于促进自驾车旅居车旅游发展的若干意见》	国家旅游局、发改委等11部门联发	2016
《关于推进中小学生研学旅行的意见》	教育局等11部门联发	2016
《关于加大脱贫攻坚力度支持革命老区开发建设的指导意见》	国务院	2016
《关于大力发展体育旅游的指导意见》	国务院	2016
《关于促进通用航空业发展的指导意见》	国务院	2016
《关于加快发展健身休闲产业的指导意见》	国务院	2016
《关于金融助推脱贫攻坚的实施意见》	财政部、发改委等7部门联发	2016
《关于大力发展休闲农业的指导意见》	农业部、财政部等11部门联发	2016
《国务院办公厅关于进一步扩大旅游文化体育健康养老教育培训等领域消费的意见》	国务院	2016

旅 游 政 策	颁布部门	颁布时间
《关于推动文化文物单位文化创意产品开发的若干意见》	文化部、财政部等联发	2016
《国家旅游局 国家体育总局关于大力发展体育旅游的指导意见》	国家旅游局、国家体育总局联发	2016
《贫困地区发展特色产业促进精准脱贫指导意见》	农业部等9部门联发	2017
《关于深入推进农业供给侧结构性改革的实施意见》	国务院	2017
《关于促进交通运输与旅游融合发展的若干意见》	国家旅游局等6部门联发	2017
《促进乡村旅游发展提质升级行动方案》	发改委等14部门联发	2017
《关于促进健康旅游发展的指导意见》	发改委等5部门联发	2017
《关于促进全域旅游发展的指导意见》	国务院	2018

表11-2

地方层面代表性的旅游政策统计

旅 游 政 策	颁布部门	颁布时间
《安徽省人民政府关于促进旅游业改革发展的实施意见》	安徽省人民政府	2014
《关于推进文化与旅游融合发展的意见》	重庆市人民政府	2014
《关于促进旅游业改革发展的实施意见》	陕西省人民政府	2015
《浙江省人民政府关于加快特色小镇规划建设的指导意见》	浙江省人民政府	2015
《海南省特色风情小镇建设指导意见》	海南省住房和城乡建设厅	2015
《衢州市人民政府关于实施全域旅游发展战略的意见》	衢州市人民政府	2016
《江苏省人民政府关于培育创建江苏特色小镇的指导意见》	江苏省人民政府	2016
《浙江省人民政府办公厅关于旅游风情小镇创建工作的指导意见》	浙江省人民政府办公厅	2016
《四川省人民政府关于进一步加快旅游业改革发展的意见》	四川省人民政府	2016
《山西省人民政府办公厅关于进一步促进旅游投资和消费的实施意见》	山西省人民政府办公厅	2016
《浦东新区关于促进特色民宿业发展的意见（试行）》	浦东新区人民政府	2016
《湖北省人民政府办公厅关于进一步促进旅游投资和消费的实施意见》	湖北省人民政府	2016

旅　游　政　策	颁布部门	颁布时间
《关于发展乡村民宿旅游的指导意见》	重庆市人民政府	2016
《福建省人民政府关于开展特色小镇规划建设的指导意见》	福建省人民政府	2016
《江宁区关于加快发展乡村民宿的指导意见》	江宁区人民政府	2016
《浙江省人民政府办公厅关于确定民宿范围和条件的指导意见》	浙江省人民政府	2016
《金昌市"引客入金"旅游奖励补贴暂行办法》	金昌市人民政府	2016
《中共河北省委、河北省人民政府关于建设特色小镇的指导意见》	中共河北省委、河北省人民政府	2016
《关于金融支持海南省全域旅游发展的指导意见》	海南省人民政府	2017
《都江堰市加快促进旅游主导产业转型发展的政策措施》	都江堰市人民政府	2017
《河北省关于建设特色小镇的指导意见》	河北省人民政府	2017
《关于加快全域旅游发展的意见》	宁夏回族自治区人民政府	2017
《关于实施全域旅游发展战略打造国际文化旅游胜地的若干意见》	江苏省人民政府	2017
《关于促进苏州市乡村旅游民宿规范发展的指导意见》	苏州市人民政府	2017
《陕西省旅游局关于加快乡村旅游转型升级的意见》	陕西省旅游局	2017
《关于推进中小学生研学旅行的实施意见》	陕西省旅游局等12部门联发	2017
《教育部等11部门关于推进中小学生研学旅行的意见》	湖南省教育厅等11部门联发	2017
《凯里市关于促进旅游业发展一揽子扶持指导意见（试行）》	凯里市人民政府	2018
《关于实施旅游产业化战略建设旅游强省的意见》	河北省委、省政府	2018
《关于促进乡村民宿发展的指导意见》	海南省人民政府	2018

第二节　我国旅游投资的政策指向

　　我国当前旅游投资政策主要是支持新兴旅游产业的发展，改善旅游消费环境，培育新的消费热点，鼓励万众创业的投资行为。当前我国旅游投资政策指向主要有以下几个方面。

一、开辟新的旅游市场

（一）加快自驾车房车营地建设

制定全国自驾车房车营地建设规划和自驾车房车营地建设标准，明确营地住宿登记、安全救援等政策，支持少数民族地区和丝绸之路沿线、长江经济带等重点旅游地区建设自驾车房车营地。到2020年，鼓励引导社会资本建设自驾车房车营地1 000个左右。

（二）推进邮轮旅游产业发展

支持建立国内大型邮轮研发、设计、建造和自主配套体系，鼓励有条件的国内造船企业研发制造大中型邮轮。按照《全国沿海邮轮港口布局规划方案》，进一步优化邮轮港口布局，形成由邮轮母港、始发港、访问港组成的布局合理的邮轮港口体系，有序推进邮轮码头建设。支持符合条件的企业按程序设立保税仓库。到2020年，全国建成10个邮轮始发港。

（三）培育发展游艇旅游消费市场

制定游艇旅游发展指导意见，有规划地逐步开放岸线和水域。推动游艇码头泊位等基础设施建设，清理简化游艇审批手续，降低准入门槛和游艇登记、航行旅游、停泊、维护的总体成本，吸引社会资本进入；鼓励发展适合大众消费水平的中小型游艇；鼓励拥有海域、水域资源的地区根据实际情况制定游艇码头建设规划。到2017年，全国建成一批游艇码头和游艇泊位，初步形成互联互通的游艇休闲旅游线路网络，培育形成游艇大众消费市场。

（四）大力发展特色小镇

推动新型城镇化建设与现代旅游产业发展有机结合，到2020年建设一批集观光、休闲、度假、养生、购物等功能于一体的全国特色旅游城镇和特色景观旅游名镇。

（五）大力开发休闲度假旅游产品

鼓励社会资本大力开发温泉、滑雪、滨海、海岛、山地、养生等休闲度假旅游产品。重点依托现有旅游设施和旅游资源，建设一批高水平旅游度假产品和满足多层次多样化休闲度假需求的国民度假地。加快推动环城市休闲度假带建设，鼓励城市发展休闲街区、城市绿道、骑行公园、慢行系统，拓展城市休闲空间。支持重点景区和旅游城市积极发展旅游演艺节目，促进主题公园规范发展。依托铁路网，开发建设铁路沿线旅游产品。

（六）大力发展旅游装备制造业

把旅游装备纳入相关行业发展规划，制定完善的安全性技术标准体系。鼓励发展邮轮游艇、大型游船、旅游房车、旅游小飞机、景区索道、大型游乐设施等旅游装备制造业。大力培育具有自主品牌的休闲、登山、滑雪、潜水、露营、探险等各类户外用品。支持国内有条件的企业兼并收购国外先进旅游装备制造企业或开展合资合作。鼓励企业开展旅游装备自主创新研发，按规定享受国家鼓励科技创新政策。

（七）积极发展"互联网+旅游"

积极推动在线旅游平台企业发展壮大，整合上下游及平行企业的资源、要素和技术，形成旅游业新生态圈，推动"互联网+旅游"跨产业融合。支持有条件的旅游企业进行互联网金融探索,打造在线旅游企业第三方支付平台,拓宽移动支付在旅游业的普及应用,推动境外消费退税便捷化。加强与互联网公司、金融企业合作,发行实名制国民旅游卡,落实法定优惠政策,实行特惠商户折扣。放宽在线度假租赁、旅游网络购物、在线旅游租车平台等新业态的准入许可和经营许可制度。到2020年,全国4A级以上景区和智慧乡村旅游试点单位实现免费Wi-Fi(无线局域网)、智能导游、电子讲解、在线预订、信息推送等功能全覆盖,在全国打造1万家智慧景区和智慧旅游乡村。

二、培育新的旅游消费热点

(一)丰富提升特色旅游商品

扎实推进旅游商品的大众创业、万众创新,鼓励市场主体开发富有特色的旅游纪念品,丰富旅游商品类型,增强对游客的吸引力。培育一批旅游商品研发、生产、销售龙头企业,加大对老字号商品、民族旅游商品的宣传推广力度。加快实施中国旅游商品品牌提升工程,推出中国特色旅游商品系列。鼓励优质特色旅游商品进驻主要口岸、机场、码头等旅游购物区和城市大型商场超市,支持在线旅游商品销售。适度增设口岸进境免税店。

(二)积极发展老年旅游

加快制定实施全国老年旅游发展纲要,规范老年旅游服务,鼓励开发多层次、多样化老年旅游产品。各地要加大对乡村养老旅游项目的支持,大力推动乡村养老旅游发展,鼓励民间资本依法使用农民集体所有的土地举办非营利性乡村养老机构。做好基本医疗保险异地就医医疗费用结算工作。鼓励进一步开发完善适合老年旅游需求的商业保险产品。

(三)鼓励研学旅行发展

把研学旅行纳入学生综合素质教育范畴。支持建设一批研学旅行基地,鼓励各地依托自然和文化遗产资源、红色旅游景点景区、大型公共设施、知名院校、科研机构、工矿企业、大型农场开展研学旅行活动。建立健全研学旅行安全保障机制。旅行社和研学旅行场所应在内容设计、导游配备、安全设施与防护等方面结合青少年学生特点,寓教于游。加强国际研学旅行交流,规范和引导中小学生赴境外开展研学旅行活动。

(四)积极发展中医药健康旅游

推出一批以中医药文化传播为主题,集中医药康复理疗、养生保健、文化体验于一体的中医药健康旅游示范产品。在有条件的地方建设中医药健康旅游产业示范园区,推动中医药产业与旅游市场深度结合,在业态创新、机制改革、集群发展方面先行先试。规范中医药健康旅游市场,加强行业标准制定和质量监督管理。扩大中医药健康旅游海外宣传,推动中医药健康旅游国际交流合作,使传统中医药文化通过旅游走向世界。

(五)坚持乡村旅游个性化、特色化发展方向

立足当地资源特色和生态环境优势,突出乡村生活生产生态特点,深入挖掘乡村文化内涵,开发建设形式多样、特色鲜明、个性突出的乡村旅游产品,举办具有地方特色的节庆活动。注重保护民族村落、古村古镇,建设一批具有历史、地域、民族特点的特色景观旅游村镇,让游客看得见山水、记得住乡愁、留得住乡情。

（六）完善休闲农业和乡村旅游配套设施

重点加强休闲农业和乡村旅游特色村的道路、电力、饮水、厕所、停车场、垃圾污水处理设施、信息网络等基础设施和公共服务设施建设，加强相关旅游休闲配套设施建设。争取到2020年，全国建成6 000个以上乡村旅游模范村，形成10万个以上休闲农业和乡村旅游特色村、300万家农家乐，乡村旅游年接待游客超过20亿人次，受益农民5 000万人。

第三节　旅游项目投资创新与展望

一、双创背景下的旅游创业与创新投资

（一）"大众创业，万众创新"的背景

新时期，随着经济的发展、市场的逐渐成熟，旅游项目的投资主体和投资规模也出现了大众创业、中小业主投资的新局面。李克强总理在公开场合发出"大众创业、万众创新"的号召，最早是在2014年9月的夏季达沃斯论坛上。当时他提出，要在960万平方公里土地上掀起"大众创业"、"草根创业"的新浪潮，形成"万众创新"、"人人创新"的新势态。此后，他在首届世界互联网大会、国务院常务会议和各种场合中频频阐释这一关键词。他希望激发民族的创业精神和创新基因。"大众创业、万众创新"的目的是推动经济良性良好发展。李克强总理说："打造大众创业、万众创新和增加公共产品、公共服务'双引擎'，推动发展调速不减势，量增质更优，实现中国经济提质增效升级。"一方面，只有通过万众创新，才能创造出更多的新技术、新产品和新市场，也就才能提高经济发展的质量和效益。另一方面，只有通过大众创业，才能增加更多的市场主体，才能增加市场的动力、活力和竞争力，从而成为经济发展的内在源动力引擎。此外，"大众创业"与"万众创新"是相互支撑和相互促动的关系。一方面，只有"大众"勇敢地创业才能激发、带动和促动"万众"关注创新、思考创新和实践创新，也只有"大众"创业的市场主体才能创造更多的创新欲求、创新投入和创新探索。另一方面，只有在"万众"创新的基础上，才可能有"大众"愿意创业，能够创业，创得成业。从某种意义上讲，只有包含"新"的创业才算真正的创业，或者说这种创业才有潜力和希望。[①]

大众创业指中国大众借助中国改革的政策优势来创立起自己的家业，积累自己的有形资产和财富。"创"就是开始做，"业"就是"成就"。大众创业即大众持续为自己做产生个人成就和个人财富的工作。旅游行业是大众创业万众创新最灵动的领域之一。随着互联网技术、金融支付方式、通信网络和大数据的快速发展，规模巨大且前景广阔的在线旅游业创新商业模式和盈利方式，正在深刻地改变我国旅游业发展格局，影响人们的旅游消费习惯。携程、驴妈妈、途家、马蜂窝等一批在线旅游企业围绕满足游客个性化的旅游需求不断做出有益尝试，还有很多在线旅游企业走在创业的道路上。经济型酒店创新酒店业态，向连锁化、品牌化、便利化发展，为游客提供更多出行选择，造就了7天连锁酒店等一大批创业创新市场主体。旅游演艺为旅游业引领带动文化创意

等行业发展打造了载体,丰富了游客的旅游体验。可以预见,只有通过大众创业万众创新,才能不断丰富旅游产品、开拓旅游市场,才能增强旅游业发展动力和活力,开辟中国旅游新天地。当前旅游创业的领域主要有非标准住宿、家庭定制游、研学教育游、自助游等领域。

(二)"大众创业,万众创新"的要求

1. 积极营造旅游业创业创新的浓厚氛围

倡导敢为人先的时代精神,鼓励一切合法合规、促进发展、利国利民的创业创新行为,清理阻碍旅游业创业创新市场主体发育壮大的规章制度和政策措施,培育开放包容、宽容失败的思想观念,形成创业创新光荣的鲜明导向,加强宣传正面典型案例,打造有利于大众创业万众创新的良好行业环境。

2. 加强项目管理和财政支持

明确旅游部门支持大众创业万众创新的主攻方向,合理规划创业创新布局,科学匹配创业创新资源供给与需求,建立大众创业万众创新旅游项目库,筛选一批符合发展方向、具有培育前景、亟需政府支持的创业创新项目入库,同时设立旅游业大众创业万众创新专项资金,根据不同的项目类型、规模大小和实施时间,通过贴息贷款、融资担保、集中采购等方式精准定位和扶持创业创新旅游项目。

3. 搭建成果转化平台

发展众创空间,建设公开、便利、高效的旅游行业信息共享平台和交易平台,发挥现有政策的集成效应,有效整合行业资源,为创业创新者提供基础服务,在创业创新者与投资人之间搭建起沟通桥梁,鼓励创业创新项目充分利用资本市场,通过产权交易、股权融资、债权融资等多渠道筹集资金,进一步提高创业创新项目成果转化和实现交易的效率。

4. 全面动员社会力量参与旅游业创业创新

会同教育部门在旅游职业院校和旅游企业建设创业创新教育示范基地和旅游产业(产品)研发创新中心,积极动员民间智库、金融机构、青年专家、驴友、互联网人才、草根能人和各类社会力量共同参与旅游业创业创新,鼓励广大游客和社会公民参与相关工作,形成全社会关心、关注和推动旅游业创业创新的态势。

5. 将大众创业万众创新与旅游扶贫紧密结合起来

以大众创业万众创新为契机,将创造就业岗位个数列为旅游扶贫绩效考核的重要指标之一,激发帮扶地区群众的创业创新热情,鼓励因地制宜开办客栈、餐馆、创意商店等,带动更多帮扶地区的群众在旅游相关行业就业,进一步完善旅游扶贫开发机制,增强帮扶地区自身"造血"能力。

6. 逐步规范在线旅游业

通过政府立法、制定行业标准、市场信用评级等手段来引导全社会对在线旅游的需求,加快在线旅游业相关立法和制度建设进程,实现旅游部门对在线旅游业的有效监管,探索线上线下主体之间的和谐发展模式,坚决查处价格垄断等不正当竞争行为,逐步规范在线旅游业市场秩序。

7. 实施"旅游+"战略

找准旅游和工业、农业、林业、文艺、科技、养老、购物等相关领域的融合点,实现旅

游领域和其他领域的创新融合,努力培育旅游新业态。

随着大众创业的推进,旅游投资项目的主体更加多元化,旅游项目投资主体不再局限于大型有实力的企业,一些中小企业主也纷纷加入旅游项目投资的行列,旅游项目投资规模不断扩大。数据调查显示,2015年全国10亿元以上的在建旅游项目有2 057个,完成投资6 305亿元,占全部投资的62.6%;投资额50亿元以上的在建旅游项目有404个,完成投资2 763亿元,占全部投资的27.4%;投资额100亿元以上的旅游项目有185个,完成投资1 597亿元,占全部投资的15.9%。

二、供给侧结构转变

旅游供给侧结构近年来发生了巨大的变化,投资热点从传统制造业、房地产业向现代旅游业转变,旅游项目投资主体越来越注重旅游产品的开发。

(一)旅游投资领域出现的变化

1. 在线旅游投资持续升温

"旅游+互联网"进程加快,在线旅游成为旅游投资的新热点,投资额度不断增加,投资领域日趋细分。2015年在线旅游投资超过770亿元,同比增长42%。在线旅游投资逐步转向新兴市场和细分市场,投资领域从2009年的5个增加到2015年的25个,涉及游客行前、行中、行后的信息获取、产品和服务预订以及经验分享等各个环节,市场细分化程度高。在线旅游预订平台开始向专业化、细分化方向发展,会议、门票、邮轮、餐饮等预订平台快速发展,出境游、周边游、亲子游、户外旅行、智慧旅游等在线旅游领域发展迅猛。

2. 邮轮游艇和体育旅游投资快速兴起

以休闲度假为特征的邮轮游艇旅游快速发展,2015年,邮轮游艇旅游实际完成投资423亿元,同比增长142.7%,在所有业态中投资增速最快。体育旅游以年均14%的增速成为全球旅游市场中增长率最快的旅游业态。在冬奥会、消费需求和国家政策的多重推动之下,我国体育旅游快速发展,预计到2025年体育产业的规模将达1.9万亿元。2015年,体育旅游实际完成投资791亿元,同比增长71.9%。登山、滑雪、探险、潜水等体育旅游新业态成为投资新亮点。大型旅游企业加快投资邮轮旅游和体育旅游,特别是民营企业投资热情越来越高。

3. 乡村旅游投资快速增长

2015年,全国乡村旅游接待游客达20亿人次,约占国内旅游接待总量的50%,旅游消费总规模达1万亿元,约占国内旅游总收入的29%。为适应快速增长的乡村旅游需求,我国旅游投资加速向覆盖面更广的农村地区延伸。2015年全国乡村旅游实际完成投资2 612亿元,同比增长60%。投资内容从单一产品建设向乡村度假酒店、历史文化村落、养生休闲山庄、旅游风情小镇等多类型、多业态乡村度假产品拓展。

(二)旅游投资项目出现的变化

1. 旅游综合类项目投资持续增多

旅游综合类项目投资规模大、带动效果好,综合业态性质符合当前旅游消费需求,对于提升区域旅游形象、拉动地方社会经济发展有明显作用。2015年旅游投资项目中，大型综合类项目所占比重最大，实际完成投资3 576亿元，占总投资的35.5%，同比增长38.8%。全国总投资10亿元以上的大项目中，旅游综合类项目实际完成投资2 925亿元，占81.8%；50亿元以上的大项目中，旅游综合类项目实际完成投资1 467亿元，占41%。旅游综合类项目已成为旅游大项目的主要形式。其中，温泉养生、山水度假、体育运动、特色街区、商贸购物等休闲度假综合体项目成为各类资本追逐的热点。

2. 项目趋向于主题化

旅游投资项目更加注重文化内涵，注重打造市场品牌，注重塑造鲜明的市场形象，主题景区、主题酒店、主题餐馆等越来越多。例如，各地大量引进开发建设"欢乐谷"、"方特世界"、"海泉湾"等主题景区。

3. 项目投资规模日渐增大

旅游投资更加注重规模效益，大项目越来越多。2013年总投资100亿元以上的旅游项目有127个；2014年上半年投资百亿元以上的旅游项目有151个；2015年投资额100亿元以上的旅游项目有185个，当年完成投资1 597亿元；2016年投资额100亿元以上的旅游项目有222个，实际完成投资2 479亿元。比如，山东烟台东部滨海生态城项目、河南省银基国际旅游度假区、辽宁省万科松花湖旅游度假区、黑龙江省哈尔滨万达文化旅游城、安徽省芜湖滨江水利风景区、江苏省里运河文化长廊、浙江省太湖龙之梦乐园、云南乌蒙古镇，总投资都超过100亿元。

4. 项目建设生态化

旅游投资项目的规划、建设、选址、用材等方面，将更加注重生态环保，更多地利用荒地、荒坡、荒滩、垃圾场、废弃矿山、边远海岛和石漠化土地，减少耕地、林地和水源地的使用。在项目总投资中，用于生态环保节能方面的投入越来越多。

5. 项目运营专业化

大量引进国内外旅游管理品牌和战略投资商参与项目投资和运营管理。港中旅、华侨城、首旅、国旅、中青旅等知名旅游集团广泛参加地方旅游投资项目，万达、万科、绿城、置地等知名房地产企业及很多工业企业开始投资旅游，现代管理技术和人才推动旅游项目专业化运营。

三、未来旅游投资新方式

随着互联网信息技术的发展，旅游项目投资方式也存在着一些创新点，出现了许多新的投资方式，如众筹、PPP模式等。

（一）旅游众筹

现代众筹指通过互联网方式发布筹款项目并募集资金。相对于传统的融资方式，众筹更为开放，能否获得资金也不再是由项目的商业价值作为唯一标准。只要是网友喜欢的项目，都可以通过众筹方式获得项目启动的第一笔资金，这为更多小本经营或创作的人提供了无限的可能。受益于互联网的发展，旅游项目投资也逐渐通过众筹来实现，它包括平台众筹和个人众筹。平台众筹包括四个方面的步骤，创业者进行项目申请，然后由天使投资人进行保荐，再由众筹平台进行项目信息的发布，最后由投资人在众筹平台上参与项目。目前众筹平台发展数量也在持续增加，其中发展比较成熟的有众筹网、淘宝众筹、京东众筹、苏宁众筹、创客星球、追梦网等。

1. 旅游众筹的类型

随着旅游投资新态势的发展，众筹也逐渐渗透到旅游领域，旅游众筹是这一创新模式在旅游业的应用。目前，我国的旅游众筹已实现从无到有的突破，关于旅游众筹，一些企业已经初步涉足，青岛旅游集团"海钓达人"众筹项目，宝中旅游众筹60万资金，携程的"讨盘缠"等都是旅游众筹的尝试。2014年4月，青岛旅游集团就在众筹网发起"海钓达人"众筹项目，投资人支持100—2 400元不等，就可获得海钓船的使用权，免费使用海钓工具等，这是众筹网在全国推出的首个旅游项目。项目上线不到24小时即突破117%。"海钓达人"是旅游众筹在旅游线路项目的成功探索。我国现有的旅游众筹，按旅游业务可以分为旅游住宿众筹、旅游景点众筹、旅行活动或项目众筹、旅游管理众筹。

（1）旅游住宿众筹

随着旅游业的个性化发展，在旅游住宿中，除了传统的酒店业，非标准住宿成为业界新宠。传统的酒店、宾馆提供标准化服务，追求档次，投资额高，而非标准住宿则追求个性化设施和服务，多由个人投资建成。众筹在这两种旅游住宿业态中均有所体现，后者在数量和成功率上明显高于前者。酒店众筹在我国成功率不高，仅有"三亚雅墨半岛酒店众筹合伙人"、"中信度假地产合伙人"等少数几个项目获得了成功。其中"三亚雅墨半岛酒店众筹合伙人"项目在众筹设计上将股权众筹和回报众筹结合起来。众筹项目的回报设计为食品和酒店餐饮，是典型的实股权众筹，可能被视为"非法集资"的嫌疑，且股权众筹最终结果也未在项目描述、项目进展中显示。正因如此，该众筹项目虽然成功，却是低额回报式众筹的成功，而非酒店股权众筹的成功。

非标准住宿众筹是旅游住宿众筹中的新宠，且成功率较高。在众筹网上线的"筹建拉萨沙发客空间——免费接待旅行者"就是这类小型项目的典范。该项目前后众筹共计3期，以未来入住沙发客为主要回报设计，共计1 445名投资者，共投入25.5万元筹建拉萨沙发客空间，总筹资率达24%，成为小型住宿类众筹项目连续融资成功的典范。

（2）景区建设和改建类众筹

针对新建景区和老旧景区改建的众筹，是近年来新出现的旅游众筹项目，但是成效不显著。轰动一时的"三亚爱情地标"众筹，表面看是为筹建三亚玫瑰谷爱墙项目而举行的众筹，但从回报来看，主要以珠宝、旅游项目、镌刻情侣名字等形式出现，并未切实针对"爱情地标项目的建设"，从这个意义上来说，这还不算是真正意义上的景点建设众筹，而是为景点做宣传促销的众筹。真正的景点众筹项目上线很少，且无一例成功。甘肃省陇南市两当县的4A级景区"云屏三峡景区"推出系列景区众筹项目——"儿童娱乐项目"、"空中漫步项目"和"攀岩项目"，筹资时间过半，却只筹得1%—2%的款项，预测很难筹资成功。

（3）旅游活动或项目众筹

以旅游活动或项目进行的众筹，通常具有显著的地方特色并具有一定的可持续性。青岛旅游集团在众筹网上线的"海钓达人——海钓人的终极梦想"众筹项目便是突出青岛海钓胜地优势，以预售形式推广海钓活动，盘活海钓资源的旅游项目。项目以不同时长的海钓活动为回报，为海钓爱好者提供"海钓三宝"全套服务，即渔具、海钓船和船老大，拓宽海钓运动的适应范围，推广青岛旅游集团海钓及相关活动。活动上线当日即突破众筹目标，最终计25人共投资43 100元。专门为某项赛事或活动举办的众筹活动在旅游众筹中较为多见。为专门打造全国知名定向越野基地，南京横溪石塘人家相继举办了"中国长三角定向越野巡回赛"、"江苏定向越野大赛"，并以后者为标的在众筹网推出大赛的众筹项目。众筹项目设置了29元、59元、199元和299元四个档次的回报，以参赛资格、纪念装备、住宿和地方特产组成回报，既可提高定向运动比赛的参与度，同时也可推广地方特产和旅游资源，做到一举多得。众筹结束时，计342人共筹资30 108元，圆满完成众筹目标。

（4）高端定制旅游众筹

随着旅游经济的发展，传统的线路游已不能满足旅游达人们的需求，高端定制旅游成为旅游界的新宠和旅游经济增长点。但由于高端定制需针对特殊的客户群，传统的营销模式很难实现规模效应。而运用众筹这一新型融资方式，既可以实现预售式筹资，也可以对高端定制项目进行网络宣传，从而扩大影响，扩充客户群。作为全国首家连锁型生态度假营地的逸景营地，旗下的龙头丽江逸景营地在淘宝众筹上推出了高端定制旅游"1房1车1路逸景营地自然度假新模式"项目。该项目融合酒店、租车和旅游三大行业，汇集海景阳光别墅、炫酷四驱越野车，提供度假自驾线路，深度拓展云南游，提升了云南游的品质。自2015年12月22日推出以来，截至2016年1月8日，共计2 586人投资1 116万余元，超过目标筹资的90%，点赞人数达14 087人，预示未来有更多的投资流入。

2. 旅游众筹的模式

（1）回报式旅游众筹

回报式旅游众筹是指筹资人通过提供组合式回报吸引投资。但是，旅游众筹的回报通常具有显著的旅游业特色，表现为旅游服务、旅游住宿餐饮、特色旅游商品等。这些组合旅游回报往往体现出景区或旅行社的服务特色和优势，通过折价的方式进行旅游产品促销众筹，从而既可达到宣传景区及服务的效果，同时又可实现增加景区旅游预订量的目的。在高端定制型旅游服务中，回报式众筹的宣传效应非常明显。

（2）捐赠式旅游众筹

捐赠式旅游众筹是指投资者无偿捐助旅游发起人资金，筹资人无须提供任何回报或仅以电子感谢信、微博微信共享旅游经验等方式提供低成本回报的众筹方式。

（3）旅游债权式众筹

旅游债权式众筹是由旅游供应商以一定的利率向公众筹款。典型的旅游债权式众筹通常以筹款人的公司资产或个人资产进行抵押担保作为还款保证。债权式旅游众筹通常在专业P2P平台推出，而非专门的众筹平台，这是因为债权的履行需要由专业的抵押、担保公司提供信用保证。

3. 旅游众筹的风险

旅游众筹，是众筹这一新型融资方式在旅游业的应用。但是，旅游业是典型的服务行业，与众多的生产型和销售型行业的众筹业务相比，旅游众筹面临更多的风险。

（1）回报式众筹履约风险大

以服务作为回报是绝大多数旅游众筹采用的回报方式，通常体现为提供特定旅游线路和住宿。但是，如何满足人们不同的时间要求则是此类旅游众筹需要面临的主要问题。在我国，旅游旺季尤其是假日旅游现象非常明显，如何在旺季有保证地履行众筹回报约定成为履约的关键。许多众筹项目在回报描述中均提及"旅游或住宿需要提前预约"，或者要求"特定节假日需要补交差价"，这些事前的约定可在一定程度上分散履约时间，以保证旺季或黄金周的旅游收入。但在投资者的理念里，众筹投资成功就意味着回报合同的成立，如果投资者索取回报的要求被筹资者以各种理由拒绝的话，筹资者将会面临众多的投诉，既影响筹资者的声誉，同时也会影响后续的融资项目的成功率。①

（2）景点建设和融资风险

旅游众筹中金额较大的主要集中在景点建设或改造项目上，这类项目涉及金额大、时间长、流程多。在建设前需要取得相应资质，建设中又面临资金和工程本身可能带来的不确定性，建成之后的客源和利润也是众筹当时不可预测的方面。因而，这类项目众筹往往很难成功，如果以股权众筹的方式进行，未来运营、管理和分红等均面临较大的未知因素，风险极大。极大的风险，成为未来旅行众筹回报的障碍。

（3）股权式众筹与非法集资的界限难于把控

旅游众筹中的股权式众筹，目前主要集中在景点建设及改造、高端旅游地产两个领域，在这两个领域，如何清晰地划分股权众筹和非法集资的界限成为众筹成功及未来回报履行的重要保障。对照2011年1月公布施行的《最高人民法院关于审理非法集资刑事案件具体应用法律若干问题的解释》，旅游地产众筹很容易与非法集资混淆，分辨房产众筹和非法集资的焦点在于：房产众筹方仅需通过众筹平台审核而不需要经过其他房产主管部门审核即可参与；旅游房产众筹通过众筹平台进行，符合非法集资的利用现代社会媒体进行宣传的特征，同时也满足"向社会不特定对象吸收资金"的特征；现有的旅游房地产众筹在宣传中均标注一定时期的回报率，符合非法集资的还本付息或给付报酬的特点。因而，旅游房地产众筹很容易被认为涉嫌非法或变相吸收公众存款。

（二）PPP模式

PPP（Public—Private—Partnership）模式，是指政府与私人组织之间，为了提供某种公共物品和服务，以特许权协议为基础，彼此之间形成一种伙伴式的合作关系，并通过签署合同来明确双方的权利和义务，以确保合作的顺利完成，最终使合作各方达到比预期单独行动更为有利的结果。这种方式在旅游项目投资中得到越来越多的运用，PPP模式将部分政府责任以特许经营权方式转移给旅游项目投资主体，政府与旅游项目投资主体建立起"利益共享、风险共担、全程合作"的共同体关系，由此政府的财政负担减轻，旅游项目投资主体的投资风险减小。

1. 旅游PPP融资项目资金筹集机制

我国旅游项目PPP模式的资金筹集渠道主要集中在以下几个方面。

---

① 参见廖曦.中国旅游众筹融资模式探析［J］.经济研究导刊,2016(6): 78—79.

（1）国家财政支持

决定旅游PPP项目对社会资本吸引力程度的，除了有项目本身潜在的可获利性之外，政府对于项目本身的支持也是一个重要因素。通常而言，政府对于项目的财政支持力度越大，意味着政府对于该项目的信心也越强，那么该项目成功的可能性就越大，社会资本对于该旅游PPP项目的参与热情和投资力度也就会越高。因此，政府对于旅游PPP项目的财政支持，通常是旅游PPP项目资金筹措的一个重要来源。

（2）银行贷款

尽管政府财政拨款对于旅游项目PPP融资来说十分重要，但是毕竟政府财力有限，还需要兼顾其他方面的项目支出，因此需要银行贷款为项目公司解决项目建设所需的资金压力。银行尤其是商业银行除了拥有巨大的资金储备这一优势外，还拥有大量的优秀人才，能够对旅游项目相关的信贷风险进行识别、评估，并采取有效措施予以控制与应对。

（3）投资基金

投资基金通常由养老金、公共慈善基金和保险金等组成。随着近几年我国职工养老金交付比例不断上升、全社会对于公共慈善事业及保险业务重要性的关注，我国由养老金、慈善基金以及保险金组成的投资基金规模也在迅速增长起来。但一直以来，这部分基金一直处于闲置状态，没有发挥其保值增值的重要作用。为此，政府部门可以通过扶持和完善投资基金制度体系建设，引导项目公司积极申请投资基金。

（4）租赁融资

旅游项目涉及工程浩大，对于工程设备的需求同样不可小看。如果所有设备全部由项目公司全新购买的话，那么这项支出将在项目预算当中占据较大比例，势必会影响项目其他方面的资金使用情况。为此，可考虑设备租赁的方式，解决项目施工过程中对于设备的需求问题。设备租赁可为项目公司解决大量的资金，增加公司资金的流动性化及较高的银行信用额度，也可为项目其他业务的开展缓解资金短缺的压力。[①]

2.旅游PPP融资项目风险分担机制

旅游PPP项目的主要风险可以归结为三部分：一是政府部门承担的风险；二是私人部门承担的风险；三是双方合作承担的风险。

（1）政府部门承担的风险。旅游项目中存在的部分风险，譬如政治风险、政策风险、经济风险等，应该由政府部门来承担。因为与私人部门相比，政府部门对于上述风险具有更高的可控性，可通过部门与部门之间的协调，有效控制上述风险爆发的概率和危害程度。

（2）私人部门承担的风险。与政府部门相比，私人部门在承担设计缺陷风险、预算超支风险、延期竣工风险、资金短缺风险、重大事故风险及收入不足风险等方面比较具有优势，因为私人部门在上述几个方面具有更加丰富的经验，知道如何利用自身的专业技能降低或者化解这些风险。换句话讲，私人部门在承担上述风险方面的成本较政府部门要低，由它们承担更加合理和经济。

---

① 参见刘红.PPP融资模式在旅游项目中的适用性及其运行研究［D］.南宁：广西大学,2016.

（3）政府部门和私人部门共同承担的风险。除了上述已经指明的风险之外，旅游项目实施过程中还存在一些其他风险，这些风险如果由双方中的任何一方承担都不尽合理，比如地质灾害风险、土地拆迁补偿风险、项目审批风险等。因此为了有效应对上述风险、降低上述风险给项目参与各方带来的危害，政府部门应该积极主动地与私人部门保持沟通与协调。上述风险一经出现，双方就应该展开协商谈判，共同商定在当前条件下如何分担风险才能够确保双方合作承担的风险成本最低。

3. 旅游 PPP 融资项目的利益协调机制

在旅游 PPP 融资项目中，政府部门发挥的主要作用在于监管，监督项目公司有没有严格按照合同规定对旅游项目予以开发建设与运营。除此之外，为了确保 PPP 融资项目可以有效运营下去，政府部门还需要对 PPP 融资项目潜在的未来收益进行协调，确保在社会资本逐利与公共利益之间寻得一个平衡，尽可能地调动各方参与项目实施的积极性。例如，当社会资本从旅游 PPP 融资项目实施中获取的收益较低甚至无法弥补前期项目建设成本时，政府部门应该对其进行补贴以引导社会资本继续合作；反之，如果社会资本通过 PPP 融资项目获取的收益过多时，政府部门可以根据合同有关规定对其进行利润控制，避免公共利益受到损害。

针对不同类型的旅游 PPP 融资项目，项目的回报途径不尽相同。但通常而言，主要有两种：一是游客付费方式，二是可行性缺口政府补助方式。

（1）游客付费方式

游客付费方式，顾名思义，就是通过向游客征收游览旅游项目的费用获取利益的方式。这种收益回报途径，较为适用于那些经营性旅游项目，譬如景点的门票以及为游客提供食宿等服务项目。这些项目经营性高，财务效益明显，并且直接向最终的项目服务使用者——游客提供服务。

（2）可行性缺口政府补助方式

可行性缺口政府补助方式主要指无法通过游客付费方式满足社会资本或者项目公司获得合理报酬、成本收回的要求，由政府基于一定的市场评估，以财政专项补贴、贷款利率优惠或者其他优惠政策的形式，给予社会资本或者项目公司一定经济补偿的方式。这种方式较为适用于那些经营性不高、财务效益不明显、直接面向游客提供服务但无法收取服务费或者收取的服务费无法覆盖项目投资和运营成本的旅游技术设施项目，譬如景区的道路、公共厕所、水电、照明等。

4. 旅游 PPP 融资项目退出机制

方便高效的退出机制也是旅游项目 PPP 模式重要的运行之一，良好的退出机能够为投资方解除后顾之忧，及时实现投资收益。结合相关经验，笔者尝试提出如下几种项目退出模式。

（1）销售提成

正常情况下，旅游项目一经开发完毕就可以带来稳定的现金流入，此时项目公司可用项目预售款分批归还退出者的投资股本。退出者可以与项目公司之间展开协商并签订投资回收协议，同意退出者从旅游项目预期收入中以既定比例抽提，直至退出者投资完全收回为止。如果预期项目收入情况良好，那么双方可以约定一个较高的提成比例，反之则约定一个较低的提成比例。

（2）股份回购

作为项目合伙人，投资者可以现金、票据等方式购买退出者手中的全部公司股份，从而帮助其实现退出。这一模式适用于那些项目公司合伙人不希望外部资本介入项目公司运营的情况。由项目合伙人自身购买退出者的股份，可以保持项目公司股份的相对集中，以及公司管理层的相对稳定。

（3）公开上市

对于已经上市的项目公司，退出者还可以通过资本市场，采取将手中持有的公司股票在公开市场兜售的方式获取投资收益，并且顺利完成项目退出。当然，项目公司的上市需要前期的良好积累，并且还需要通过证监会等部门的层层审批，因此这一退出方式仅仅适用于那些经营状况良好，并且已经完成上市的项目公司的投资者。

思考题：

1. 旅游项目投资有哪些支持性的政策，这些政策如何在旅游项目投资中发挥作用？

2. 旅游项目投资领域在新时期出现了哪些变化？

3. 旅游项目投资方式有哪些创新点？

附录1	旅 游 政 策	颁布部门	颁布时间
国家层面的旅游政策统计	《关于办理临时来华外国人签证手续的规定的通知》	公安部	1956
	《关于放宽外侨旅行限制的通知》	公安部	1957
	《关于开展国外自费来华者接待工作和加强国际旅行社工作的通知》	国务院	1958
	《关于国际自费旅行者交通优待办法》	国务院	1958
	《关于颁发〈对外国人自费来华旅行游历的入境审批办法〉的联合通知》	公安部、外交部	1958
	《关于开展华侨和港澳同胞旅行业务以增加国家外汇收入问题的通知》	中央华侨事务委员会、中国人民银行等八个部委联发	1963
	《外国人入境出境过境居留旅行管理条例》	国务院	1964
	《关于对外国旅行团（者）的收费暂行办法》	中国旅行游览事业管理局	1970
	《关于加强地方旅游机构的报告》	外交部	1972
	《国务院关于加强旅游工作的决定》	国务院	1981
	《关于开创旅游工作新局面几个问题的报告》	国家旅游局	1984
	《关于加强对国内旅游管理的通知》	国家旅游局	1984
	《关于当前旅游体制改革几个问题的报告》	国家旅游局	1985
	《关于积极发展国内旅游业的意见》	国家旅游局	1993
	《全国年节及纪念日放假办法》	国务院	1999
	《关于进一步发展假日旅游的若干意见》	国家旅游局、国家计委、国家经贸委等9部门联发	2000
	《关于进一步加快旅游业发展的通知》	国务院	2001
	《关于进一步加强全国导游队伍建设的若干意见》	国家旅游局	2006
	《关于大力推进全国乡村旅游发展的通知》	国家旅游局、农业部	2007
	《关于加快发展服务业的若干意见》	国务院	2007
	《中共中央关于推进农村改革发展若干重大问题的决定》	中共中央	2008
	《关于推进海南国际旅游岛建设发展的若干意见》	国务院	2009
	《关于加快发展旅游业的意见》	国务院	2009

旅 游 政 策	颁布部门	颁布时间
《国务院关于鼓励和引导民间投资健康发展的若干意见》	国务院	2010
《关于深化我国低空空域管理改革的意见》	国务院、中央军委	2010
《关于金融支持旅游业加快发展的若干意见》	人民银行等七部委联发	2012
《关于鼓励和引导民间资本投资旅游业的实施意见》	国家旅游局	2012
《中共中央关于全面深化改革若干重大问题的决定》	中共中央	2013
《国民旅游休闲纲要（2013—2020年）》	国务院办公厅	2013
《中华人民共和国旅游法》	全国人大	2013
《关于促进健康服务业发展的若干意见》	国务院	2013
《关于促进旅游业改革发展的若干意见》	国务院	2014
《关于促进交通运输与旅游融合发展的若干意见》	交通运输部、国家旅游局等6部门联发	2017
《关于加快发展体育产业促进体育消费的若干意见》	国务院	2014
《关于做好2015年春节元宵节期间旅游安全工作的通知》	国务院办公厅	2015
《关于进一步促进旅游投资和消费的若干意见》	国务院	2015
《关于促进智慧旅游发展的指导意见》	国家旅游局	2015
《国家旅游局关于实施"旅游+互联网"行动计划的通知》	国家旅游局	2015
《关于支持旅游业发展用地政策的意见》	国土资源部、住房和城乡建设部、国家旅游局联发	2015
《国务院关于支持沿边重点地区开发开放若干政策措施的意见》	国务院	2015
《关于推进农村一二三产业融合发展的指导意见》	国务院办公厅	2015
《关于积极开发农业多种功能大力促进休闲农业发展的通知》	农业部等11部门联发	2015
《关于促进中医药健康旅游发展的指导意见》	国家卫生计生委等5部门联发	2017
《关于促进自驾车旅居车旅游发展的若干意见》	国家旅游局、发改委等11部门联发	2016
《关于推进中小学生研学旅行的意见》	教育部等11部门联发	2016
《关于加大脱贫攻坚力度支持革命老区开发建设的指导意见》	中共中央办公厅、国务院办公厅	2016

旅　游　政　策	颁布部门	颁布时间
《关于大力发展体育旅游的指导意见》	国家旅游局、国家体育总局	2016
《关于促进通用航空业发展的指导意见》	国务院	2016
《关于加快发展健身休闲产业的指导意见》	国务院	2016
《关于金融助推脱贫攻坚的实施意见》	中国人民银行等7部门联发	2016
《关于大力发展休闲农业的指导意见》	农业部等14部门联发	2016
《国务院办公厅关于进一步扩大旅游文化体育健康养老教育培训等领域消费的意见》	国务院	2016
《关于推动文化文物单位文化创意产品开发的若干意见》	文化部、国家发展改革委等4部门联发	2016
《关于大力发展体育旅游的指导意见》	国家旅游局、国家体育总局联发	2016
《贫困地区发展特色产业促进精准脱贫指导意见》	农业部等9部门联发	2016
《关于深入推进农业供给侧结构性改革的实施意见》	国家发改委	2017
《关于促进交通运输与旅游融合发展的若干意见》	交通运输部等6部门联发	2017
《促进乡村旅游发展提质升级行动方案（2017）》	国家发改委等14部门联发	2017
《关于促进健康旅游发展的指导意见》	国家发改委等5部门联发	2017
《关于促进全域旅游发展的指导意见》	国务院	2018

附录2

地方层面代表性的旅游政策统计

旅　游　政　策	颁布部门	颁布时间
《安徽省人民政府关于促进旅游业改革发展的实施意见》	安徽省人民政府	2014
《重庆市人民政府办公厅关于推进文化与旅游融合发展的意见》	重庆市政府办公厅	2014
《陕西省人民政府关于促进旅游业改革发展的实施意见》	陕西省人民政府	2015
《浙江省人民政府关于加快特色小镇规划建设的指导意见》	浙江省人民政府	2015
《海南省特色风情小镇建设指导意见》	海南省住房和城乡建设厅	2015

旅　游　政　策	颁布部门	颁布时间
《中共衢州市委衢州市人民政府关于实施全域旅游发展战略的意见》	中共衢州市委、市人民政府	2016
《江苏省人民政府关于培育创建江苏特色小镇的指导意见》	江苏省人民政府	2016
《浙江省人民政府办公厅关于旅游风情小镇创建工作的指导意见》	浙江省人民政府办公厅	2016
《四川省人民政府关于进一步加快旅游业改革发展的意见》	四川省人民政府	2016
《山西省人民政府办公厅关于进一步促进旅游投资和消费的实施意见》	山西省人民政府办公厅	2016
《浦东新区关于促进特色民宿业发展的意见（试行）》	浦东新区人民政府	2016
《湖北省人民政府办公厅关于进一步促进旅游投资和消费的实施意见》	湖北省人民政府办公厅	2015
《关于发展乡村民宿旅游的指导意见》（讨论稿）	重庆市人民政府	2016
《福建省人民政府关于开展特色小镇规划建设的指导意见》	福建省人民政府	2016
《江宁区关于加快发展乡村民宿的指导意见》	江宁区人民政府	2016
《浙江省人民政府办公厅关于确定民宿范围和条件的指导意见》	浙江省人民政府	2016
《金昌市"引客入金"旅游奖励补贴暂行办法》	金昌市人民政府	2016
《关于建设特色小镇的指导意见》	中共河北省委、河北省人民政府	2016
《关于金融支持海南省全域旅游发展的指导意见》	海南省中国人民银行海口中心支行	2017
《都江堰市加快促进旅游主导产业转型发展的政策措施》	都江堰市委、市人民政府	2017
《关于建设特色小镇的指导意见》	河北省人民政府	2017
《自治区人民政府关于加快全域旅游发展的意见》	宁夏回族自治区人民政府	2017
《关于实施全域旅游发展战略打造国际文化旅游胜地的若干意见》	苏州市委、市政府	2017
《关于促进苏州市乡村旅游民宿规范发展的指导意见》	苏州市人民政府	2017
《陕西省旅游局关于加快乡村旅游转型升级的意见》	陕西省旅游局	2017
《关于推进中小学生研学旅行的实施意见》	陕西省教育厅等12部门联发	2017

旅 游 政 策	颁布部门	颁布时间
《关于推进中小学生研学旅行工作的实施意见》	湖南省教育厅等11部门联发	2017
《凯里市关于促进旅游业发展一揽子扶持指导意见（试行）》	凯里市人民政府	2017
《关于实施旅游产业化战略建设旅游强省的意见》	河北省委、省人民政府	2016
《关于促进乡村民宿发展的指导意见》	海南省人民政府	2018

［1］邢雅楠.旅游投资研究［D］.天津:天津大学,2011.

［2］中华人民共和国国家旅游局.中国旅游统计年鉴2016［M］.北京:中国旅游出版社,2016.

［3］马海鹰.历年国务院政府工作报告中的"旅游"表述分析(1979—2012).

［4］杨克磊,高喜珍.项目可行性研究［M］.上海:复旦大学出版社,2012.

［5］陈远清.旅游项目开发可行性研究与经济评价实务全书［M］.北京:中科多媒体电子出版社,2003.

［6］刘雪巍,刘晨田.旅游规划系统理论与实践专题研究:5旅游可行性研究［M］.杭州:杭州出版社,2007.

［7］崔卫华.旅游投资项目评价［M］.大连:东北财经大学出版社,2003.

［8］胡铁.旅游项目建设风险管理研究:以秦皇岛欢乐海洋公司扩建项目为例［D］.石家庄:河北师范大学,2008.

［9］杨振之.旅游项目策划［M］.北京:清华大学出版社,2007.

［10］冯学钢,吴文智,于秋阳.旅游规划［M］.上海:华东师范大学出版社,2011.

［11］保继刚.旅游区规划与策划案例［M］.广州:广东旅游出版社,2005.

［12］冈恩,等.旅游规划:理论与案例［M］.吴必虎,等,译.4版.大连:东北财经大学出版社,2005.

［13］吴为廉.景观与景园建筑工程规划设计［M］.北京:中国建筑工业出版社,2005.

［14］张国强,贾建中.风景规划:《风景名胜区规划规范》实施手册［M］.北京:中国建筑工业出版社,2002.

［15］北京大学旅游研究与规划中心.旅游规划与设计:20台湾乡村旅游与民宿［M］.北京:中国建筑工业出版社,2016.

［16］北京大学旅游研究与规划中心.旅游规划与设计:创意农业　旅游规划　景观建筑　景区管理［M］.北京:中国建筑工业出版社,2013.

［17］尤飞,汤俊,卢焕荣.特色休闲农业经典规划案例赏析［M］.北京:中国农业科学技术出版社,2015.

［18］徐兆寿.旅游文化创意与策划［M］.北京:北京大学出版社,2015.

［19］刘赵平.分时度假·产权酒店:饭店业和房地产业的创新发展之路［M］.北京:中国旅游出版社,2002.

［20］杨立娟,等.新经济新生活　分时度假在中国［M］.北京:机械工业出版社,2003.

［21］中国房地产业协会商业地产专业委员会,EJU易居(中国)控股有限公司.中国旅游地产发展报告2014—2015［M］.北京:中国建筑工业出版

社,2015.

[22] 北京百年建筑文化交流中心.旅游地产[M].哈尔滨:黑龙江科学技术出版社,2005.

[23] 姜若愚,刘奕文,杨子江.养老地产开发运营模式[M].昆明:云南大学出版社,2014.

[24] 佳图文化.养老地产规划及设计[M].广州:华南理工大学出版社,2013.

[25] 谢彦君.基础旅游学[M].2版.北京:中国旅游出版社,2004.

[26] 上海旅游局.房车旅游理论与实务[M].上海:上海科学技术文献出版社,2015.

[27] 赵广朝,王军,张伟,等.北京市A级旅游景区管理实务[M].北京:中国旅游出版社,2010.

[28] 2016年大热的体育旅游,应该怎么解读?[OL].http://www.jiemian.com/article/1047747.html.

[29] 北海道体育旅游"闭环"源于合理规划[OL].http://sports.sina.com.cn/others/winter/2017-02-20/doc-ifyarrcf4830824.shtml.

[30] 借力冬奥,冰雪体育旅游"热起来"[OL].http://news.163.com/16/1021/02/C3SBH9ER00014AED.html.

[31] 专业竞技赛事[OL].http://www.kchance.com/landingpage/Sport/sport2.asp#p5.

[32] 从里约奥运看"旅游+体育":旅游产业发展新风口[OL].http://www.lwcj.com/w/147184978021050_2.html.

[33] 海南国际马拉松拉动旅游内生需求 体育+旅游产业双翼齐飞[OL].http://www.cntour2.com/viewnews/2017/02/27/aTMLvCUMPTZnfZGN39Nx0.shtml.